GUIDE DE LA SOBRIÉTÉ AU QUOTIDIEN

MARIE-LAURE
FALQUE MASSET

GUIDE DE LA SOBRIÉTÉ AU QUOTIDIEN

VIVRE MIEUX ET DÉPENSER MOINS SANS SE COMPLIQUER LA VIE

éditions du
ROCHER

Éditions du Rocher
28 rue Comte-Félix-Gastaldi – BP 521 – 98015 Monaco

www.editionsdurocher.fr

ISBN : 978-2-268-11170-4
EAN Epub : 9782268112053

AVANT-PROPOS

> *« Si chacun de nous fait le peu qu'il peut avec conviction et responsabilité, je vous assure que l'on fera énormément. »*
>
> Pierre RABHI

À travers ce guide vous proposant 1 000 actions du quotidien, dans tous les domaines et à la portée de tous, j'ai souhaité mettre mes 20 années d'expertise dans le domaine de l'énergie et de la sobriété écologique au service de tous.
L'objectif est de vous encourager à agir, sans contrainte, sans culpabiliser, et à votre rythme.
Partout, j'ai pu le constater : sans le savoir, parfois, nous faisons déjà beaucoup, vous faites déjà beaucoup – en ouvrant grand les fenêtres pour aérer, en prenant une douche plutôt qu'un bain, en baissant la température des chambres, en achetant des produits frais, en diminuant la consommation de bouteilles en plastique, en cuisinant les restes, en optant pour des produits recyclés ou de seconde main (notamment numérique, vêtements et déco), en préférant la peinture à l'eau à la peinture à l'huile, en utilisant ses poubelles de tri, en apportant un mug au travail, en marchant chaque jour, en voyageant en train, en adoptant des règles d'écoconduite…
L'objet de ce guide n'est donc pas de donner des leçons ni d'intimer des ordres. Qui suis-je pour ça ? C'est tout le contraire. Les Français – j'insiste – connaissent les enjeux et sont motivés bien plus qu'on ne le dit : 72 % d'entre eux souhaitent agir pour la planète à travers leur consommation ; plus de la moitié achète des produits d'occasion (+ 10 % au cours de la dernière année) ; près de 3 millions sont devenus des adeptes du co-voiturage…
En revanche, on peut toujours faire plus, et mieux. Au moins essayer, comparer. Picorer des astuces en fonction de ses envies, de son temps et de ses moyens. C'est là, précisément, l'objectif central de ce guide,

et de ses 1 000 conseils pratiques : encourager plutôt qu'alarmer, proposer plutôt qu'imposer. C'est vous, et vous seul, qui décidez !
Pas de grands discours, donc, mais du concret : je vais essayer de démontrer qu'à tout moment de la journée (du lever au coucher), et quelle que soit son activité (se laver, ranger, travailler, faire ses courses...) ou l'endroit où on se trouve (chez soi, au travail, au restaurant, en voiture, en vacances...), il y a toujours une (bonne) nouvelle habitude à prendre, un petit geste à découvrir. Petit geste par l'effort (changements d'habitudes, déplacement, fabrication, noté de 💪 à 💪💪💪) ou le prix demandé (de € à €€€), mais grand, et parfois immense, par ses conséquences – pour soi-même, pour les autres, et pour la planète.
Plutôt que de petit geste, je préfère d'ailleurs parler de beau geste ! Savez-vous, ainsi, que :

- Fermer tous ses volets la nuit en hiver permet d'économiser 60 % de ses dépenses de chaleur ? *(chap. 2)*
- Utiliser une ampoule LED dure 20 fois plus longtemps et consomme 85 % d'électricité de moins qu'une ampoule classique ? *(chap. 4)*
- Louer une perceuse revient 10 fois moins cher qu'en l'achetant ? *(chap. 6)*
- L'étiquette « Création française » ne signifie nullement que le produit soit « *made in France* » ? *(chap. 6)*
- Placer un couvercle sur une casserole permet de faire bouillir 30 % plus vite ? *(chap. 12)*
- Rien n'est plus sain, efficace et moins cher, pour nettoyer, que le bicarbonate ou le vinaigre blanc ? *(chap. 7)*
- On peut remplacer toutes ses éponges, lingettes et essuie-tout jetables par des produits durables ? *(chap. 7)*
- Les coquilles d'œufs, d'huîtres, ou les peaux de banane constituent de formidables engrais ? *(chap. 8)*
- Vous pouvez, même en ville, faire appel à des coopératives agricoles vous livrant à domicile ? *(chap. 9)*
- Il existe des périodes de pêche, pour le poisson, comme pour les saisons des fruits et légumes ? *(chap. 10)*

– On peut, avec un morceau de charbon actif, supprimer le goût d'une eau du robinet ? *(chap. 11)*
– Laisser ses emballages de yaourts au frigo « pompe » de l'énergie ? *(chap. 15)*
– La cuisson sur plaques, notamment à induction, revient moins cher qu'au four ? *(chap. 12)*
– Préparer une liste de courses et ses plats à l'avance pour la semaine permet de réduire son gaspillage alimentaire jusqu'à 40 % ? *(chap. 9)*
– Le marc de café est un produit miracle pour les cheveux et la peau ? *(chap. 18)*
– Il est possible de remplacer la mousse ou le gel de rasage par du savon de Marseille ? *(chap. 18)*
– On peut soigner nombre de ses « bobos » et petites infections avec des produits naturels, notamment les huiles essentielles ? *(chap. 21)*
– Il existe quatre antipuces 100 % naturels pour ses chiens et chats ?
– Il existe des méthodes toutes simples pour mieux entretenir et conserver plus longtemps ses *smartphones* et matériels informatiques ? *(chap. 25)*
– Laver sa voiture dans un centre de lavage utilise deux à trois fois moins d'eau qu'un lavage au jet ? *(chap. 27)*
– En tout domaine, ou presque, il est possible d'emprunter, louer ou acheter d'occasion ?

Tout cela, et bien d'autres choses encore, vous le découvrirez en parcourant ou « piochant » dans cet ouvrage, que j'ai voulu le plus complet et le plus clair possible.

Ce guide n'a d'autre ambition que d'être votre ami du quotidien. Un accompagnateur, toujours bienveillant, vous permettant, en fonction du moment, du lieu, de vos besoins ou disponibilités, d'améliorer facilement votre empreinte environnementale tout en vivant mieux, de manière plus saine, et en économisant de l'argent - en réduisant ses factures, notamment d'énergie.

Grands enjeux, petits gestes. Lesquels, répétés individuellement tout autour de soi, aboutiront à un renforcement de notre prise de

conscience et aux importants changements collectifs que la situation réclame. Chacun, quel que soit son profil et son rythme, y apportant sa part, plus ou moins importante selon sa situation, et sa motivation du jour.
Plus encore qu'aux Jeux olympiques, l'important, en matière de bonnes pratiques du quotidien, c'est de participer. Ce guide vous en offre à la fois toutes les clés et toutes les opportunités.
Merci de votre confiance.
Bonne lecture à toutes et à tous !

1
Mieux respirer chez soi

C'est le commencement de tout : bien respirer, bien s'oxygéner. Or, l'air que nous respirons dans notre maison ou dans un lieu clos, là où nous passons en moyenne 80 % de notre temps, est de 5 à 7 fois plus pollué (produits toxiques, humidité, poussière) que l'air extérieur ! Objectif : assainir notre air. D'autant plus que, en hiver, l'humidité freine l'action du chauffage…

AÉRER LE PLUS POSSIBLE

C'est le secret numéro un d'un intérieur sain, mais aussi le moins consommateur de chauffage : ouvrir régulièrement ses fenêtres et vérifier ses entrées d'air.

■ **Ouvrir grand les fenêtres une ou deux fois par jour (10 min).**
Deux bénéfices : 1° dépolluer son atmosphère ; 2° économiser du chauffage, grâce à l'air sec chassant l'humidité – il faut beaucoup moins d'énergie pour chauffer l'air sec que l'air humide.
Cette opération « aération » (juste ouvrir des fenêtres, en fait) est à pratiquer dans toutes les pièces, le plus souvent possible, et en toute saison – même en hiver.
Si possible, adapter les horaires selon les saisons : en été, aérer tôt le matin et le soir quand l'air est plus frais ; en hiver, si vous êtes à la maison, aérer en fin de matinée ou début d'après-midi, quand l'air est plus chaud et moins pollué qu'en fin d'après-midi.
S'il fait très froid, ou s'il pleut, deux aérations de 5 min peuvent suffire : cela renouvelle l'air sans refroidir le logement.
/€

■ **Pendant et après le ménage (10 min).**
Et toujours aérer, de manière générale, après avoir utilisé produits d'entretien, bougies d'ambiance ou pour évacuer les fumées.
💪💪/€

■ **Penser à nettoyer les entrées d'air et bouches d'extraction (une fois par trimestre).**
Surtout, ne jamais les boucher : le bon fonctionnement du système de ventilation (lire encadré ci-dessous) est indispensable pour renouveler l'air et chasser l'humidité.
💪💪/€

SYSTÈME DE VENTILATION (VMC) : LEQUEL CHOISIR, COMMENT L'ENTRETENIR ?

Les systèmes de ventilation sont différents selon l'année de construction du logement (depuis 1970, celui-ci doit être équipé d'une ventilation naturelle ou d'une ventilation mécanique). Le mieux quand l'aération naturelle n'est pas optimale : l'option VMC (Ventilation mécanique contrôlée).
Deux possibilités :

■ **VMC simple flux :** elle extrait l'air vicié à débit constant (VMC simple flux autoréglable) ou en adaptant le débit d'air en fonction de l'humidité intérieure (VMC simple flux hygroréglable).
Prix : à partir de 60 euros pour une VMC autoréglable et 200 euros pour la VMC hygroréglable
💪💪/€€

■ **VMC double flux :** en plus d'extraire l'air vicié, elle se charge d'introduire l'air neuf d'un logement en récupérant la chaleur ou la fraîcheur issue de l'extraction de l'air vicié.
Prix : à partir de 3 000 euros
💪💪/€€€

■ **Effectuer un entretien régulier :** le mieux pour conserver un fonctionnement optimal et prolonger la durée de vie de son système de ventilation : tous les ans (fin de l'hiver), changement du filtre d'aération et nettoyage de la VMC.
💪💪/€

■ **Ne pas utiliser les chauffages d'appoint en continu.**
💪/€

■ **Pas de boudins en bas des portes intérieures (même en hiver)**
Objectif : laisser l'air circuler dans tout le logement, et le rendre plus sain et plus sec. En revanche, les boudins sont recommandés devant la porte extérieure et la cave.
À noter : on peut aisément les fabriquer soi-même à partir de vieux tissus (nombreux tutos sur Internet).
💪/€

POLLUANTS À ÉVACUER

Il est primordial d'aérer pour évacuer l'humidité qui se crée quand on prend une douche, quand on cuisine, quand on dort (notre respiration produit aussi de la vapeur d'eau : jusqu'à deux litres par nuit !), quand on fait sécher le linge..., et surtout pour évacuer les polluants :

Produits ménagers, parfums d'intérieur, bougies parfumées, colles, peintures... : composés organiques volatils (ou COV, *lire p. 15*). Pour les bougies *(lire plus bas)*.
Chaudières (mal entretenues) : monoxyde de carbone.
Tabac : particules fines.
Pollution extérieure : particules fines.
Acariens et animaux domestiques : allergènes.
Mauvaise aération : moisissure (notamment dans les salles d'eau).

INSTALLER UN HUMIDIFICATEUR

Un air trop sec peut irriter les voies respiratoires.

■ **Mon conseil :** un bol rempli d'eau près d'un radiateur ou devant une fenêtre quand il fait soleil. Si vous faites sécher votre linge à l'intérieur, suspendre un sac en tissu (ou une chaussette) rempli de gros sel à votre étendoir à linge en n'oubliant pas de placer un seau en dessous pour récupérer l'eau qui s'écoule.
💪/€

BOUGIES PARFUMÉES : NE PAS EN ABUSER

Même s'il ne s'agit évidemment pas de s'en priver (surtout que c'est un cadeau souvent offert), ne pas abuser des bougies parfumées, ou de tout autre produit à base de parfum, participant à la pollution de l'air intérieur. Et ne pas oublier d'aérer après combustion.

■ **Éviter les bougies à la cire de paraffine.** Elles sont fabriquées à partir de résidus de pétrole qui libèrent leurs substances toxiques sous l'effet de la chaleur.
💪💪/€

■ **Préférer les cires végétales (soja ou colza) ou d'abeille.** Elles sont 100 % naturelles et biodégradables. Pour les bougies végétales : les choisir avec des parfums dits naturels (sans substance CMR/cancérigène, mutagène, reprotoxique), une mèche en coton (non-synthétique), et des colorants d'origine végétale (curcuma, betterave, épinard, chou rouge, etc.) ou minérale (comme la poudre de mica).
Les bougies à la cire d'abeille, non parfumées, disposent de tous les avantages, mais peuvent coûter 30 à 40 % plus cher.
💪/€€

DÉSODORISER L'AIR SANS POLLUER

La plupart des sprays dits « assainissants » sont des biocides, comme les bombes insecticides. Préférer donc, et de loin, les désodorisants naturels. De plus, nettement moins chers.

■ **Avec des feuilles de thé ou du marc à café :** récupérer des feuilles de thé parfumées, infusées et séchées, ou du marc de café, et les placer dans une coupelle ou un collant usagé que l'on suspend.
/€

■ **Avec du bicarbonate :** à disposer dans des coupelles, notamment dans la cuisine. Ne pas hésiter pas à saupoudrer de bicarbonate les fonds de poubelle (ou la litière du chat, *lire chapitre 32*).
Autre possibilité : dans un pulvérisateur, mélanger 500 ml d'eau et 1 c. à s. de bicarbonate.
/€

■ **Avec des clous de girofle :** par exemple plantés dans une écorce d'orange ou de citron posée sur une coupelle.
/€

LES PLANTES LES PLUS DÉPOLLUANTES...

Si toutes les plantes vertes absorbent le gaz carbonique, certaines sont encore plus efficaces que d'autres.
La prochaine fois, au moment d'acheter ou d'offrir une plante verte, pensez à une plante dépolluante. Un petit cadeau avec option bien-être.
Petite sélection (à affiner avec votre fleuriste) :
Aloe vera • Azalée • Chrysanthème • Ficus • Lierre • Palmier • Philodendron

... ET CELLES QUI PRODUISENT LE PLUS D'OXYGÈNE

Aloe vera • Ficus • Fougère • Jasmin • Lierre • Orchidée • Palmier (Kentia)
/€

RÉDUIRE LES ALLERGÈNES

Ils se nichent partout, en particulier dans les tissus... mais pas que !

■ **Draps, taies d'oreillers :** à changer toutes les 2 semaines, le temps dont ont besoin microbes et allergènes pour s'accumuler entre les fibres des tissus.
💪💪/€

■ **Housses de canapés, rideaux, coussins :** à laver une fois par an pour se débarrasser des acariens (et poils de chiens et chats, *lire chapitre 32*).
💪💪💪/€

■ **Cheveux :** se rincer les cheveux le soir si vous souffrez d'allergie comme 20 % de la population française, car le pollen se dépose en grande quantité sur les cheveux.
💪💪/€

TAPIS, MOQUETTE : GARE AUX NIDS À POUSSIÈRE

Même si on les aime et s'ils atténuent, en hiver, la sensation de froid par le sol (*lire chapitre 2*), le mieux est d'éviter la moquette synthétique et de dépoussiérer régulièrement ses tapis.
Ces nids à poussière et à acariens sont en outre moins faciles à nettoyer que le carrelage, les tomettes ou le parquet.
💪💪/€

SUBSTANCES VOLATILES (COV) DES MEUBLES NEUFS : SE FIER À L'ÉTIQUETTE

On les appelle COV (composés organiques volatiles) : ces substances dangereuses, existant par ailleurs dans les bougies parfumées, colles ou peintures (*lire chapitre 6*), sont contenues dans les vernis et laques des meubles, et peuvent se diffuser pendant des années dans l'air ambiant. Désormais réglementé, le niveau de COV fait l'objet d'une étiquette spécifique sur les meubles neufs mais aussi matériaux de construction, peintures, revêtements et isolants *(lire chapitre 6).* Intitulée « émissions dans l'air intérieur », elles notent ces émissions de A+ (le mieux, et le plus cher) à C (le moins bien, et le moins cher).

💪💪/€€€

QUALITÉ DE L'AIR : 8 CONSEILS DÉCO-SANTÉ POUR LA CHAMBRE DES ENFANTS

Particulièrement fragiles et sensibles à la qualité de l'air, les bébés et jeunes enfants méritent une attention particulière. À commencer par leur chambre... Comment assainir leur cadre de vie, leurs nuits, et prévenir allergies et asthme.

■ **Température recommandée : 18 à 20 °C.**

💪/€

■ **Aérer non pas une, mais deux fois par jour.**

💪/€

■ **Vérifier tous les deux mois les arrivées de ventilation,** afin qu'elles ne soient pas obstruées ; si besoin les nettoyer.

💪💪/€

■ **Ne pas accumuler de meubles :** ils sont autant de nids à poussière et à acariens.

💪/€

■ **Laver tous les ans les tapis et moquettes** (ces dernières à éviter).
💪💪/€€

■ **Laver les oreillers régulièrement** (et idéalement les changer tous les ans).
💪/€

■ **Dépoussiérer meubles et ampoules** avec un chiffon (absorbant la poussière).
💪/€

■ **Laver régulièrement les jouets** (avec des produits nettoyants hypoallergéniques au pH neutre).
💪💪/€

2
Mieux se chauffer (en économisant l'énergie)

Plus de 60 % de nos dépenses en énergie sont consacrées au chauffage (140 euros par mois en moyenne) : c'est la facture énergétique numéro un du foyer. Or, je vais vous le démontrer : économiser le chauffage est possible, et sans se geler (je sais de quoi je parle : je suis très frileuse !). Les conseils et bonnes pratiques qui suivent vous permettront d'économiser 20 % minimum de votre facture de gaz et d'électricité. Et jusqu'à 50 % pour les plus motivés.

LE B.A.-BA : SE CHAUFFER SOI-MÊME AVANT DE CHAUFFER L'AIR...

Cela paraît une évidence, pourtant beaucoup oublient ce simple réflexe : mieux vaut porter un pull que d'augmenter la température du chauffage. De même, il vaut mieux ne chauffer que la ou les pièces qu'on utilise, par exemple avec un radiateur ou un convecteur mobile que l'on allume lorsqu'on est dans la pièce.

■ **S'habiller en fonction de la température :** vêtements thermiques, pulls, chaussettes, chaussons (les extrémités du corps sont les plus sensibles au froid). Ne pas hésiter à revêtir plusieurs couches de vêtements : caleçon ou collant, sous-pull, écharpe.

Autres possibilités pour ceux qui ne peuvent pas bouger régulièrement : les bouillottes classiques, bouilllottes-chaussons et plaids et les coussins, plaids, capes et chauffe-pieds chauffants électriques (mieux vaut un plaid à 50 W qu'un radiateur à 1 500 W).

/€

■ **Changer ses vêtements le soir** car notre corps évacue de l'humidité sur la couche de vêtement en contact avec notre corps (sous-vêtements, chaussettes, collants), ce qui procure une sensation de froid.
💪/€

■ **Bouger** pour produire plus de chaleur : se lever, marcher, voire aller se promener dehors durant la journée. Pour les plus téméraires : finir sa douche à l'eau froide, qui procure en retour, après, une sensation de chaleur.
💪/€

■ **Boissons et plats chauds** pour se réchauffer naturellement et se réconforter. Si vous aimez manger épicé, cela active la circulation sanguine, donc réchauffe.
💪/€

■ **Profiter en journée de la chaleur du soleil** en se rapprochant des fenêtres (et s'en éloigner au contraire en soirée ou quand il n'y a pas de soleil).
💪/€

... ET LA BONNE TEMPÉRATURE POUR CHAQUE PIÈCE

Baisser de 1 °C seulement la température de sa maison ou de son appartement permet déjà de diminuer sa consommation en énergie de 7 %. Un bon début, non ? Les 5 recommandations qui suivent vous permettront d'économiser plus de 300 euros par an.

■ **Dans le salon et les parties communes :** 19 °C maximum (avec si besoin un pull, *lire ci-dessus*).
💪/€

■ **Dans les chambres :** 16 ou 17 °C. C'est amplement suffisant avec une bonne couverture, voire une bouillotte placée sous les draps ou la couette avant d'aller se coucher pour réchauffer le lit. Pour les personnes âgées, malades ou très frileuses, penser au sur-matelas et à la couverture chauffants électriques. dont on peut trouver des modèles sûrs et sans danger dans les magasins de confort médical. Baisser la température de sa chambre permet en outre de mieux dormir. Bref, tout à gagner !
/€

■ **Dans les pièces non-utilisées (type chambre d'amis) :** 15 °C en permanence. Cela ne refroidira pas les autres pièces (sauf si vous avez des dizaines de chambres d'amis !).
/€

■ **En journée lorsqu'il n'y a personne :** 14 °C ; le soir le premier rentré remonte à 19 °C. La nuit, pour les plus motivés, possibilité de baisser à nouveau la température.
/€

■ **En notre absence (plus de deux jours) :** pas plus de 15 °C. Encore mieux : régler le chauffage sur la position hors-gel (8-10 °C). Au moment du retour, le fait de réchauffer son logement consommera bien moins d'énergie que de l'avoir maintenu durant son absence à la température habituelle. Pour plus de confort, ceux qui ont un thermostat programmable (*lire p. 31*) pourront déclencher le rallumage du chauffage quelques heures avant leur arrivée.
/€

LE FROID RESSENTI N'EST PAS QU'UNE AFFAIRE DE TEMPÉRATURE !

La température ressentie (dit aussi « confort thermique ») désigne la sensation de bien-être éprouvée dans une ambiance intérieure. Si elle dépend largement de la température ambiante, ce n'est pas le seul critère. D'abord parce que chacun, selon sa morphologie, son âge, son état physique et psychologique ou ses habitudes, en possède sa propre perception. Ensuite parce que, à côté du chauffage, d'autres éléments rentrent en ligne de compte dans la sensation de froid.

Le froid via les parois (murs, portes extérieures, fenêtres). Lorsqu'une paroi est froide, tel un simple vitrage en hiver, elle absorbe le rayonnement chaud du corps et génère une sensation d'inconfort, pas simplement en se plaçant juste devant : plus une paroi est froide, plus la température ressentie dans la pièce est basse.

La solution : une bonne isolation permettant de limiter la différence de température entre les parois et la température ambiante, donc les sensations de froid et d'inconfort.

Le froid via l'humidité. Taux d'humidité idéal pour un bon confort thermique : entre 40 % et 60 %. Au-delà, l'humidité augmente la condensation de l'air (ce qui engendre de plus moisissures et prolifération des microbes). En-dessous de 30 %, l'air est trop sec, ce qui augmente la concentration en poussières.

La solution : une bonne ventilation.

Le froid via les courants d'air. Petit rappel « technique » : notre corps produit naturellement de la chaleur qu'il évacue à l'extérieur par évaporation (la sueur), conduction (via le contact direct avec des objets froids et notamment le sol), et aussi convection (l'air passant sur notre corps emportant de la chaleur). L'air frais qui passe sous les fenêtres, les portes d'entrée, etc., accentue donc les pertes de chaleur du corps. La solution, outre une bonne isolation et une bonne ventilation : lire ci-dessous.

LOGEMENTS MAL ISOLÉS : LES 8 CONSEILS ANTI-PERTES DE CHALEUR

Ne pas confondre, on l'a vu, circulation de l'air et fuite d'air : la première est nécessaire pour assainir l'air intérieur ; la seconde provoque une sensation de froid et peut, en réaction, faire grimper la note de chauffage de façon astronomique.
À défaut d'un logement parfaitement isolé et de ne pouvoir s'occuper des toits et combles (30 % des échappée d'air) voilà comment atténuer la sensation de froid.

■ **Aérer pour évacuer l'humidité,** rendant l'air plus difficile à chauffer (cuisine, douche, séchage du linge). Au moins 10 min une fois par jour, même en hiver.
💪/€

■ **Fermer les portes de chaque pièce,** quand le chauffage est en route.
💪/€

■ **Colmater les « trous d'air ».** Valable, en particulier, pour les contours de fenêtres (10 à 15 % de la chaleur globale échappée) et la menuiserie mal isolée. Ces trous peuvent être assez facilement colmatés, au moins en partie, et pour quelques euros seulement : joints isolants à appliquer au pistolet (acrylique) ou en rouleaux (mousse ou caoutchouc).
Prix : 55 euros les 15 m pour le mastic isolation et 9 euros les 6 m de rouleaux.
💪💪/€

■ **Couvrir les sols et murs.** La pose de tapis atténue la sensation de froid venant du sol (7 à 10 % de l'air échappé). Préférer les fibres naturelles (laine de coton, liège, bois, béton de chanvre) et passer régulièrement l'aspirateur. Idem pour les murs donnant sur

l'extérieur (25 % de l'air échappé) : installer devant gros meubles et/ou bibliothèques, ou poser tentures ou panneaux en liège.
💪💪/€€

■ Fermer le conduit de la cheminée ouverte
Pour ceux qui en en possèdent une (maisons, immeubles haussmanniens...) : ne pas oublier, lorsqu'on ne l'utilise pas, de bien refermer le clapet du conduit d'évacuation de la fumée (arrivée d'air froid).
💪/€

■ Poser des boudins de portes (extérieures). Pour les bas de portes (d'entrée ou de cave), installer soit des boudins de porte (que l'on peut fabriquer soi-même avec de vieux tissus en laine), soit des bas de porte se fixant sur le bâti (vis ou colle).
L'idéal : poser en plus de gros rideaux, notamment devant la porte d'entrée (mais veiller à ce qu'ils ne deviennent pas des nids à poussière).
💪💪/€

■ Fermer tous les volets la nuit : ce simple geste (permettant d'éviter que la fenêtre « rayonne » le froid) vous fera économiser jusqu'à 60 % de dépenses de chaleur.
💪/€

■ Installer des rideaux épais aux fenêtres. Si cela ne dispense pas de fermer les volets la nuit, la pose de rideaux isolants (thermiques) qu'on tire le soir se révèle très efficace.
En journée, lorsque qu'il fait beau, penser au contraire à dégager les fenêtres (pas de voilage non plus).
💪💪/€€

■ Recouvrir ses vitres d'un film isolant, qui réduit l'effet de surface froide : pas la solution idéale, mais simple et peu cher.
Prix : environ 10 euros pour un panneau de 150 × 200 cm.
💪💪/€€

■ **Se réchauffer grâce à… son mobilier.** Canapés et fauteuils en tissus, paravents, voire lits à baldaquin : les meubles « enveloppants » contribuent aussi à nous réchauffer, surtout s'ils sont en bois ou laine de coton.
En option : la table chauffante japonaise, une table basse avec futon spécial, sous laquelle est fixé un chauffage électrique permettant de garder le bas du corps au chaud (prix : env. 400 euros). Sur le même principe, on trouve également des panneaux rayonnants à fixer sous un bureau ou une table qui chauffent les jambes et les pieds (prix : à partir de 50 euros).
💪/€€

AVANT DE SE CHAUFFER, MIEUX CONNAÎTRE SON SYSTÈME DE CHAUFFAGE

Tous les logements sont équipés, soit d'un système de chauffage central, soit d'un système de chauffage décentralisé. De quoi s'agit-il exactement ?

Chauffage central. Fonctionne grâce à un générateur unique de chaleur (chaudière au gaz, bois, fioul, solaire, pompe à chaleur, etc.) répartissant celle-ci dans tout le logement, grâce à son liquide caloporteur (le plus souvent de l'eau), parcourant le réseau de chauffage jusqu'aux émetteurs : radiateurs à eau, planchers chauffants ou encore ventilo-convecteurs (avec pompe à chaleur).
N.B. : ce chauffage central peut être individuel (ne chauffe qu'un seul logement), ou collectif (tous les logements d'un immeuble, voire de plusieurs via le chauffage urbain de la ville).
Chauffage décentralisé. Fonctionne grâce à des appareils de chauffage qui « fabriquent » eux-mêmes leur chaleur : radiateur et plancher électrique, poêle, foyer fermé et insert au bois.
Une rénovation peut être l'occasion de changer pour une énergie de chauffage moins polluante et de choisir des équipements plus performants et moins gourmands en énergie.

Si votre chaudière atteint sa limite d'âge – environ 20 ans –, optez, pour la remplacer, pour une chaudière gaz basse température ou à condensation, une pompe à chaleur, une chaudière à bois ou un chauffage solaire.
À savoir : depuis 2022, il est interdit d'installer de nouvelles chaudières au fioul.

LE TOP DES CHAUDIÈRES À GAZ : À BASSE TEMPÉRATURE OU À CONDENSATION

Privilégier vraiment, si on le peut, une chaudière à basse température ou à condensation, moins gourmande en énergie, moins polluante et plus performante.
Ces modèles sont certes plus chers à l'achat, mais quand on parle chaudière, on parle temps long : une chaudière à condensation neuve sera ainsi rentabilisée en 7 ans, après quoi 13 ans pour en profiter, voire davantage (la chaudière à condensation dure plus longtemps) !

- **Chaudière basse température.** Chauffe l'eau à une température inférieure aux chaudières classiques (moins de 50°C, contre 90°C pour les chaudières classiques), ce qui permet de réduire de 10 à 15 % la consommation d'énergie par rapport à une chaudière classique, tout en maintenant un niveau de confort élevé.
Prix : entre 2 000 et 4 500 euros (contre de 500 à 2 500 euros pour une chaudière classique).
/€€

- **Chaudière à condensation.** Chauffe l'eau à une température de 50-59°C et en plus récupère les calories dans les vapeurs de combustion pour augmenter la température du liquide qui circule dans la chaudière. Très élevé, son rendement permet ainsi d'économiser de 20 à 30 % de gaz par rapport à une chaudière classique. Elle produit aussi moins de gaz à effet de serre.
Prix : entre 3 000 et 6 000 euros.
/€€€

POMPES À CHALEUR : PUISER DANS L'AIR OU DANS LE SOL ?

Les pompes à chaleur (PAC) captent les calories de chaleur présentes dans l'air ou le sol (voire un point d'eau à proximité) et les réinjectent dans l'habitation via le réseau de chauffage central.

■ **Pompe à chaleur aérothermique.** Fonctionne en captant la chaleur de l'air extérieur.
N.B. 1 : le système « air-air » permet uniquement de chauffer, mais certains modèles, dit PAC réversibles, permettent d'inverser le système et d'offrir en sus une climatisation.
N.B. 2 : le système dit « air-eau » permet à la fois de chauffer l'habitation et de produire son eau chaude.
Prix : de 10 000 à 15 000 euros.
💪💪/€€€

■ **Pompe à chaleur géothermique.** Fonctionne en puisant son énergie dans le sol (votre jardin). Deux systèmes possibles : 1° par « captage horizontal » si la surface de votre jardin est plus de deux fois supérieure à celle de votre maison (capteurs enfouis à une profondeur comprise entre 60 centimètres et 1,20 mètre) ; 2° par « captage vertical » si votre terrain est de taille réduite (capteurs enfouis jusqu'à 100 mètres de profondeur, ce qui les rend moins sensibles aux changements de température).
Double avantage de la pompe à chaleur géothermique : elle fonctionne en toute saison et ne nécessite pas de chauffage d'appoint. En revanche, son installation, nécessitant un forage, est beaucoup plus complexe et son coût est très élevé.
Prix : de 13 000 à 20 000 euros (forage et captage inclus).
💪💪/€€€

CHAUFFAGE AU BOIS : LES 3 OPTIONS

Différents équipements peuvent être installés selon ses envies et moyens. Dans tous les cas, opter pour un équipement labellisé « Flamme verte 7 étoiles » (charte de qualité des constructeurs s'engageant à commercialiser des matériels économes, sûrs et peu polluants, notamment en matière d'émissions de particules).

■ **La chaudière bois (chauffage central).** Fonctionne avec des bûches, granulés ou plaquettes. Les tarifs varient fortement en fonction de la surface à chauffer et du mode d'approvisionnement (automatique ou manuel).

N.B. : les nouveaux modèles de poêle à bûches ou granulés datant d'après 2002 offrent de meilleurs résultats, tout en polluant moins.

Prix (chaudière à bûches) : à partir de 1 600 euros.

Prix (à granulés, appelés aussi pellets) : à partir de 6 000 euros.

Prix (à plaquettes) : à partir de 10 000 euros.

/€€€

■ **Le poêle de masse.** Fonctionne en accumulant la chaleur puis en la restituant en continu (pendant plusieurs heures) : le bois est brûlé en une fois à l'avance en grande quantité et à très haute température (d'où son rendement élevé et son excellent confort thermique). Se présente parfois avec un banc chauffant, une cuisinière ou un four sur les côtés.

N.B. : adapté aux maisons de plain-pied, il est en revanche impossible de l'installer en appartement, sauf au rez-de-chaussée, car trop lourd pour être supporté par un plancher.

Prix : entre 3 000 et 15 000 euros.

/€€€

■ **La cheminée.** Les cheminées ouvertes procurant nettement moins de chaleur et émettant plus de pollution (particules fines) qu'un insert fermé, il est bien sûr conseillé de faire installer ce dernier. Mais cette installation est chère.

Prix : de 3 000 à 7 500 euros (insert fermé, dont pose).

/€€€

ACHETER SON BOIS DE CHAUFFAGE MOINS CHER

L'investissement dans l'équipement de chauffage au bois est souvent lourd mais les économies pour se chauffer sont très importantes. Même si le prix du bois a augmenté depuis 2022, il reste avantageux en jouant sur les critères suivants :

La nature du bois : les bois durs (chêne, frêne, etc.) sont plus chers mais ont un pouvoir calorifique plus élevé que les bois tendres (bouleau, peuplier, etc.).
Le conditionnement : le bois livré en vrac est moins cher qu'en palette ou en sac.
Le taux d'humidité : les bois de classe H1 (humidité <20 %) sont plus chers que les bois de classe H2 (humidité >20 %) mais il y a la possibilité de faire sécher soi-même son bois.
La période d'achat : il est plus rentable d'acheter son bois dès le milieu du printemps et en été car la demande est moins forte.
La longueur des bûches : plus elles sont longues, moins leur prix est élevé car cela nécessite moins de manutention.
La région : si l'on réside à proximité de forêts exploitables, l'offre est plus large et les prix de livraison (15-30 % du prix final) moins élevés. Ne pas hésiter à effectuer des commandes groupées avec des voisins pour faire baisser le prix du transport.
💪💪/€€

PASSER À L'ÉNERGIE SOLAIRE : LES + ET LES –

Se chauffer et produire de l'eau chaude grâce à des panneaux solaires thermiques, c'est possible. Ce qu'il faut savoir avant de se lancer.

Les +

Le soleil est gratuit (contrairement à toutes les autres énergies).
Une durée de vie d'environ à 30 ans (avec nettoyage tous les 2 à 4 ans) : beaucoup plus, donc, que pour une chaudière à gaz (10 ou 20 ans) ou une pompe à chaleur (15 ou 20 ans).

Les -
Chauffage d'appoint obligatoire en hiver (à cause du manque du soleil). C'est aussi souvent le cas toute l'année pour les grandes maisons, surtout mal isolées.
Le prix : entre 13 000 et 20 000 euros pose comprise (compter de 10 à 20 m^2 de panneaux pour une maison de 100 m^2) selon l'endroit où vous habitez et son ensoleillement), soit environ le prix d'une chaudière à gaz. Pour bénéficier des aides : *lire en annexe.*
/€€

BIEN ENTRETENIR SA CHAUDIÈRE (GAZ, FIOUL, BOIS, ÉLECTRICITÉ) OU POMPE À CHALEUR

C'est une obligation légale : il faut la faire vérifier tous les ans (excepté les chaudières électriques, qu'il faut cependant détartrer chaque année). Dans l'intervalle, se montrer attentif à d'éventuels dysfonctionnements : une chaudière fonctionnant mal entraîne des risques d'intoxication et consomme plus d'énergie. À l'inverse, une chaudière régulièrement entretenue voit sa consommation diminuer de 8 à 12 %.
N.B. 1 : détartrer en plus tous les 2 ou 3 ans (le calcaire réduit l'efficacité du ballon).
N.B. 2 : avant de partir en vacances, éteindre son chauffe-eau (inutile qu'il chauffe en votre absence).
/€

RADIATEURS (À EAU) : LEQUEL CHOISIR ?

Les radiateurs à eau chaude (les plus courants) fonctionnent avec un système de chauffage central : l'eau est chauffée dans une chaudière (à gaz, au bois ou au fioul), une pompe à chaleur ou via un chauffage solaire. Il existe 2 types de radiateurs. Comment faire son choix ?

■ **Radiateur à haute température (conventionnel) :** chauffe entre 70 et 90 °C. Le + : moins cher que la basse température. Le – : dégrade les performances d'une chaudière basse température.
Prix : entre 2 000 et 5 000 euros
💪💪/€€

■ **Radiateur à basse température :** chauffe entre 45 et 50°C. Les + : moins énergivore (demande moins d'efforts à la chaudière) et compatible avec une chaudière basse température, à condensation ou une pompe à chaleur basse température (PAC). Les – : plus volumineux et plus cher.
Prix : entre 3 500 et 9 000 euros
💪💪/€€€

LES 6 INCONTOURNABLES POUR PROFITER AU MAXIMUM DE VOS RADIATEURS

Dès lors que l'on accepte de baisser la température de son chauffage, comment faire pour que les radiateurs fonctionnent parfaitement et avec le meilleur rendement ?

■ **Ne jamais les couvrir.** Éviter par exemple de faire sécher dessus ses serviettes ou chaussettes. Dans le cas contraire : risques de dysfonctionnement de l'appareil et de perte de chaleur.
💪/€

■ **Éviter de placer un gros meuble (ou fauteuil) juste devant.** Cela entraîne des dysfonctionnements de l'appareil et empêche la chaleur de bien se disperser dans la pièce.
💪/€

- **Les dépoussiérer.** La poussière accumulée retient la chaleur et perturbe le bon fonctionnement du radiateur. En hiver, le dépoussiérer au moins une fois par mois.

Pour un meilleur dépoussiérage (recoins), utiliser une brosse à radiateur.

Prix à partir de 17 euros.

💪💪/€

- **Les purger régulièrement.** L'air accumulé dans un radiateur l'empêche de fonctionner correctement, entraînant une surconsommation d'énergie. Pour les radiateurs à eau alimentés par une chaudière (gaz, fioul, bois) ou par une pompe à chaleur « air-eau » (*lire p. 25*), effectuer une purge (retirant l'air du circuit) chaque année. Cela permet en outre de prolonger la durée de vie de la chaudière. Le meilleur moment : au début de l'hiver (juste avant la période de chauffe).

N.B. : la purge n'étant pas aisée (tutos sur Internet), cette opération peut réclamer l'intervention d'un professionnel (60 à 80 euros l'heure).

💪💪💪/€

- **Installer des réflecteurs de chaleur pour les radiateurs en fonte.** En hiver, nous consommons jusqu'à 20 à 30 % de chauffage en trop, car une partie du chauffage produit par les radiateurs est renvoyée vers le mur. Pour un vieux radiateur en fonte, placer derrière un réflecteur de chaleur qui renverra la chaleur vers le centre de la pièce.

Vous pouvez aussi utiliser des feuilles d'aluminium, mais c'est moins pratique, et plus voyant.

Prix : de 20 à 30 euros (magasins de bricolage et Internet).

💪💪/€

- **S'installer à proximité.** Pas question de le coller, bien sûr, mais d'une manière générale, il faut penser à aménager son intérieur de façon à être proche des radiateurs (ex. : table de repas ou canapé à côté).

💪💪/€

ROBINETS THERMOSTATIQUES ET/OU SYSTÈMES DE RÉGULATION ?

Chers à l'achat, les deux sont de vrais investissements, mais qui seront rentabilisés en deux ans.
À noter : pour un maximum d'économies d'énergie, il est intéressant de combiner les deux (qui sont complémentaires).

■ Robinets thermostatiques

Permettent de réguler et d'adapter automatiquement le chauffage de certaines pièces, grâce à un système de sonde (captant la température alentour, l'occupation des pièces ou les changements de luminosité).
Baisse de la consommation d'énergie : entre 3 et 6 %.
Prix : de 50 à 100 euros l'unité.
💪/€€

■ Système de régulation

Commande le chauffage en fonction d'une température choisie grâce à une horloge de programmation (qui réduit en outre automatiquement la température la nuit ou lorsque la maison est vide).
Baisse de votre consommation d'énergie : jusqu'à 15 %.
Prix : de 150 à 400 euros.
💪/€€€

ACHETER UN RADIATEUR ÉLECTRIQUE : COMMENT NE PAS SE TROMPER

Plutôt déconseillés si on a le choix, car très énergivores, les radiateurs électriques n'en sont pas moins une nécessité lorsque le logement n'est pas équipé de chauffage central. Il en existe trois sortes. Comment les choisir en fonction de son usage… et de son budget.

■ Convecteur électrique

Fonctionnement : la chaleur se transmet par l'air ambiant, qui est réchauffé par l'appareil (soufflerie).
Le + : le moins cher à l'achat.

Les – : perte de chaleur (l'air chaud monte, donc la température ambiante est plus élevée au plafond qu'au sol) ; assèche l'air ; surnommé « grille-pain », il peut être très chaud (autour de 90 °C sur le corps de chauffe), donc dangereux pour les enfants.
Utilité : à réserver pour le chauffage d'appoint.
Prix : de 30 à 80 euros.
💪/€

Radiateur à panneau rayonnant (ou radiant)

Fonctionnement : allie la convection (chauffe l'air, *lire ci-dessus*) et le chauffage par rayonnement (envoi d'infra-rouges) qui chauffe les matériaux (murs, meubles) et personnes présentes dans la pièce.
Le + : chaleur douce et agréable.
Le – : plus cher que le convecteur.
Utilité : pour les petites surfaces (chambres) ou pour l'appoint (pièce utilisée occasionnellement : salle de bains, bureau, chambre d'amis, etc.)
Prix : de 100 à 200 euros.
💪💪/€€

Radiateur à inertie (ou à chaleur douce)

Fonctionnement : combine la convection, le rayonnement (*lire ci-dessus*) et l'accumulation, qui stocke la chaleur pour la diffuser ensuite longuement (liquide caloporteur ou résistance électrique chauffant un matériau réfractaire type fonte, céramique ou pierre).
Le + : ne consomme plus d'électricité lorsque la température du thermostat est atteinte, tout en continuant à la maintenir. C'est le radiateur au fonctionnement le moins énergivore, donc le plus économique.
Le – : le plus cher à l'achat.
Utilité : spécialement adapté aux grandes pièces.
Prix : de 250 à 500 euros
💪💪/€€€

3
Se rafraîchir (en économisant l'énergie)

La température de confort en été dépend d'abord, comme en hiver, d'une bonne isolation et ventilation du logement. La planète chauffe et les épisodes de canicule se multiplient. Comment limiter (voire s'en passer pour les plus motivés) la climatisation – laquelle, en plus d'être énergivore et de rejeter de l'air chaud, rejette aussi des hydrofluorocarbures (puissants gaz à effet de serre) ? Vous allez voir que c'est possible, en douceur. Et sans cuire sous les degrés.

À L'INTÉRIEUR EN ÉTÉ, LES 14 RÉFLEXES FRAÎCHEUR

Rien ne sert d'immédiatement climatiser (lire p. 36). C'est l'été après tout (et depuis le temps qu'on l'attendait !)...

■ **Aérer le matin, puis fermer les volets la journée.** La nuit, s'il fait plus frais, tout ouvrir, ou au moins deux fenêtres, afin de provoquer des courants d'air.

💪/€

■ **S'habiller léger chez soi.** Et opter pour les matières naturelles comme le coton ou le lin *(lire chapitre 22)*.

💪/€

■ **Prendre une douche fraîche** mais pas froide, car l'organisme dépense beaucoup d'énergie pour s'adapter à une différence de température trop importante.

💪/€

■ **Agiter un éventail :** ce très léger courant d'air suffit à l'organisme pour évacuer plus vite sa chaleur.
💪/€

■ **Utiliser un vaporisateur d'eau du robinet pour se rafraîchir.** Le + : entreposez-le au frigo.
💪/€

■ **Placer une bouillotte remplie d'eau froide sous ses draps** (à mettre pendant la journée au réfrigérateur).
💪💪/€

■ **Installer des rideaux isolants (thermiques)** qui possèdent des propriétés anti-chaleur (et anti-froid). Ils permettent de stopper plus de 70 % des rayons du soleil.
Prix : à partir de 25 euros (rideau 140 × 260 cm).
💪💪/€€

■ **Éteindre les appareils électriques non utilisés :** ils dégagent tous de la chaleur (en plus de continuer à consommer de l'électricité).
💪💪/€

■ **Éviter les cuissons trop longues en cuisine.** Elles réchauffent encore l'air ambiant.
💪/€

■ **Faire fonctionner les appareils électroménagers la nuit.** Fours, lave-linge, lave-vaisselle, etc. produisent en effet de la chaleur.
💪/€

NE PAS FAIRE CHAUFFER SON FRIGO

Entre un réfrigérateur de classe A dépoussiéré à l'arrière, dégivré à l'intérieur et placé contre un mur frais et un réfrigérateur ancien, non entretenu et placé contre un mur chaud, la chaleur produite peut être 10 fois supérieure.

■ La fraîcheur par les matériaux...

Pour les sols et les murs intérieurs, privilégier les matériaux qui chauffent le moins (forte inertie thermique) comme le bois, le grès cérame, la pierre ou bien sûr le marbre (malheureusement souvent très chers).

💪💪/€€€

■ ... ou par les plantes

Les plantes d'intérieur (qui transpirent, d'où la rosée) sont un allié très efficace pour rafraîchir son logement.

Les plantes qui ont le moins besoin d'eau : *lire chapitre 1.*

Les plantes qui rejettent le plus d'oxygène : *lire chapitre 1.*

💪💪/€€

■ Protéger ses vitres du soleil avec du blanc de Meudon...

On peut utiliser du blanc de Meudon pour protéger ses fenêtres des rayons du soleil : ce revêtement blanc fait baisser la température tout en laissant passer la lumière.

La recette : dans un récipient ajouter de l'eau à du blanc de Meudon jusqu'à réaliser une pâte ayant la consistance de la peinture, puis badigeonner au pinceau l'extérieur des vitres.

💪💪/€

■... ou du film de protection solaire

Grâce à leur face réfléchissante, les films solaires rejettent jusqu'à 80 % de l'énergie solaire. Certains bloquent également les rayons UV.

Posés à l'extérieur, leur efficacité est accrue car l'énergie solaire est rejetée avant même de traverser la vitre.
C'est une solution peu onéreuse, particulièrement efficace lorsqu'on dispose d'un simple vitrage.
Prix : de 8 à 12 euros (bande de 1 m × 0,50 m)
/€

BLANCHIR SON TOIT : VIEILLE MÉTHODE, NOUVEAUX BESOINS

C'est une pratique ancestrale, très en vogue autour de la Méditerranée : peindre son toit en blanc permet de réduire considérablement la température d'une maison. Pour cela, utiliser une peinture réfléchissante spéciale toiture.
À noter : certaines marques proposent des produits à base de poudre de coquilles d'huître (ex. : Cool Roof France).
Prix : à partir de 8 à 10 euros le litre (fortes variations selon la contenance).
/€€

CLIMATISATION : À CONSOMMER AVEC MODÉRATION

Elle est chère, prend de la place, consomme beaucoup d'électricité, rejette de l'air chaud dans l'atmosphère, n'est pas bonne pour la santé (facteur de rhume)... mais n'en est pas moins parfois indispensable ! Pour ceux qui ont une clim, l'objectif est donc moins de s'en priver totalement que d'en limiter l'utilisation au (vraiment) nécessaire :

Ne pas faire fonctionner la clim avec des fenêtres ouvertes.
Éviter de mettre la clim en marche à moins de 26 °C dans la pièce.
Pas de clim programmée à moins de 24 °C. Passer de 26 à 22 °C permet de réduire la consommation électrique par deux.
Fausse bonne idée : l'option climatiseur mobile, qui consomme 30 fois plus d'électricité qu'un ventilateur !
/€

PRÉFÉRER LE VENTILATEUR À LA CLIM

Le courant d'air créé par le ventilateur chasse la couche d'air chaud dégagée naturellement par notre corps et la remplace par de l'air plus froid. Le ventilateur accélère aussi l'évaporation de la transpiration.

■ **Optimiser l'efficacité de son ventilateur** en plaçant devant une bouteille d'eau glacée ou un linge humide posé par exemple sur le dos d'une chaise : cela augmente l'humidité ambiante et la fraîcheur.
💪/€

■ **Faire sortir l'air chaud de la pièce le matin,** en allumant le ventilateur et en le dirigeant vers l'extérieur devant une fenêtre ouverte.
💪/€

■ **Afin de retarder l'usage de la climatisation,** vous pouvez faire marcher vos ventilateurs 1 à 2 heures avant d'ouvrir la clim.
💪💪/€€

BRASSEURS D'AIR ET VENTILATEURS DE PLAFOND : 5 CHOSES À SAVOIR

Les brasseurs à pâles ou ventilateurs de plafond sont très présents dans les pays du Sud : souvent peu considérés pour leur esthétique, ils se révèlent pourtant (plutôt) efficaces pour baisser la température d'une pièce.

Hauteur de plafond optimale : 2,60-2,70 m. Au-dessus de 3 m : ajouter une tige d'extension.
Hauteur de plafond minimale : respecter une distance de sécurité d'au moins 2,20 m entre les pâles et le sol.
Pour en profiter au mieux : la zone à rafraîchir prioritairement (par ex. son lit) ne doit pas être située exactement en dessous du brasseur d'air (sorte de zone morte), mais juste à côté.
Pour les rendre encore plus efficaces : ne pas les installer trop près des murs ni du mobilier, respecter un diamètre suffisamment

large (environ 1,30 m), et les faire installer par un professionnel RGE ou Qualifelec.

Pour nettoyer les pales : une fois par an.

Prix : à partir de 150 euros (mais très variable selon la taille, la puissance, les matériaux, avec ou sans mode hiver, actionnable avec une télécommande ou une chaîne, avec ou sans lampe, selon le niveau de bruit, etc.).

💪💪/€€

À L'EXTÉRIEUR EN ÉTÉ, COMMENT PROTÉGER SA MAISON DE LA FOURNAISE

Si on a la chance d'avoir une maison, la nature environnante est notre meilleur allié pour protéger notre habitat des rayons du soleil. Voilà 6 conseils tout simples :

■ **Éviter de bétonner le sol autour de la maison.** Préférer une terrasse en bois qui stocke moins la chaleur. Pour le carrelage : du granit, du marbre, du grès ou de la pierre naturelle.

💪💪/€€€

■ **Utiliser des végétaux secs pour faire de l'ombre** (bambous, canisse...). Cette protection contre le soleil peut être retirée en hiver pour, au contraire, le laisser passer.

💪💪/€

■ **Planter des arbres face à une baie vitrée** (au sud et à l'ouest). De préférence à feuilles caduques (qui tombent en automne, laissant donc passer le soleil en hiver).

💪💪/€€

■ **Installer une haie pour faire écran aux rayons du soleil** (à l'ouest). Objectif : faire de l'ombre, tout en laissant l'air circuler. Possibilité de joindre l'utile à l'agréable en choisissant des arbustes à fleurs, à fruits, à feuillage décoratif…

/€€

■ **Créer une pergola pour abriter votre terrasse.** Une treille au-dessus d'une fenêtre plein sud, un écran de plantes grimpantes le long d'une véranda : leur ombrage permet de se protéger du soleil. Très difficile à installer soi-même, faites plutôt appel à un spécialiste.

/€€€

■ **Ajouter des protections solaires.** Avantages des stores, volets, voiles d'ombrage, brise-soleil orientables, etc. : ils réduisent le recours à la clim et évitent la surchauffe de la maison pendant les pics de chaleur.

/€€

4
Mieux s'éclairer

L'éclairage représente de 10 à 15 % de nos dépenses totales d'électricité. Chaque Français, possédant en moyenne 10 ampoules classiques (dites à incandescence), y consacre environ 150 euros par an. Ce n'est pas rien. Et cela peut être beaucoup plus... Objectif : vous démontrer que grâce à de petits gestes tout simples, il est possible d'en économiser une bonne partie.

FAIRE ENTRER LA LUMIÈRE DANS LE LOGEMENT

Avant d'éclairer de manière artificielle, 5 bons réflexes à adopter.

■ **Ouvrir les volets dès le réveil.** Pour ne pas allumer de lampes.
💪/€

■ **Ne pas éclairer inutilement les pièces vides.** Les lumières allumées dans des pièces vides représentent jusqu'à 30 % des dépenses d'éclairage.
💪/€

■ **Pas de voilage aux fenêtres.** Pour laisser passer au maximum la lumière naturelle, penser à dégager les fenêtres.
💪/€

■ **Choisir des peintures claires.** Pour mieux capter la lumière naturelle.
💪/€

■ Aménager son intérieur pour profiter au maximum de la lumière naturelle

Exemple : bureau ou fauteuil près d'une fenêtre (l'idéal : dans le dos), etc.

💪💪/€

■ Préférer les abat-jours clairs

Ils laissent mieux passer la lumière.

💪/€

AMPOULES À LED, LE TOP DU TOP

Par rapport aux ampoules classiques et à basse consommation, les ampoules LED (sans filament, remplacé par un composant électronique) sont plus chères. Mais elles cumulent quatre gros avantages, qui en font les meilleures, et de loin, dans la catégorie ampoules.

Économes en électricité. Les LED consomment 85 % d'électricité de moins que les ampoules classiques, et 30 % de moins que les ampoules basse consommation.

Increvables. Les LED durent beaucoup plus longtemps : jusqu'à 20 ans, contre seulement un an pour une ampoule classique, et 8 ans pour une basse consommation. Soit moins d'ampoules à acheter et… à fabriquer !

Ne polluent pas. Contrairement aux « basse-conso », pas la moindre trace de mercure, ni de rayonnement magnétique.

Plus pratiques. Contrairement, là encore, aux ampoules basses consommation, sa pleine puissance est immédiate. Les LED sont par ailleurs les « stars » de la décoration d'ambiance et des ampoules de couleurs.

Prix : de 15 à 30 euros l'unité (contre 1,50 à 2 euros pour une ampoule classique et env. 3 euros pour une ampoule à basse consommation).

💪/€€

AMPOULES : UN COUP DE CHIFFON = 40 % DE LUMIÈRE EN PLUS !

On n'y pense jamais, ou presque : dépoussiérer régulièrement ses ampoules avec un chiffon est l'un des « petits gestes » les plus utiles qui soient !

En plus d'être de véritables nids à poussière, les ampoules s'obscurcissent vite. En les dépoussiérant au minimum une fois par mois, vous gagnez immédiatement en luminosité : jusqu'à 40 % de faisceaux lumineux en plus (donc, aussi, moins de lampes allumées).

💪/€

5
Mieux choisir et faire durer ses appareils électriques

Électroménager, télévision, téléphonie, informatique, et aussi petits appareils du quotidien (cafetières, grille-pain, etc.) : pas moins du quart de l'énergie consommée en France relève de la surconsommation. Trop souvent achetés et jetés trop vite (10 millions d'appareils de gros électroménager sont jetés chaque année, dont seulement 60 % sont recyclés et 3 % reconditionnés), il est cependant possible, grâce à quelques nouvelles habitudes, de réaliser de (très) importantes économies, tant pour soi-même que pour l'environnement.
Les conseils donnés ici, auxquels renvoient les différents chapitres traitant de ces matériels, s'appliquent donc, sauf exceptions, à la totalité des appareils.

À L'ACHAT, PAS FORCÉMENT DU NEUF

Si les Français achètent en moyenne un produit d'occasion par an, cela concerne d'abord les vêtements et produits culturels (livres, notamment). Et ce n'est pour l'heure le cas que de 5 % du petit électroménager et 11 % du gros. Alors même que l'offre explose. Comment en profiter ?

■ Penser à l'occasion...

Les matériels de seconde main sont en moyenne jusqu'à 70 à 80 % moins chers que le neuf. À acheter dans une ressourcerie (*ressourceries.info*), un vide-greniers ou sur Internet. Voir en annexe.

/€

■... ou au reconditionné...

Contrairement au matériel d'occasion, il a passé des tests et des contrôles, et bénéficie d'une garantie (plus courte). Les prix sont en moyenne de 20 à 30 % moins chers que le neuf. On en trouve maintenant dans toutes les enseignes d'électroménager, sur les sites spécialisés et dans les magasins solidaires. Voir en annexe.

💪/€

■... ou à emprunter...

Notamment dans les bricothèques (matériels de bricolage) ou sur Internet. *Lire p. 51.*

💪💪/€

■... ou à louer

Dans un magasin de bricolage ou sur Internet.

💪/€

À L'ACHAT, SI ON CHOISIT DU NEUF

Étiquettes, labels et indices : comment s'y retrouver.

■ Se fier aux « étiquettes énergie »...

Obligatoires, elles notent la performance énergétique (dont la consommation d'eau pour les appareils de lavage) des appareils électriques neufs (réfrigérateurs, fours, téléviseurs, etc.), qui sont notés de A (les plus performants) à G (les plus énergivores) depuis 2021. Même s'ils sont (un peu) plus chers, mieux vaut privilégier les premiers, dont le coût sera largement amorti.

💪/€€

■... aux labels environnementaux...

Les labels sont traités dans les différents chapitres.

💪💪/€€

■... et à l'« indice de réparabilité »...

Noté de 1 à 10, il détermine le caractère plus ou moins réparable de nos achats. Il doit être affiché soit sur le produit lui-même, soit sur son emballage, soit à proximité immédiate en cas d'exposition en magasin. À l'achat, les mieux notés sont à peine plus chers.

/€

■... en attendant le nouvel « indice de durabilité »

Ce nouvel indice va progressivement remplacer le précédent (au départ seulement lave-linge et téléviseurs). Il cumulera le score de la réparabilité et d'autres données sur la fiabilité du produit.

/€

ACHAT NEUF : LES CONSEILS GRATUITS DE PROFESSIONNELS

En plus de se fier aux étiquettes et labels, il est possible, avant d'acheter un matériel neuf, de s'informer gratuitement auprès de professionnels indépendants sur les produits les plus économes et respectueux de l'environnement.

■ Suivez le guide

Le guide d'achat *Topten* 100 % gratuit est un guide en ligne indépendant des fabricants aidant à choisir (et à utiliser) ses appareils de réfrigération, lavage, chauffage, climatisation, informatique, éclairage et petit électroménager.

Renseignements : *guidetopten.fr*

/€

■ Sus à l'obsolescence programmée

100 % indépendante elle aussi, l'association Halte à l'obsolescence programmée (HOP) met en garde contre ce phénomène menant à la surconsommation (réduction volontaire par certains fabricants de

la durée de vie d'un produit afin d'en accélérer le renouvellement) et propose un guide des appareils les plus durables.
Renseignements : *produitsdurables.fr*
💪/€

FAIRE DURER ET RÉPARER SES APPAREILS

Plutôt que de remplacer un appareil en panne, ou présentant un défaut, le mieux, dans la mesure du possible, est d'essayer de réparer. Soi-même, ou à moindre coût.

■ Le site officiel qui répond à (presque) toutes vos questions

Très pratique, le site gouvernemental en ligne *Longue vie aux objets* vous guide dans vos démarches pour :

- dénicher le réparateur professionnel dont on a besoin ;
- partager, acheter d'occasion, réparer, donner, revendre ;
- allonger la durée de vie des appareils (tutos d'entretien et de réparation).

Renseignements : *longuevieauxobjets.ademe.fr*
💪/€

■ Réparer soi-même

Pour les plus bricoleurs, ou les plus économes, on trouve aujourd'hui (assez) aisément les pièces détachées nécessaires pour réparer un appareil devenu défectueux : magasins de bricolage et d'électroménager, sites spécialisés, etc. Pour un diagnostic gratuit de votre panne et des conseils en réparation : *commentreparer.com* (communauté d'entraide dédiée aux appareils domestique).
💪💪💪/€

■ Les « repair cafés » à votre service. Lancés il y a une quinzaine d'année, ouverts à tous, et animés par des bénévoles compétents dans la réparation, les « *repair* cafés » mettent à disposition conseils, mais aussi outils, matériels et pièces de rechange pour réparer sur place

ses appareils (mais aussi vêtements, objets divers, etc.) avec l'aide de professionnels solidaires. Il en existe une centaine en France.
Pour trouver le plus proche de chez vous : *repaircafe.org/fr*.
Autre possibilité (même principe, mais plus récent en France, donc moins développé) : *therestartproject.org* (site intégralement en anglais).
💪💪/€

■ **Faire réparer par un professionnel agréé.** Permettant, à certaines conditions, de bénéficier du « bonus réparation » (*lire ci-dessous*).
💪/€€

COMMENT PROFITER DU « BONUS RÉPARATION » ?

Destiné à inciter les consommateurs à faire réparer leurs appareils plutôt que de racheter du neuf, cette aide financière d'État (directement déduite sur votre facture par le réparateur) varie de 15 à 60 euros selon le type d'appareil (par ex : 60 euros pour un téléviseur, 50 euros pour un lave-linge, 40 euros pour un aspirateur…). Pour en bénéficier, 3 conditions à remplir : *1°* que le réparateur soit agréé ; *2°* que l'appareil ne soit plus sous garantie ; *3°* que la réparation ne résulte pas d'un défaut d'origine ou d'un usage non conforme.
Liste des appareils concernés (la quasi-totalité) et du montant des aides par appareil : *ecologie.gouv.fr*
Pour trouver les réparateurs agréés les plus proches de chez soi : *ecosystem. eco*
💪💪/€

PLUTÔT QUE LA DÉCHETTERIE : UNE SECONDE VIE POUR SES APPAREILS

Plusieurs possibilités existent si l'on doit vraiment se séparer d'un appareil.

Reprise gratuite de ses anciens appareils

Quand on rachète un appareil électrique neuf (gros ou petit) dans un magasin, la loi lui impose de proposer la reprise gratuite (dite « 1 pour 1 ») de notre ancien appareil à déposer en magasin ou repris au domicile par certaines enseignes (pas d'exception, même si le produit a été acheté ailleurs ou en ligne). C'est pour cela que nous acquittons une éco-participation de quelques euros ajoutée au prix de vente des appareils. Une fois collectés, ces appareils sont recyclés (en moyenne : 76 % de leur masse).

/€

Échanger via le Système d'échange local (SEL)

Cette association solidaire organise l'échange d'appareils contre d'autres (de valeurs équivalentes) ou des services à la personne (par ex., un lave-linge réparable contre des cours d'anglais). Il en existe désormais plus de 600 en France.

Renseignements (et pour trouver le plus proche de chez soi) : *selidaire.org*

/€

Donner à un particulier plus bricoleur que soi ♥

Notamment via les sites *donnons.org, consoglobe.com, toutdonner.com,* etc.

/€

Donner à une association solidaire ♥

Par exemple : à Emmaüs ou en ressourcerie, qui offriront une seconde vie aux pièces détachées. Voir en annexe.

/€

PILES, 3 BONS RÉFLEXES QUI CHANGENT TOUT

Ce n'est pas de la rigolade, vraiment : une simple pile bouton peut polluer 1 m3 de terre ou 400 l d'eau pendant 50 ans !

■ **Privilégiez les piles rechargeables.** Elles sont rechargeables jusqu'à 1 000 fois ! On les trouve aux mêmes prix que les piles classiques. Il faut ajouter un chargeur de piles classique (à partir de 5 euros) ou solaire (à partir de 12 euros).

💪💪/€€

■ **Pensez aux appareils sans pile.** Lampes de poche ou radio à manivelle et/ou solaire par exemple, qui fonctionnent parfaitement et ne vous laisseront jamais tomber.

💪💪💪/€

■ **Recyclez vos piles usagées.** Rejeter une pile dans la nature est vraiment dangereux. Entreposez vos piles usagées dans une boîte à chaussures, et quand elle sera remplie, allez les apporter au bac à recyclage spécial piles du supermarché.

💪💪/€

6
Mieux aménager et décorer son intérieur

Inutile de se suréquiper : excepté pour les rois du bricolage, notre boîte à outils est déjà pleine d'instruments dont nous ne nous servons jamais, ou presque. Autant garder cet argent pour se faire plaisir, notamment la déco. Où, là aussi, il est possible de faire aussi bien, voire mieux, avec moins.

OUTILS : NE PAS SE SURÉQUIPER, ACHETER MOINS

Temps moyen d'utilisation d'une perceuse : 12 minutes pour toute sa durée de vie ! Important, donc : toujours se poser à la question « en ai-je vraiment besoin ? ». Et si oui, trouver la solution la mieux adaptée – pas forcément l'achat (lire ci-dessous).

💪💪/€

PENSER À LOUER, EMPRUNTER...

Plutôt que d'acheter, vérifier d'abord s'il n'existe pas une autre solution, sans doute un peu moins pratique, mais plus économique (prix d'une perceuse : env. 100 euros ; location pour une journée : env. 10 euros) et meilleure pour l'environnement (évite de fabriquer de nouveaux produits, très énergivores). Toutes les possibilités :

- **Récupérer gratuitement.** Notamment sur Geev (dons d'objets entre particuliers : *geev.com*).

💪💪💪/€

■ **Prêter, troquer entre particuliers.** Premier site : Mytroc (bricolage mais aussi déco, électroménager, livre, informatique : *mytroc.fr*). Voir en annexe.
💪💪💪/€

■ **Louer dans une ressourcerie.** Pour trouver la plus proche de chez soi : *ressourceries.info* et *toitsalternatifs.fr/conseils-pratiques/annuaire-recycleries-ressourceries-acheter-objets-occasion/*
💪💪/€

■ **Louer entre particulier.** Par exemple : Les biens en commun (*lesbiensencommun.com*) et Kiwiiz (*kiwiiz.fr*).
💪💪/€

■ **S'inscrire dans une « bricothèque ».** Fonctionnent sur le principe des bibliothèques. Pour trouver la plus proche de chez soi : *bricolib.net*.
💪💪💪/€

Louer dans les magasins spécialisés. Kiloutou (*kiloutou.fr*), ou toutes les enseignes de bricolage…
💪💪/€

N.B. 1 : si vos outils sont cassés, pensez à les faire réparer, avant d'en racheter, par exemple dans les « *repair* cafés » (animés par des bénévoles, *lire chapitre* 5).
N.B. 2 : pour la visserie (clous et vis), préférer le vrac (dans les magasins de bricolage).
N.B. 3 : pensez, vous aussi, à donner ♥

OUTILS ACHETÉS : PENSER À L'OCCASION...

Vide-greniers, boutiques Emmaüs (voir chapitre 5).

💪💪/€

... ET AU RECONDITIONNÉ

Notamment dans les magasins de bricolage (chapitre 5).

💪/€€

MEUBLES : LES 3 ATOUTS DE LA SECONDE MAIN

Vide-greniers, dons de particulier (Geev, etc.), Emmaüs, ressourceries, Internet, etc. : la seconde main s'invite partout et devient (presque) aussi facile d'accès que le neuf.
Ses 3 atouts :

Beaucoup moins chère. Quelques euros, parfois, pour une grosse armoire...
Agit contre la déforestation. En évitant la fabrication d'un nouveau meuble.
Les particules toxiques du neuf évacuées. Acheter d'occasion, c'est aussi la garantie que vos meubles auront déjà rejeté la plus grande partie de leurs particules toxiques des premières années (colle, vernis, etc.).

💪💪/€

MEUBLES NEUFS : ÉVITER L'AGGLOMÉRÉ ET LE KIT...

La production d'un meuble en matériau non massif (ni bois brut, ni verre, ni inox) requiert l'utilisation de substances pouvant être nocives pour la santé et l'environnement, dont le benzène. De plus, les panneaux d'aggloméré, certes pratiques et peu chers, mélangent des colles et des résines qui peuvent être toxiques.

💪💪💪/€€

… ET SE FIER AUX BONS LABELS

Lorsque l'on achète du mobilier neuf (meubles, lits, canapés, etc.), choisir de préférence ceux portant un label. Ils signifient que le fabriquant répond à différents critères pour limiter pollutions et déchets : bois non-traité avec des produits chimiques, limitation des transports et de l'emballage, etc.

Bois et produits dérivés : *Blue Angel* (panneaux à faibles émissions), *FSP, NaturePlus, PEFC…*
Textiles d'ameublements : *Ecolabel européen* (textiles et matelas), *Oeko-Tex Standard 100…*
Mousses de rembourrage (canapé, fauteuils, etc.) : *CertiPUR*
Tous produits finis : *NF environnement ameublement* (label français), *Blue Angel, Nordic Swan, Cradle to Cradle* (« du berceau au berceau », qui distingue les produits selon 3 niveaux écologiques : or, argent, bronze).
💪/€€€

MADE IN FRANCE, VRAIMENT ?

Pour les produits-non alimentaires, de type meubles, la mention de l'origine est facultative. Ce qui n'empêche pas nombre d'étiquettes ou de logos parfois trompeurs. Comment s'y retrouver :

OFG (Origine France garantie). Certification indépendante garantissant l'origine la plus française d'un produit : 50 % au moins de sa fabrication doit venir du territoire français.
Made in France (ou fabriqué en France). Elle nécessite une autorisation des douanes. Pour autant, cela ne signifie pas que toutes les étapes de fabrication ont eu lieu en France. Mais qu'une « partie significative » l'a été. Un produit manufacturé peut ainsi avoir droit à la mention « *made in France* » même s'il n'a subi que « sa dernière transformation substantielle en France ».
Logos « drapeau français » ou « carte de France » (ou tout symbole représentant la France). Leur utilisation, particulièrement floue,

n'est interdite par la loi que si une partie, au moins, des « ingrédients primaires » n'est pas d'origine française.
« Création française », « Savoir-faire français », etc. Non réglementées, ces étiquettes ne garantissent en rien leur fabrication, même en partie, en France.

Parquet non collé

Privilégier l'installation de parquet non collé : la colle utilisée est en effet particulièrement toxique. Le mieux : le parquet flottant, avec lattes s'encastrant les unes aux autres, qui est à la fois moins cher (environ 20 %, sans compter le prix de la colle) et plus facile à poser. En vente dans tous les magasins spécialisés. Penser aussi au déstockage et à la seconde main (Emmaüs, ressourceries, etc., voir en annexe).
À noter encore : les sites offrant une seconde vie aux matériaux et équipements grâce au réemplois (revêtements sols et murs, mobilier, sanitaire, etc.) : *cycle-up.fr*.
/€

FABRIQUER SA TEINTURE ET SA CIRE POUR BOIS

Teinture naturelle pour bois : dans une casserole, mélanger 2 verres d'alcool fort (gin, vodka...) et 1 c. à s. de marc de café ou de thé séché. Porter à ébullition 2 min, éteindre le feu et laisser infuser au moins deux heures. Ajouter 1 c. à s. d'huile végétale (celle que vous avez dans votre placard), puis badigeonner le bois brut au pinceau.
/€€

Cire naturelle pour bois : dans un récipient, mélanger 4 c. à s. d'huile végétale (le mieux pour nourrir : l'huile d'olive) et 4 c. à s. de vinaigre blanc (pour nettoyer). Passer cette « vinaigrette » avec un chiffon.
/€

LA PEINTURE A L'EAU, C'EST PLUS RIGOLO

Quelle peinture choisir pour mieux préserver la qualité de l'air ?

■ Peinture : l'acrylique (à l'eau), mieux que le glycero (à l'huile)

Les peintures acryliques à l'eau, dont la qualité s'est beaucoup améliorée, sont de très loin meilleures pour la santé et l'environnement que les peintures glycero (synthétiques, dites « à l'huile » : fabriquées à base de pétrole, utilisant des solvants chimiques et produisant pendant plusieurs mois des émanations de produits toxiques). Les prix sont, de plus, quasiment les mêmes pour la même surface de peinture. Si l'on doit absolument acheter une peinture glycero, la choisir au moins « diluable » dans l'eau plutôt que dans du solvant (*lire ci-dessous*). C'est toujours ça de gagné.

N.B. 1 : pour la peinture à l'eau se fier, si possible, aux deux labels : NF Environnement (normes françaises) et écolabel UE « peintures et vernis » (européen), garantissant des « produits respectueux de l'environnement et de la santé ».

N.B. 2 : il existe aussi des « peintures naturelles » à base de chaux (possédant des vertus bactéricides et antiseptiques) et d'algues.

Prix : entre 1 et 5 euros le m² selon la qualité de la peinture (sensiblement le même que pour les peintures glycero).

/€

■ Pinceau dans l'eau : la solution anti-solvant

Après chaque usage, laissez reposer vos pinceaux dans un récipient d'eau chaude (au départ). Ils resteront souples, la peinture ne durcira pas : cela évitera le nettoyage au solvant.

/€

■ Peinture claire sur les murs

Pour mieux capter la lumière naturelle (et donc limiter l'éclairage, *lire chapitre* 4).

/€

■ Plantes d'intérieur, celles qui ont le moins besoin d'eau

Se faire plaisir tout en achetant les plantes les moins gourmandes en eau, c'est possible. Parmi les plus connues : cactus, lierre, Aloe vera, Pilea, papyrus, etc. Sinon, demandez conseil à votre fleuriste ou votre jardinerie.

/€€

AMÉNAGER SON INTÉRIEUR, CRÉATEUR DE BIEN-ÊTRE

Héritier d'une pratique chinoise ancestrale conjuguant aménagement intérieur et bien-être, le feng shui est aujourd'hui de plus en plus utilisé pour l'organisation des pièces et la décoration. Objectif : favoriser la circulation des énergies positives - tri, emplacement des meubles, réaménagements de l'espace...

Concept clé du feng shui : le yin et le yang. Le yang représente l'action, associée aux matières lourdes, aux lignes droites et aux couleurs chaudes. Le yin symbolise le lâcher-prise qui se manifeste par des matières brillantes, des formes courbes et des couleurs froides.

Le feng shui se propose de diminuer les énergies négatives par la promotion du yin au détriment du yang.

Quelques conseils pour un espace de vie plus zen :

■ Ranger : maison encombrée = cerveau encombré.

Se débarrasser de ses objets inutilisés : vêtements, bibelots, appareils sans utilité... Penser aussi à faire le tri de ses papiers et documents dans des boîtes étiquetées : cela libère d'une charge mentale supplémentaire.

/€

■ Dépoussiérer : la poussière et la saleté vecteurs de mauvaises ondes.

Impératif, avoir une maison propre : dépoussiérer chaque recoin, secouer les tapis et coussins, laver les rideaux, etc. Aérez pendant au moins 10 minutes par jour *(lire chapitres 1 et 2)*.

/€

■ **Éviter les angles saillants des meubles (énergie négative).** Adoucir ces angles avec des plantes.
💪/€

■ **Éviter les objets et tableaux aux thèmes négatifs ou agressifs.**
💪/€

CE QUE DÉGAGENT LES COULEURS (FENG SHUI)

Notre humeur comme notre sommeil sont largement impactés par les couleurs de nos murs et décos. À chacun de choisir celles dont on a besoin.

Orange. Dégage une énergie vivifiante, stimule l'enthousiasme et la curiosité.
Rouge. Symbolise l'énergie de l'action, évoque la ferveur et la sensualité.
Jaune. Incarne l'énergie du renouveau, bénéfique pour le travail intellectuel.
Vert. Couleur de la tranquillité, apporte la paix et soutient l'équilibre nerveux.
Bleu. Lié à l'énergie spirituelle, favorise la sérénité et l'intuition, aide à la réflexion.
Marron. Associé à l'énergie de l'ancrage, inspire confort et sécurité, propice à la réflexion pratique.

■ **Éviter les formes pointues et tranchantes, vectrices d'agressivité.** Ranger les couteaux ; privilégier les poignées de porte arrondies.
💪/€

■ **Éviter les bouquets de fleurs séchées.** Non seulement ce sont des nids à poussière, ayant souvent nécessité des traitements chimiques, mais leur présence peut en outre être facteur de « déprime ».
💪/€

■ **Éviter la vaisselle ébréchée et les ustensiles abîmés, bloquant l'énergie vitale.** Jeter ou donner.
💪/€

■ **Aménager son espace de repos loin des appareils électriques (même éteints).** Ils sont sources de rayonnements électromagnétiques, vecteurs de maux de tête et d'insomnies.
N.B. : penser à éteindre en plus les appareils électriques non utilisés.
💪💪/€

ACCESSOIRES BÉBÉ : OSER LA SECONDE MAIN !

Ce n'est pas encore rentré dans les mœurs, il n'empêche : parce qu'ils sont éphémères et n'ont souvent pas le temps de s'user, meubles et accessoires de grossesse, de bébé et d'enfants, mais aussi vêtements, sont LE type d'objet par excellence à s'acheter d'occasion.
Berceaux, lits à barreaux, tables à langer, chaise haute... : tout se trouve aisément sur les sites de ventes en ligne (leboncoin.fr, Vinted, etc.), en ressourcerie ou vide greniers. *Idem* pour les associations (Emmaüs et autres, voir en annexe).
Seuls éléments à vraiment acheter neufs : le matelas (hygiène) et le siège-bébé auto (sécurité).
💪💪/€

7
Mieux nettoyer sa maison

Qui a dit que ranger et nettoyer devaient forcément être des contraintes ? Certes, ce n'est pas le moment le plus fun de nos journées, mais nombre de trucs et astuces à mettre en pratique peuvent permettre de faire oublier son côté « corvée ».
Fabriquer soi-même certains produits basiques, cela permet en outre de belles économies : alors qu'une famille de quatre personnes dépense en moyenne 300 euros par an pour ses dépenses en produits de ménage (lessive incluse), il ne vous en coûtera plus que la moitié, voire moins, si vous les fabriquez vous-mêmes, en tout cas une partie. Et puis faire le ménage, c'est faire du sport : on y brûle environ 4 fois plus de calories qu'au repos !

MÉNAGE, LE BON RYTHME

Pour plus d'efficacité, mieux vaut nettoyer régulièrement de façon naturelle que moins souvent avec des produits désinfectants.

Parquets, sols : tous les 15 jours.
Surfaces vitrées : tous les 2 mois (le + : très bon pour la lumière naturelle, donc pour économiser l'éclairage).
À noter que pour les surfaces potentiellement contaminées, à nettoyer après chaque utilisation, le haut conseil de la Santé publique estime que les détergents classiques sont suffisants (donc pas besoin d'eau de Javel, *lire p. 66*).
/€

SE MÉFIER DES PRODUITS « ULTRA-DÉGRAISSANTS »...

Ils peuvent être dangereux pour la santé (risques d'irritation ou de brûlure).

... DES ANTICALCAIRE SURPUISSANTS...

Mêmes dangers que ci-dessus.

... ET DES PRODUITS TRÈS PARFUMÉS

Ce n'est pas parce que ça sent bon que c'est propre. Privilégier les produits parfumés avec une caution médicale (approbation ARCAA) et/ou la mention « hypoallergénique » ou « sans allergènes ».

/€€

PRODUITS MULTI-USAGES (POUR TOUTES LES PIÈCES)

Objectif : remplacer les produits chimiques abrasifs par des produits 100 % naturels multi-usages et ultra économiques. L'idéal : les fabriquer soi-même avec des produits naturels que l'on trouve partout (supermarchés, quincailleries, magasins de bricolage, Internet, etc.). Trois conseils avant de se lancer : 1° Utiliser et conserver ces produits avec précaution – même naturels, cela reste des produits d'entretien – ; 2° utiliser les contenants de vos anciens produits achetés en magasin (bouteilles en plastique, pulvérisateur, bidons, etc.) ; 3° placer des étiquettes sur vos produits « faits maison », afin de ne pas les confondre.

VINAIGRE BLANC, LE PRODUIT MIRACLE

Dit aussi d'« alcool » ou de « cristal ». À la fois détartrant et nettoyant, c'est « le » produit miracle multifonctions de notre intérieur (excepté pour le marbre). Extrêmement bon marché, il est sans toxicité pour l'homme et l'environnement.

Comment l'utiliser

Soit pur, soit mélangé avec 1/3 d'eau au max, sur un chiffon, une brosse, une vieille brosse à dent pour les recoins ou un *tawashi* (remplaçant l'éponge, *lire p. 69*).

Important : plus le degré d'acidité du vinaigre est élevé (entre 6° et 14°, indiqués sur l'étiquette), plus il sera efficace. Mais pour le ménage courant, le degré le moins élevé est suffisant.

N.B. : l'odeur de vinaigre s'efface au bout de quelques minutes.

Ses principales propriétés

Anticalcaire : pour la robinetterie, les pommeaux de douche...

Anti-moisissure : à appliquer de manière préventive sur le carrelage des salles de bains.

Antirouille : verser du vinaigre blanc sur un objet rouillé préalablement saupoudré de bicarbonate de soude. La réaction chimique va dissoudre la rouille. Frotter légèrement et sécher.

N.B. : le vinaigre blanc est malheureusement le plus souvent vendu en bouteilles plastiques (à conserver pour d'autres utilisations) : privilégier donc les gros contenants.

Prix : env. 1 euro/l.

/€

LE « JOKER » : ACIDE CITRIQUE (EN POUDRE)

Biodégradable et non-toxique pour l'homme et l'environnement, il tient son nom du fruit qui en contient le plus : le citron. Ses principales propriétés : détartrant, antirouille, fongicide et bactéricide (en + : assouplissant pour le linge, *lire chapitre 23*).

Vendu en sachet (recyclable) et non en bouteille plastique, l'acide citrique en poudre peut souvent remplacer le vinaigre blanc : diluer deux cuillérées à soupe dans un litre d'eau.

Idéal pour détartrer les bouilloires, cafetières et théières. Mais aussi nettoyer les fonds de casserole brûlés : porter à ébullition 2 c. à s. d'acide citrique dilué dans de l'eau pendant quelques minutes.

Précaution d'emploi : corrosif et pouvant provoquer des irritations, éviter tout contact avec les yeux et tenir hors de portée des enfants.
Prix : env. 10 euros/kg.
💪💪/€

BICARBONATE, PERCARBONATE, BLANC DE MEUDON : CES (AUTRES) INDISPENSABLES QUI VOUS VEULENT DU BIEN

Comme nous allons beaucoup en parler dans ce chapitre, et dans d'autres, voici en quelques mots le CV de vos futurs nouveaux amis.

■ Bicarbonate de soude

Dit aussi « de sodium », c'est une poudre blanche naturelle sans odeur composée de sel et de craie, soluble dans l'eau, 100 % écologique et non toxique pour l'homme et l'environnement. On en trouve partout.
Ses deux principales propriétés : l'absorption des odeurs et de l'humidité et son caractère abrasif doux (ne raie pas). À utiliser notamment pour retirer les dépôts de calcaire, mais aussi les résidus gras de savon ou d'aliments. Il a même, en plus, des indications pour se soigner (*lire chapitre 21*) !
Conserver à l'abri de l'humidité.
Prix : env. 4 euros/kg.
💪/€

■ Percarbonate

Dit aussi « percarbonate de sodium » ou « eau oxygénée solide », il est composé de matières premières naturelles quasi-illimitées et sans danger pour l'environnement : l'eau et le sel de mer. C'est notamment un agent blanchissant, dégraissant et détartrant. Il peut juste être irritant pour les yeux. Gare, aussi, à ne pas le faire chauffer, car il mousse énormément.
Prix : env. 5 euros/kg.
💪/€

Blanc de Meudon

Ce mélange de craie et d'argile est légèrement abrasif et donc nettoyant. Idéal pour fabriquer une crème à récurer ou pour nettoyer les vitres. Prix : env. 5 euros/kg.

/€

PARFUMER SES PRODUITS D'ENTRETIEN « MAISON »

Rien ne vaut le naturel : écorces d'orange ou de citron, branche de romarin, brins de lavande, branche de sapin...

Limiter en revanche l'utilisation d'huiles essentielles (extraits de plantes distillées ou pressées ultra concentrées). Plutôt chères (1 000 euros le litre, mais il n'y a besoin que de quelques gouttes), il vaut mieux réserver ces essences à la cosmétique (*lire chapitre 20*) ou pour soigner ses petits bobos (*lire chapitre 21*). Si vous y tenez vraiment, ajoutez une à deux gouttes d'huiles essentielles disposant de vertus antiseptiques : lavande, citron, menthe, pin, arbre à thé (*tea tree*), etc.

/€

SAVON DE MARSEILLE : BIEN LE CHOISIR, BIEN S'EN SERVIR

Le savon de Marseille n'est pas seulement ultra-efficace pour se laver sous la douche (lire chapitre 18), comme liquide pour lave-vaisselle, lessive à la main ou lessive pour machine (lire chapitre 16), c'est en effet, en plus, un produit miracle de votre intérieur. Contrairement au savon noir (lire ci-dessous), il a des propriétés moussantes.

L'idéal : l'acheter en vrac (sans emballage) et si possible bio ou artisanal.

Comment le choisir

Vérifier la couleur : il doit être impérativement de couleur verte (et non beige), car fabriqué à l'huile d'olive.

Vérifier les ingrédients : le premier ingrédient (72 %) doit être l'huile d'olive (ou *sodium olivate*). Les autres ingrédients : pas plus de 4 ou 5. Parmi ceux-ci ne doivent figurer aucun solvants, parfums, parabènes

ou huile de palme (parfois intitulée « palm » ou « palmate » sur l'étiquette).
En cas de doutes, se renseigner : *savon-de-marseille-traditionnel.fr.*

Comment s'en servir

Pour nettoyer surfaces et objets, l'utiliser en pain, sur lequel on frotte sa brosse, son chiffon ou un torchon mouillé.
Prix : entre 9 et 12 euros/kg.
💪/€

SAVON NOIR LIQUIDE : PARTOUT, POUR TOUT...

100 % biodégradable, sans solvant ni colorant, et naturellement antibactérien, c'est un détergent naturel obtenu à partir d'un mélange de chair d'olives noires (ou d'huile d'olives noires) broyées et macérées dans du sel, de la potasse et de l'eau.

Son odeur de propre est particulièrement agréable, et il n'est pas irritant pour la peau. En revanche, il ne mousse pas.
Autre utilisation possible, comme lessive pour lave-linge, ou comme détachant avant-lavage pour les taches tenaces (lire chapitre 23) : gras, goudron, peinture...
N.B. : le savon noir est malheureusement encore vendu le plus souvent en bouteilles plastiques : privilégiez donc les gros contenants et conservez-les.
Prix : environ 5 euros/l.

■ Pour nettoyer les sols

Nettoie en profondeur, assainit, nourrit et fait briller tous les sols, y compris les sols non protégés : marbre, carrelage, tomettes, ardoise, grès, PVC, terre cuite, béton ciré, parquet en bois, céramique, revêtement plastifié... Bref, tous les sols, vraiment.
Important : doser le produit comme indiqué. Trop de produit sur le sol laisse un dépôt gras, encrasse les surfaces et leur donne un aspect terne.

La meilleure recette, ultra simple et efficace sur tous les sols : dans un seau rempli à moitié d'eau chaude, verser une c. à s. de savon noir liquide, bien mélanger, et c'est prêt.

N.B. : pour s'attaquer de manière préventive aux bactéries, microbes et autres larves parfois logées dans les lattes de parquet et pour les chasser, vous pouvez utiliser en plus de l'huile essentielle de lavande.

/€

ASPIRATEURS SANS SAC : PLUS ÉCOLOGIQUE ET PLUS ÉCONOMIQUE

Nul besoin, bien sûr, de changer d'aspirateur si l'on dispose déjà d'un aspirateur à traîneau avec sac en bon état de marche (les aspirateurs balais et robots sont presque toujours sans sac). En revanche, si l'on doit absolument en acheter un neuf, privilégier les appareils sans sac, dont le système de filtration sépare l'air de la poussière.

Ceux-ci sont certes (un peu) plus bruyants et laissent échapper (un peu) plus de poussière au moment de le vider, mais leur efficacité est la même (dans la même gamme de prix). Ils sont aussi plus pratiques (jauge transparente + inutile d'acheter des sacs, pas toujours évidents à trouver à la bonne dimension), plus écologiques (pas de sac à fabriquer et à jeter) et plus économiques (prix d'un sac : env. 4 euros/dépense moyenne par an : env. 20 euros).

Prix : de 100 à 150 euros, le même que pour un aspirateur à traîneau sans sac (en dessous, gare au manque de puissance).

/€

■ Pour les plans de travail, meubles de cuisine, sanitaires...

Parfait dégraissant, on l'utilise comme les produits achetés pour les plans de travail, les meubles de cuisine, les sanitaires... Mieux : son utilisation régulière imperméabilise et protège les surfaces poreuses des taches de gras.

/€

Pour lessiver les murs

Il s'utilise pour lessiver les murs et plafonds encrassés ou avant peinture. Il supprime aussi les traces et autres marques de feutre sur les murs peints.

💪/€

Pour nettoyer le cuir

Il nettoie le cuir des meubles en profondeur, mais aussi l'entretient et le nourrit.

💪/€

Pour faire briller le métal

Le savon noir supprime l'oxydation des métaux. Il permet de nettoyer, astiquer, rénover et faire briller, le cuivre, l'argenterie, le laiton, l'inox...

💪/€

Pour nettoyer le marbre

Utiliser, au choix, du savon noir, du blanc de Meudon, de la pierre d'argile ou du savon de Marseille. Pour enlever des taches, fabriquer une pâte avec un peu de bicarbonate et de savon et frotter doucement.

💪💪/€

DÉSINFECTER : L'EAU DE JAVEL, UNE (MAUVAISE) HABITUDE À PERDRE...

Contrairement aux idées reçues, la Javel n'est pas un produit « nettoyant », mais un désinfectant (et blanchissant).

Il s'en consomme 220 millions de litres par an en France, alors que le produit est non-biodégradable, ultratoxique et pollue l'eau. Son utilisation massive affaiblit les défenses immunitaires des occupants de la maison, dégage des vapeurs de chlore et favorise la résistance des germes. On peut vraiment s'en passer.

… MAIS FACILE À REMPLACER

La meilleure recette pour désinfecter plans de travail, cuvette des toilettes, etc., aussi efficace que la Javel, mais non toxique : dans un vaporisateur, versez 50 cl d'eau, 25 cl de vinaigre blanc et 2 c. à s. d'eau oxygénée (à 10 volumes/3 %). Secouer, c'est prêt.
Important : éloigner le vaporisateur d'une source de chaleur, et utiliser rapidement ce mélange, car il se dégrade très vite.
/€

RECETTES AU SAVON NOIR

Deux incontournables du ménage faciles et économiques

Produit multi-usages

Dans un flacon spray, mélanger 1 c. à s. de savon noir, 1 c. à s. de vinaigre blanc, 1 c. à c. de bicarbonate et 500 ml d'eau.
/€

Crème à récurer : la meilleure recette

Dans un bocal, mélanger 4 c. à s. de savon noir, 4 c. à s. de bicarbonate et 2 c. à s. d'argile verte. Ajouter un peu d'eau si nécessaire.
/€

TACHES DE GRAS : À TOUTE VAPEUR

Plutôt que d'utiliser des dégraissants pour nettoyer un fauteuil ou un canapé tâché (ou avant le passage au lave-linge), penser au nettoyeur vapeur qui dissout les graisses et nettoie en profondeur… à condition d'insister un peu.
Uniquement composé d'eau transformée en vapeur, sans détergent ni parfum, cet appareil ne détériore pas la qualité de l'air. Mais aérer systématiquement après utilisation afin de ne pas augmenter l'humidité dans le logement.

Prix : à partir de 60 euros (nettoyeur vapeur à main), de 60 à 150 euros (nettoyeur balai), et de 150 à 500 euros (nettoyeur traîneau).
/€€€

PAR QUOI REMPLACER LES LINGETTES, ESSUIE-TOUT JETABLES, ETC.

Lingettes désinfectantes	Chiffon + vinaigre blanc
Éponge en plastique	Chiffon, éponge d'origine naturelle*
Balais à lingettes	Balais + serpillière ou chiffon
Plumeaux jetables	Chiffon ou chiffon à poussière lavable
Rouleaux adhésifs anti-peluches	Éponge en silicone ou rasoir anti-peluche
Essuie-tout jetable	Chiffon, essuie-tout lavable**
Éponge-grattoir synthétique	Éponge-grattoir en cuivre***
Chiffon microfibre synthétique	Chiffon en coton (vieux vêtements)

**Éponge en cellulose d'origine naturelle, biodégradable (bois si possible), ou,* a minima, *une éponge lavable et réutilisable en coton ou polyester (durée de vie : un an). Prix : env. 2,50 euros (éponge en cellulose naturelle) et entre 5 et 10 euros (éponge lavable et réutilisable).*

***Essuie-tout lavable en tissu éponge : peut absorber 15 fois sa masse, et est entièrement biodégradables. Prix : env. 20 euros (en supermarché et sur Internet).*

****Éponge-grattoir en cuivre : durée de vie d'environ 6 mois, ne rouille pas et peut se laver au lave-vaisselle. Prix : env. 3 euros l'unité.*

/€

TAWASHI : QUEZAKO ?

Autre solution idéale pour remplacer les éponges jetables : le *tawashi*, une éponge d'origine japonaise à la fois durable, réutilisable et quasi-inusable, à fabriquer soi-même à partir de tissus réutilisés (vêtements principalement).

Idéal pour le ménage et la vaisselle : les vieilles chaussettes ou chaussettes orphelines ; parfait pour la poussière ou faire briller la robinetterie : les vieux collants…

Nombreux tutos disponibles sur YouTube.

/€

■ Fabriquer ses lingettes désinfectantes lavables

Dans un bocal, faites tremper un vieux torchon découpé en carrés ou rectangles dans un mélange de 3 c. à s. de vinaigre blanc, 1 c. à s. de savon noir et un peu d'eau chaude (au départ). Sortez et essorez les lingettes avant utilisation et conserver le mélange pour imprégner d'autres lingettes.

Pour les laver et s'en resservir : un simple passage en machine.

/€

NETTOYER SES FENÊTRES AU… PAPIER JOURNAL

Plutôt que d'utiliser un produit lave-vitre, le plus souvent à base d'alcool, utiliser du papier journal humide. Aussi étonnant que cela puisse paraître, c'est très efficace.

Pour les taches rebelles sur les vitres : imbiber au préalable d'un peu de vinaigre blanc avant de frotter.

Autre possibilité, une préparation au citron : 2 citrons dilués dans ½ l d'eau chaude. Essuyer ensuite les vitres avec une boule de papier journal sèche.

/€

■ Nettoyer sa cheminée ou son poêle à bois avec la cendre

Pour nettoyer la vitre de sa cheminée ou de son poêle à bois, éviter les vaporisateurs surpuissants. Le meilleur des ingrédients : la cendre de bois (tamisée).

La recette : après avoir protégé le sol avec un chiffon ou du papier journal, tremper un chiffon humidifié dans la cendre de votre cheminée, puis frotter en petits cercles le côté intérieur de la vitre. S'il reste des résidus, insister avec la partie propre du chiffon humide (ou un autre chiffon).

Après quoi, ne pas oublier de récupérer le reste de la cendre, afin de la réutiliser. Composée principalement de calcium (20 à 50 %), de silice, de potassium, de magnésium et de phosphore, elle est très riche en éléments nutritifs et possède des propriétés antibactériennes convenant à de nombreuses autres utilisations : compost (*lire chapitre 31*), jardinage (*lire chapitre 8*), produit lessive (*lire chapitre 23*), etc.

/€

PRODUITS MÉNAGERS TOUT PRÊTS : COMMENT LES CHOISIR ?

Si l'on n'a pas le temps, ou l'envie, de fabriquer ses propres produits, il est cependant possible d'adopter de bons réflexes à l'achat.

■ **Suivre les labels :** ils garantissent des produits d'entretien respectueux de la santé et de l'environnement (NF Environnement, Ecolabel européen, Nature & Progrès, Ecocert…). Renseignements : *agirpourlatransition.ademe.fr.*

/€€

■ **Vérifier les ingrédients :** choisir le plus possible des produits issus de l'agriculture biologique et facilement biodégradables.

/€€

■ **Opter pour les écorecharges :** cela vous permettra de gaspiller moins d'emballage... et de payer moins cher.
💪/€

■ **Choisir des produits concentrés :** certains produits se présentent sous la forme de berlingots concentrés ou de pastilles, à diluer dans de l'eau (dans une ancienne bouteille).
💪/€

■ **Vieilles bombes aérosols, quoi en faire ?**
Éviter les aérosols ménagers (cire, anti-poussière...) et choisir si possible d'autres conditionnements. Mais si vous utilisez ces aérosols (et c'est valable aussi pour les laques ou déodorants), ne les jetez surtout pas n'importe où mais dans la poubelle réservée aux emballages (*lire chapitre 31*).
💪💪/€

PRODUITS MÉNAGERS CUISINE

Le saviez-vous ? L'évier contient autant voire plus de bactéries que les toilettes ! Raison de plus pour bien nettoyer tout ce qui a été en contact avec les aliments : plan de travail, appareils ménagers. Voici comment s'y prendre.

NETTOYER SON ÉVIER

Selon les différents types d'évier, et pour la grille.

■ **Évier en inox :** crème à récurer faite maison *(lire p. 67).*
💪💪/€

■ **Évier en résine :** eau savonneuse au savon noir. Pour les taches : savon noir et bicarbonate. Surtout pas d'acide citrique, ni d'éponge abrasive ou de brosse dure.
💪/€

■ **Grille des robinets :** la faire tremper tous les deux mois dans un bol de vinaigre.
💪/€

DÉBOUCHE TUYAUX : LA BONNE VIEILLE VENTOUSE

Éviter l'achat de produits à base de soude, qui sont corrosifs (attention à vos mains !) et dangereux pour l'environnement. Ils sont, de plus, souvent inefficaces.
Utiliser d'abord sa bonne vieille ventouse (qui doit être entièrement immergée) : ça ne coûte rien, c'est inusable et vous serez surpris du résultat !
Efficace aussi pour les petits bouchons : verser de l'eau encore bouillante (eau de cuisson possible), laisser reposer 5 min, puis renouveler si nécessaire.
💪💪/€

3 BONS PLANS POUR NETTOYER SON FOUR

Double objectif : éviter les produits tout faits, chimiques et corrosifs et économiser.

■ **Nettoyer régulièrement l'intérieur avec du savon noir** (si possible une fois par semaine) afin de garantir une efficacité constante.
Autre possibilité : utiliser un mélange constitué de 2 doses de bicarbonate et d'1 dose de vinaigre blanc.
💪💪/€

■ **Four à pyrolyse : lancer le nettoyage juste après la cuisson,** afin de bénéficier de la chaleur accumulée.
💪/€

■ **Pour nettoyer les vitres :** utiliser, si on possède une cheminée, des cendres de bois tamisées. Humidier légèrement (eau froide) une boule de papier journal, tremper dans les cendres tamisées, puis frotter.
💪💪/€

NETTOYER SON MICRO-ONDES : LA RECETTE MIRACLE

Dans un bol allant au micro-ondes, mélanger $\frac{3}{4}$ d'eau et $\frac{1}{4}$ de vinaigre blanc. Faire chauffer au micro-onde 2 à 5 min, puis passer un chiffon sur les parois. L'idéal : renouveler chaque semaine.
💪/€

■ **Nettoyer ses plaques vitrocéramiques...**

La recette : mélanger 2 doses de bicarbonate et 1 dose de vinaigre blanc pour faire une pâte, puis frotter avec un chiffon.
💪/€

■ **... la hotte aspirante...**

Dans l'évier rempli d'eau chaude, mélanger 5 c. à s. de bicarbonate, 5 c. à s. de cristaux de soude et 3 c. à s. de savon noir. Y faire tremper la grille de la hotte quelques minutes, puis frotter et rincer.
💪💪/€

■ **... et son frigo**

Le plus efficace : le vinaigre blanc pur. Ne pas oublier les joints, à frotter délicatement avec une brosse à dent usagée. Renouveler si possible tous les 15 jours.
💪/€

3 RECETTES POUR NETTOYER UN FOND DE PLAT BRÛLÉ

Attention : ne surtout pas frotter les casseroles ou poêles avec une éponge trop agressive.

■ **Avec du percarbonate :** tamiser le fond brûlé d'une (bonne) couche de percarbonate de soude, et ajouter de l'eau bouillante. Laisser reposer toute la nuit, puis nettoyer (vaisselle).
💪💪/€

■ **Avec du bicarbonate de soude :** saupoudrer le fond brûlé de bicarbonate, et ajouter un verre de vinaigre blanc. Laisser agir une heure, puis nettoyer.
💪/€

■ **Avec de la cendre de bois :** verser dans le récipient brûlé 2 verres d'eau et 2 c. à s. de cendre (tamisée). Faire bouillir quelques minutes, puis nettoyer.
N.B. : verser ensuite, si possible, cette préparation (froide) au compost.
💪💪/€

■ Nettoyer les ustensiles de cuisine en métal

En plus du liquide vaisselle et du savon noir, la cendre de bois permet aussi, si l'on possède une cheminée, de nettoyer nos métaux, notamment de cuisine (casseroles, couteaux, etc.).
Tremper un chiffon (ou une vieille éponge) dans de l'eau, tamponner largement sur la cendre (tamisée), puis frotter le métal en insistant sur les tâches.
Attention aux rainures et aux métaux gravés : la cendre mouillée dépose en effet une pellicule noire. Rincer à l'eau froide. Si nécessaire, faire briller avec un chiffon sec.
💪💪/€

PETITS APPAREILS ÉLECTRIQUES : COMMENT DÉTARTRER D'UN RIEN !

Pour les petits appareils électriques de type cafetières, bouilloires, etc., faire bouillir 1 l d'eau mélangé à un verre (100 ml) de vinaigre blanc, puis laisser agir quelques minutes. Rincer en faisant bouillir de l'eau une seconde fois sans produit.
Autre possibilité : remplacer le vinaigre blanc par 200 g de bicarbonate (pour un litre d'eau).
💪/€

■ Nettoyer les poubelles

Penser à nettoyer ses poubelles une fois par semaine. Commencer par brosser l'intérieur et l'extérieur avec de l'eau savonneuse (savon de Marseille ou savon noir). Rincer, laisser sécher puis désinfecter en passant un chiffon imbibé de produits multi-usages (*recette p. 67*).
💪💪/€

PRODUITS MÉNAGERS SALLE DE BAIN

Mon conseil : fabriquer et utiliser un seul nettoyant salle de bain (alliant solution anticalcaire et dégraissant) afin de n'avoir qu'un seul produit pour toute la pièce. Mais nous vous donnons plusieurs recettes : c'est à vous de choisir.
Important : contre les résidus de savon et de peau du lavabo, il est recommandé d'utiliser de temps en temps, ou par alternance, un spray dégraissant.

■ Nettoyer le sol de la salle de bain

Rien de mieux que le savon noir (sans colorant ni parfum) : c'est le meilleur produit (sans rinçage) pour nettoyer carrelages, céramique, marbre, parquet en bois et revêtements plastifiés (comme les sols en PVC).
💪/€

■ Nettoyer la baignoire et le lavabo

Outre notre nettoyant multi-usage pour toutes les pièces (*lire p. 67*), voici la meilleure recette pour baignoire, lavabo, paroi de douche, carrelage et robinetteries : mélanger 50 cl d'eau, 40 cl de vinaigre blanc et 10 c. à s. de bicarbonate. Frotter avec une éponge. Laisser agir quelques minutes et rincer.

/€

■ Nettoyer les vitres et carreaux de douche

Remplissez un spray vide de vinaigre blanc pur. Asperger les vitre et/ou carreaux entartrés et laisser reposer une nuit. Puis passer un chiffon mouillé.

En cas de moisissure tenace, utiliser du bicarbonate de soude et un peu d'eau afin de former une pâte épaisse.

Après le nettoyage : rincer à l'eau froide, tout aussi efficace que l'eau chaude, afin d'économiser l'énergie.

N.B. : après chaque douche, passer la raclette sur les parois vitrées permet de limiter l'utilisation de produits anticalcaires.

/€

■ Nettoyer le rideau de douche

À effectuer régulièrement : l'humidité et les résidus de savon peuvent vite le transformer en nid à bactéries.

Pour enlever le calcaire qui se dépose en bas du rideau, faire tremper dans du vinaigre blanc pendant toute une nuit.

/€

■ Détartrer le pommeau de douche

Faire tremper pendant une nuit le pommeau de douche dans un bac rempli de vinaigre blanc pur, puis rincer à l'eau.

/€

■ Nettoyer les « mousseurs » des robinets

Même recette que pour le pommeau de douche (*lire ci-dessus*).
Important : effectuer ce nettoyage régulièrement (tous les deux mois environ).
/€

RÉDUIRE LES RISQUES DE TUYAUX BOUCHÉS

Poser un filtre (métallique, non plastique) sur les bondes de vos douches, baignoires et éviers. Cela retiendra les cheveux (comme, pour la cuisine, les restes d'aliments).
Prix : entre 5 et 15 euros.
/€€

■ Désodoriser les canalisations

La recette : dissoudre 150 g de cristaux de soude dans 1 litre d'eau bouillante et verser dans l'évacuation.
N.B. : efficace aussi pour déboucher les canalisations.
/€

PRODUITS MÉNAGERS SANITAIRES

Éviter les gels et autres boules de diffusion en plastique : on peut vraiment s'en passer. Le mieux : nettoyer régulièrement avec un produit « fait maison » pour éviter la formation de tartre. Mes meilleures recettes.

■ Gel w.-c.

La recette : dans un (vieux) spray, mélanger 500 ml d'eau, 15 g de savon noir et 20 g d'acide citrique. Asperger régulièrement la cuvette et frotter.
Autre possibilité (plus compliquée) : mélanger un peu d'eau chaude et 2 c. à s. de fécule pour former une pâte, puis ajouter 2 c. à s. d'acide

citrique et 1 c. à s. de savon noir. Compléter avec de l'eau froide jusqu'à obtention de la consistance pâteuse.
💪/€

Pastilles toilettes

La recette : mélanger 130 g de bicarbonate de soude, 30 g d'acide citrique et 1 c. à c. de liquide vaisselle. Bien tasser dans un moule à glaçons, puis laisser reposer à l'air libre une nuit avant de démouler.
💪💪💪/€

Désinfectant w.-c.

La recette (y compris pour la lunette des toilettes) : dans un spray, mélanger 400 ml d'eau, 50 ml d'eau oxygénée (à 10 vol.) et 40 ml de vinaigre blanc. Vaporiser la cuvette et frotter.
💪💪/€

Désodoriser les w.-c.

La recette : placer dans la pièce 1 ou 2 coupelles remplies de bicarbonate de soude (à changer tous les 3 à 4 mois).
Autre possibilité, fabriquer son propre spray désodorisant : dans un spray, mélanger 60 ml d'eau, 30 ml d'alcool ménager et 20 gouttes d'huile essentielle (lavande, citron, menthe…), des écorces d'agrumes ou des herbes fraîches (menthe, romarin…).
💪/€

En cas, malgré tout, de tartre…

La recette : vider l'eau de la cuvette par un mouvement de va-et-vient avec la brosse, puis ajouter un mélange de bicarbonate de soude et de vinaigre blanc ou 3 c. à s. d'acide citrique. Laisser agir toute la nuit.
💪💪💪/€

3 RECETTES POUR DÉBOUCHER LES TOILETTES

En cas de toilettes bouchées, stop aux produits très agressifs à base de soude caustique ou d'acide sulfurique. Utiliser plutôt une ventouse (lire p. 72), sinon l'une de ces trois recettes (à renouveler si nécessaire).

■ **1re recette :** verser dans la cuvette de l'eau très chaude (mais non bouillante) additionnée de liquide vaisselle.

/€

■ **2e recette :** verser dans la cuvette 250 g de bicarbonate de soude, puis verser doucement du vinaigre blanc jusqu'à obtenir une mousse ; ajouter ensuite 3 l d'eau chaude et laisser agir toute la nuit.

/€

■ **3e recette :** mélanger 200 g de gros sel, 200 g de bicarbonate et 20 cl de vinaigre blanc. Verser directement dans la cuvette et laisser reposer au moins 30 min. Puis verser une casserole d'eau bouillante.

/€

8
Cultiver soi-même, mieux jardiner

La France compte 12 millions de jardins, soit 1 million d'hectares au total. Dont mes bords de fenêtre, les vôtres, le potager de ma mère en Savoie... L'occasion d'y planter des merveilles, la plupart à consommer soi-même. Mais attention, l'entretien d'un jardin génère en moyenne 160 kg de déchets par an (leur brûlage est interdit depuis 2011). Et les pesticides utilisés par les jardiniers amateurs, c'est-à-dire nous, sont responsables de 25 % de la pollution des nappes souterraines...
Objectif : cultiver et jardiner de la manière la plus naturelle possible, sans se compliquer la tâche. Et avec le bonheur de consommer ses propres produits, qui auront poussé grâce à nos mains, même de simples herbes aromatiques...

LE B.A.-BA DU JARDIN : COMMENT RECONNAÎTRE (FACILEMENT) SON TYPE DE TERRE ?

Pour cela, effectuer le test dit de « la main à la pâte ». C'est tout simple : prélever un petit échantillon de terre humide, puis le malaxer pour obtenir une boule de terre, et regarder le résultat...

Top du top : si la boule de terre est friable. Sol limoneux, donc excellent pour les plantes. La plus facile à travailler.
Top : si la boule de terre est non-friable. Sol argileux, qui retient bien l'humidité et les minéraux. Plus difficile à travailler, il gagne à être enrichi en éléments nutritifs.

Moyen top : si vous ne parvenez pas à former une boule de terre. Sol sableux. Avantage : il est perméable à l'eau et à l'air, donc facile à travailler. Défaut : il retient peu l'eau et les éléments nutritifs ; il a donc besoin, pour rester fertile, d'un apport régulier en matière organique.

COQUILLES D'ŒUF, PEAU DE BANANES, CRUSTACÉS, MARC DE CAFÉ... : DES ENGRAIS 100 % NATURELS ET 100 % EFFICACES !

Pour vos jardins ou plantations d'appartements, tous ces ingrédients peuvent de plus intégrer le compost (lire chapitre 31).

■ **Algues (séchées) :** l'idéal si l'on vit au bord de la mer (ou que l'on en revient). Même utilisation que pour les papiers et cartons (lire page suivante).
/€

■ **Carapaces de crustacés :** composées de carbonate de calcium (75 %) et de chitine (25 %) qui nourrissent les micro-organismes et les bactéries du sol, il faut les écraser et les disposer, par exemple, aux pieds des tomates, concombres et fèves (ce qui, de plus, les empêchera de pourrir).
Autre possibilité : plonger ces carapaces dans de l'eau pour un arrosage anti-mildiou.
/€€

■ **Cendre de bois :** saupoudrer de cendre de bois (tamisée) le pied des rosiers, arbres fruitiers. Autre possibilité : mélanger cette cendre à la terre destinée aux betteraves, haricots, pommes de terre et céréales.
N.B. : les fraisiers feront aussi plus de fleurs, donc de fruits, si on ajoute de la cendre au moment de leur plantation.
/€

■ **Coquilles d'huîtres :** concassées dans la terre, elles constituent un excellent fertilisant, car elles remplacent le calcium.
💪💪/€

■ **Coquilles d'œufs :** séchées et réduites en petits morceaux (ou en poudre), elles doivent être mélangées avec la terre des plantes. Riche en calcium.
💪/€

■ **Feuilles de thé :** infusées et séchées, puis déposées autour des plantes (y compris d'intérieur), elles nourrissent la terre et retiennent l'eau lors des arrosages.
Autre possibilité pour le même usage : mélanger ces feuilles de thé infusées à l'eau d'arrosage.
💪/€

■ **Journaux, feuilles et cartons :** chaque seconde en France, sont publiés 190 journaux, et vendus 15 livres et 3 magazines : on peut en récupérer une partie pour ses plantations (cartons : nus et sans encre). Pour cela, placer des bandes de carton déchiré aux pieds des plantes et entre les rangs de semis : elles éviteront la pousse des herbes indésirables et limiteront l'évaporation du sol.
Autre possibilité : disposer au pied des arbres et des arbustes paille, foin, feuilles mortes ou herbe de désherbage.
💪/€

■ **Marc de café :** à mélanger (de 10 à 30 %) à la terre des potagers ou plantes d'intérieur : il enrichit la terre.
💪/€

■ **Peaux de bananes :** à utiliser coupées en morceaux et déposées en couverture, partie interne côté terre. Apporte du potassium.
💪/€

CHOISIR DES GRAINES QUI SE REPRODUISENT

On le sait peu : la plupart des graines vendues en jardinerie sont des graines hybrides transformées par l'homme et le plus souvent difficilement reproductibles ; elles ne germent qu'une seule fois.

Opter donc si possible pour des graines paysannes reproductibles (notamment graines potagères issues de l'agriculture bio) en s'assurant bien sur l'étiquette qu'il s'agit de « graines paysannes » et non de « graines hybrides F1 ».

N.B. : il est en revanche possible de de faire germer les graines et pépins de la plupart des fruits et légumes (citrons, concombres, tomates, courges, etc.). Internet regorge de tutos et conseils.

Prix : les « graines paysannes » sont en moyenne 10 à 15 % moins chères que les « graines hybrides F1 ».

💪💪/€

Bien conserver ses semences

Penser à stocker ses graines à l'abris de la chaleur, du froid et de l'humidité afin d'éviter la germination. La plupart des graines se conserve plusieurs années.

Important : ne jamais les conserver dans des boîtes ou meubles en bois aggloméré ; les colles empêchent les graines de germer. Préférez les boîtes en carton, voire en plastique (si possible de récupération).

💪/€

ASTUCE DE JARDINIER : CHANGER SES PLANS DE PLACE CHAQUE ANNÉE

Toujours planter les mêmes cultures aux mêmes endroits d'une année sur l'autre s'apparente à de la monoculture à l'échelle de notre potager : cela appauvrit la terre.

Penser donc tous les ans à changer vos plans de place.

💪/€

PETIT PAILLAGE, 5 AVANTAGES !

Recouvrir sa terre de paille, herbes coupées ou feuilles mortes. Un tout petit geste, 5 bienfaits :

Limite la prolifération des mauvaises herbes ;
Améliore la fertilité du sol ;
Stabilise le taux d'humidité ;
En été, réduit l'évaporation (permet donc d'arroser moins) ;
En hiver, protège la terre du froid.
💪/€

ARROSAGE : 3 ASTUCES POUR MOINS GASPILLER

Avoir un jardin avec un potager consomme énormément d'eau. L'idée : arroser moins, mais mieux.

■ **Biner régulièrement la terre :** cela permettra à l'eau de pénétrer le sol plus rapidement, et donc de moins s'évaporer.
💪💪/€

■ **Arroser au crépuscule :** arroser en journée entraîne jusqu'à 30 % d'évaporation de l'eau avant qu'elle n'atteigne les racines des plantes. Préférer arroser « à la fraîche », en toute fin d'après-midi.
💪/€

■ **Arrosage au « goutte à goutte » :** enterrer dans le sol un pot en argile rempli d'eau et fermé (ses parois poreuses laissent échapper l'eau qui sera absorbée par les plantes autour) ou une bouteille de plastiquée trouée en bas et remplie d'eau. Idéal (comme le paillage, *lire ci-dessus*) pour conserver l'humidité de la terre (et des racines) en période de forte chaleur. Prenez bien soin ensuite, en fin de saison sèche, de déterrer la bouteille en plastique.
💪💪/€

QUAND L'EAU DE CUISSON EST FROIDE ET NON SALÉE : LE MEILLEUR DES ARROSAGES...

L'eau de cuisson non salée et refroidie des légumes (si possible bio, dans un seau ou arrosoir) est riche en vitamines et en minéraux ; celle des œufs (durs) riche en calcium et en nutriments. En plus d'arroser les plantes, les deux constituent un excellent engrais naturel.

Autres possibilités pour arroser : l'eau du lavage des salades ou de l'épluchage des légumes.

💪/€

... ET QUAND ELLE EST CHAUDE ET SALÉE : LE MEILLEUR DES DÉSHERBANTS !

L'eau de cuisson salée et encore (très) chaude des pâtes, pommes de terre ou riz constitue un excellent désherbant pour les mauvaises herbes et mousses (pieds des murs, entre les pavés).

💪/€

COMMENT RÉCUPÉRER L'EAU DE PLUIE

Une maison avec un toit de 100 m^2 permet de récupérer environ 600 l d'eau de pluie par m^2 de toiture et par an, soit 60 000 l d'eau par an ! Récupérer et stocker une partie de cette eau permet de faire d'importantes économies, tout en épargnant la nappe phréatique.

À noter : pour les cuves non enterrées, ne pas oublier de les recouvrir d'un filet anti-moustiques, afin qu'ils n'y pondent pas leurs œufs.

■ **Un peu :** seau de récupération sous la pluie ou à la sortie d'une gouttière. Une astuce qui marche aussi sur votre balcon ou vos rebords de fenêtre.

💪/€

■ **Beaucoup :** collecteur d'eau de pluie non enterré branché à une descente de gouttière.
En jardinerie, magasins de bricolages et sur Internet.
Prix : en fonction de la taille de la cuve (250 l : 100 à120 euros).
/€€

■ **Énormément :** collecteur enterré pouvant aller jusqu'à 7 500 l, permettant d'alimenter un réseau d'arrosage automatique (système à pompe).
Prix : en fonction, notamment, de la taille de la cuve (3 000 l = 1 300 à 1 500 euros).
/€€€

GAZON : LES 5 BONS RÉFLEXES

Cela interroge parfois : est-il raisonnable de consacrer autant d'eau et de passages de tondeuse à sa pelouse ? Mais quel bonheur pourtant, que cette étendue verte... Trois conseils pour consommer moins :

■ **Choisir une espèce à croissance lente.** Lors du semis, opter pour un mélange de semences à croissance lente (se renseigner en jardinerie). Ces semences sont (un peu) plus chères, la première pousse sera plus longue, mais les besoins en tontes seront ensuite limités.
Prix : env. 10 % plus cher que les semences classiques.
/€€

■ **Limiter l'arrosage.** En été, le gazon arrosé (8 à 12 l/m²) perd 3 à 4 l d'eau par jour et par m². Ne pas hésiter, pourtant, à réduire l'arrosage (1 fois/6-7 j au lieu d'1 fois/3-4 j). Si le gazon jaunit un peu, rien de grave : un bon arrosage, ou la pluie, lui rendra rapidement ses couleurs.
/€

■ **Printemps-été : laisser pousser plus haut.** Couper le gazon trop court lorsqu'il fait grand beau risque de brûler la terre. À l'inverse, relever le haut de la tonte à 7 cm permet de conserver plus d'herbe, donc d'accumuler l'eau.
/€

■ **Petites et moyennes surfaces : la tondeuse électrique.** Si vous n'avez pas une très grande surface – où la tondeuse à moteur, voire le mini-tracteur (à partir de 3 000 m^2) ne peuvent être évités –, choisir de préférence une tondeuse électrique (à fil ou à batterie) : elles sont aussi performantes, n'émettent aucune pollution, sont moins bruyantes et même (un peu) moins chères que les tondeuses thermiques.
Premier prix : de 100 à 200 euros (tondeuses filaires) à 100 à 250 euros (tondeuses à batterie + batteries de rechange, en moyenne tous les 4/5 ans : 100 à 200 euros).
/€€

■ **Pas de tondeuse au mois de mai.** Lancé par l'association britannique Plantlife, le mouvement « No Mow May » préconise de laisser pousser la pelouse et les fleurs sauvages de son jardin afin de protéger les pollinisateurs. Il est même conseillé de ne pas tondre avant juillet ou août. Quand on laisse pousser la pelouse, elle accumule davantage d'humidité et on utilise donc moins d'eau pour l'arroser, et moins d'énergie pour la tondre. Limiter la tonte va aussi permettre à la pelouse de se densifier et à de nouvelles fleurs de voir le jour, pour le plus grand bonheur des abeilles.
/€

CES LÉGUMES ET HERBES AROMATIQUES QU'ON PEUT DIRECTEMENT REPLANTER

Alors que de nombreuses graines achetées dans le commerce ne peuvent servir qu'une fois (lire p. 83), plusieurs légumes et herbes aromatiques « auto-repoussent » aisément.

Légumes

■ **Ail** : planter une gousse d'ail dans la terre, et recouvrir de terre à conserver bien humide.
💪/€

■ **Céleri branche :** couper la base du céleri sur 5 cm, le placer dans un fond d'eau pendant 5 à 7 jours, puis le planter.
💪💪/€

■ **Laitue :** couper le cœur de la laitue en conservant environ 5 cm. Placer celui-ci dans un fond d'eau pendant 5 à 7 jours, puis planter.
💪💪/€

OUTILS DE JARDINAGE EN BOIS

Lorsqu'ils deviennent hors d'usage, et même s'ils sont un peu plus chers, penser à remplacer ses vieux outils avec parties en plastique par de nouveaux, en métal et en bois.
💪/€€

■ **Oignon :** sans enlever la peau, le couper 2 à 3 cm au-dessus des racines. Planter immédiatement la partie avec les racines en la recouvrant entièrement d'eau.
💪/€

■ **Oignon nouveau :** couper les têtes (avec les racines) sur 5 cm environ, puis les placer dans un fond d'eau pendant 5 à 7 jours, puis planter.
💪💪/€

■ **Pommes de terre :** conservez quelques pommes de terre jusqu'à ce qu'elles germent et plantez-les avec le germe vers le haut.
💪/€

Herbes aromatiques

■ **Basilic** : conserver les tiges et les feuilles du haut. Les placer dans un fond d'eau d'au moins 2 cm. Replanter lorsque les racines atteignent 3 à 5 cm.
/€

■ **Coriandre :** placer les tiges dans l'eau. Replanter quand les racines atteignent 3 à 5 cm.
/€

■ **Menthe :** cf. Basilic.
/€

■ **Romarin :** enlever le romarin des branches, laissez quelques feuilles au niveau supérieur, plonger les branches dans quelques centimètres d'eau. Replanter quand les racines apparaissent. Conserver la terre bien humide.
/€

CES PLANTES QUI CHASSENT LES PUCERONS, VERS, MOUSTIQUES...

Inutile, parfois, de se tourner vers les insecticides, même naturels : certaines plantes les repoussent naturellement. Y penser au moment de planter.

Contre les escargots et limaces : *ail, lavande, menthe (en pot, car envahissante).*

Contre les pucerons : *aneth, basilic (notamment pour la tomate), œillet d'Inde, souci, ciboulette...*

Contre les fourmis : *mélisse, menthe poivrée, lavande, menthe (en pot).*

Contre les moustiques, guêpes, mouches : *menthe (en pot).*
/€

INTÉRIEUR OU JARDIN : FABRIQUER SON INSECTICIDE NATUREL EN 1 MIN CHRONO !

En seulement 30 ans, l'Europe a perdu plus du tiers de ses oiseaux et les trois quarts de ses insectes, dont d'innombrables pollinisateurs, du fait, principalement, de l'utilisation de pesticides hautement toxiques. Les meilleures recettes d'insecticides naturels :

■ **Anti-pucerons :** dans un pulvérisateur, mélanger 50 cl d'eau et 5 cl de vinaigre blanc, puis vaporiser sur les plantes. Recommencer une fois par jour jusqu'à disparition.
Autre possibilité : mélanger 1 litre d'eau chaude et 5 c. à s. de savon noir dans un pulvérisateur. Une fois le liquide refroidi, pulvériser le soir ou le matin de bonne heure sur vos plantes et légumes.
À noter aussi, spécifiquement pour les choux, et pour les mêmes résultats, que l'on peut les saupoudrer de cendre de bois (tamisée).
💪/€

■ **Anti-pucerons, anti-vers, anti-araignées :** dans un pulvérisateur, mélangez 1 l d'eau chaude et 1 à 2 c. à s. de savon de Marseille râpé (bien le choisir, *lire p. 63*) avec de l'eau chaude. Recommencez une fois par jour jusqu'à disparition.
💪/€

■ **Anti-limaces :** remplissez de bière une bouteille en plastique découpée dans le sens de la longueur et un peu enfoncée dans le sol (mais loin des salades ; en périphérie du jardin, c'est encore mieux).
Disposez des coquilles d'œuf autour de vos plantations pour créer des obstacles que les limaces auront du mal à franchir.
💪/€

■ **Anti-fourmis et escargots :** placer une barrière de cendre de bois autour de vos plantations. Celle-ci est également efficace contre le charançon de la carotte.
💪/€

■ **Anti-champignons (et lichens) :** Idéal contre les indésirables poussant entre les dalles de son extérieur : diluer 4 c. à s. d'acide citrique *(lire chapitre 7)* dans 1 litre d'eau.
💪/€

TRANSFORMER SON JARDIN EN PARADIS DE LA BIODIVERSITÉ

Objectif : attirer oiseaux et insectes pollinisateurs et laisser libre cours, par endroits, à la nature...

■ **Installer des refuges (ou des mangeoires) pour les oiseaux,** comme les hirondelles ou les mésanges, qui chassent les chenilles et les moustiques.
💪💪/€€

■ **Planter une haie d'arbustes à fleur de différentes essences autour du jardin :** elle protégera des vents, apportera du relief au jardin et accueillera petite faune et pollinisateurs.
💪💪/€€

FILS ET TUTEURS : POUR REMPLACER LE PLASTIQUE

Pour remplacer les fils en métal plastifié et autres tuteurs en plastique, on peut faire appel à du matériel fabriqué avec des matières naturelles 100 % biodégradables : bambou, branches d'élagage ou (mais ce n'est pas facile à trouver et plus cher) : bois, coton, jute, pierre, chanvre, etc.
💪💪💪/€€

PLANTES ABÎMÉES : UN « PANSEMENT VÉGÉTAL »

Saupoudrer de charbon résiduel (petits morceaux issus des cendres de bois) les plaies de vos végétaux. Cela aidera à leur cicatrisation, tout en empêchant les bactéries et champignons de s'y développer.
💪/€

■ **Attirer les abeilles, en faisant pousser les plantes qu'elles aiment le plus :** lavande, basilic, thym, soucis, tournesols, coquelicots...
💪/€

■ **Planter des herbes folles :** marguerite, bleuet des champs, etc. sont particulièrement appréciées par les insectes pollinisateurs. Pour cela, choisissez une surface à préserver dans votre jardin, un « carré de biodiversité » sans tondeuse, sans arrosage et sans engrais. Son entretien se limitera ensuite à un fauchage annuel à l'issue de la floraison.
💪/€

CES PLANTES QUI SE FONT GRANDIR LES UNES LES AUTRES

La nature faisant bien les choses, associer côte à côte ces deux plantes permet à l'une et à l'autre de mieux grandir.

Ail + pomme de terre
Betterave + céleri
Carotte + ciboulette
Fraise + poireau
💪/€

LES FRUITS ET LÉGUMES À PLANTER CÔTE À CÔTE... ET CEUX QU'IL FAUT SÉPARER

C'est le principe de ce qu'on appelle la permaculture : associer les plants, ou au contraire les éloigner, selon les règles naturelles de l'écosystème.
Objectif : augmenter les pousses, tout en se passant le plus possible d'engrais.

	Associations bénéfiques	Associations néfastes
Carotte	Poireau, tomate, oignon	Betterave, fenouil
Courgette	Basilic, haricot, oignon	Concombre, radis
Oignon	Carotte, laitue, tomate	Chou, pomme de terre, poireau
Poireau	Carotte, chou, fraisier	Haricot, pois
Pomme de terre	Ail, haricot, pois	Courgette, aubergine, tomate
Tomate	Carotte, chou, laitue, basilic	Betterave, chou

/€

EN VILLE, LA SOLUTION « JARDINS PARTAGÉS »

Pour ceux qui n'ont pas de jardin et souhaitent cultiver, une solution : les jardins partagés. Gérés la plupart du temps par des associations, qui y font pousser fruits et légumes, ils sont ouverts à tous, moyennant une petite participation annuelle. Tout le monde peut candidater pour obtenir une parcelle et jardiner en collectif. C'est le meilleur moyen pour commencer. Gare cependant, souvent, aux listes d'attente.

Pour trouver le plus proche de chez soi, se renseigner auprès de sa mairie.

/€

9
Mieux faire ses courses alimentaires

Production des aliments, transport, stockage, distribution, etc. Le quart de nos émissions de gaz à effet de serre ont pour origine notre consommation alimentaire. Or, nous en gaspillons 30 kg par personne et par an (dont 7 kg de déchets alimentaires encore emballés).
Bien faire ses courses (sans sac plastique !) est donc une priorité. Nécessitant de se prémunir contre nos deux plus redoutables « ennemis » : l'imprévu et la flemme. Ce qui, il faut le reconnaître, n'est pas toujours facile...

■ Préparer sa liste de courses

Dresser la liste d'achats utiles permet de ne pas céder (ou moins...) aux achats inutiles.

Le + : établir cette liste en fonction des repas de la semaine prévus à l'avance (*batch-cooking, lire chapitre 13*).

N.B. 1 : aller faire ses courses le ventre plein, on est ainsi moins tentés !

N.B. 2 : éviter d'amener ses enfants au supermarché, ce sont les plus redoutables prescripteurs d'achat en fonction de la pub ou du *packaging*. En revanche, conviez-les au marché, et faites-les choisir. Ils apprécieront d'autant ce qu'on leur servira dans leurs assiettes.

💪/€

LA MÉTHODE BISOU CONTRE LES ACHATS COMPULSIFS

Objectif de cet acronyme facile à retenir et à se rappeler avant l'acte d'achat : nous poser ces cinq questions essentielles. À appliquer pour ses courses de cuisine, les plus courantes, mais aussi les autres…

B comme BESOIN : *« À quel besoin cet achat répond-il chez moi ? » (s'il ne constitue pas un vrai besoin, inutile d'acheter).*

I comme IMMEDIATETÉ : *« En ai-je besoin immédiatement ? » (si non, reporter l'achat à plus tard).*

S comme SEMBLABLE : *« Ai-je déjà quelque chose de semblable qui pourrait faire l'affaire ? » (dans ce cas, ne pas racheter).*

O comme ORIGINE : *« Quelle est l'origine de ce produit ? » (afin d'acheter au maximum local).*

U comme UTILITÉ : *« Cet objet va-t-il m'être utile ? » (si non, s'en passer, au moins pour cette fois).*

/€

■ Pour éviter les sacs plastiques : un « kit course » toujours à disposition

Objectif : éviter d'être pris au dépourvu et devoir acheter des sacs plastiques (100 à 400 ans pour se décomposer dans la nature !).

Pratique, notamment dans le coffre de sa voiture : un gros sac ou panier + 3 ou 4 sacs en tissus de différentes tailles (ou vieux sacs plastique ou papier conservés). Dans son sac à dos ou à main : 3 ou 4 sacs bien pliés.

N.B. 1 : à pied, pour les courses, penser au chariot de courses, le fameux caddie (on n'a rien inventé de plus pratique).

N.B. 2 : pour les plus motivés, penser aussi à apporter des boîtes hermétiques et/ou bocaux en verre (pour les produits à la découpe ou en vrac).

/€

■ Conserver les sacs de pesée des fruits et légumes

Composés d'amidon, ces sacs plastiques... sans plastique sont biodégradables. Après avoir rapporté ses fruits et légumes chez soi, conserver le sac afin de l'utiliser comme poubelle. Privilégier les magasins qui proposent des sacs en papier et remporter-les avec vous pour vos prochaines courses.

/€

■ Boîtes de conserves : oui, mais...

Nous produisons en France 3 milliards de boîtes métalliques par an, essentiellement des boîtes de conserve. Celles-ci sont certes recyclables, mais leur recyclage est cher et énergivore. On peut certes en réutiliser une (petite) partie pour les transformer en pots pour la cuisine, photophores ou mangeoires pour les oiseaux. Mais le mieux est vraiment de préférer les bocaux en verre, souvent un peu plus chers, mais plus faciles à réutiliser pour la conservation de nos aliments (et recyclables à l'infini.

/€€

POUR NE PLUS SE FAIRE AVOIR PAR LA PUB

Se passer, au moins en partie, des prospectus (30 kg déposés chaque année dans nos boîtes aux lettres !) est un geste qui compte dans la lutte contre la déforestation (la production d'1 kg de papier = plus du double de volume en bois). De plus, ces prospectus, la plupart du temps, on ne les lit pas. Ou pour se laisser bêtement tenter...

Or, des enquêtes l'ont démontré, l'indication « Stop pub » sur sa boîte aux lettres, ça marche : 90 % de prospectus en moins !

Pour imprimer le logo « Stop Pub » « officiel » : stoppub.fr

/€

■ Penser aux magasins de circuits courts

Le transport des denrées agricoles et alimentaires représente près de 30 % du transport de marchandises en France. Or, toutes les régions regorgent de bons produits disponibles, généralement, dans un rayon de 60 km autour de son domicile.
Pour trouver les magasins de circuit court (enseignes et indépendants) les plus proches de chez soi (carte interactive) : *quechoisir.org/carte-interactive-circuit-court-n97688.*
Autre source d'information : la plateforme *fraisetlocal.fr* créée par le ministère de l'Agriculture et les Chambres d'agriculture permet de localiser les produits fermiers de proximité des agriculteurs de plusieurs réseaux de producteurs locaux (Bienvenue à la Ferme, Cueillette Chapeaux de Paille, etc.)
💪💪/€€

AMAP : DES PANIERS BIO LIVRÉS PRÈS DE CHEZ SOI... MOINS CHERS QU'AU SUPERMARCHÉ

Un panier de fruits et légumes récolté la veille chez un petit producteur et livré en points de collecte chaque semaine, ou tous les 15 jours ? C'est possible. Et au meilleur prix.
À savoir : c'est le producteur qui choisit lui-même ses produits livrés en fonction de sa récolte (mais la valeur du panier reste la même).

Comment ça marche : lancée il y a 20 ans, l'AMAP (association pour le maintien de l'agriculture paysanne) est un réseau de vente directe entre le producteur local et le consommateur s'établissant sur la durée (livraison de panier de fruits et légumes bio à intervalle régulier : toutes les semaines ou tous les quinze jours).
Il existe plus de 2 300 antennes de l'AMAP, fournissant du travail à 3 700 agriculteurs.

Comment les trouver : un site national *avenir-bio.fr* et des sites locaux comme en Ile-de-France *amap-idf.org* ou en PACA *lesamapdeprovence.org*.
Prix moyen du panier : env. 25 % moins cher que le même panier bio dans une grande surface.
À ajouter, l'adhésion annuelle : de 10 à 60 euros (dans ce dernier cas, seulement pour les antennes en première année d'activité).
/€

■ Le réseau « La Ruche qui dit oui »

Son principe : regrouper sur ses points de vente ou de collecte (permanents ou provisoires) les produits de producteurs locaux (60 km max.) fixant eux-mêmes leurs prix (ils restent cependant inférieurs à ceux des grandes surfaces).
Pour trouver le lieu le plus proche : *laruchequiditoui.fr*.
/€

■ Coopératives et magasins de producteurs

Dans toutes les régions de France métropolitaine, de petits maraîchers et éleveurs locaux se sont réunis sous forme de coopérative leur permettant de vendre ensemble leurs produits dans un magasin spécifique. Rien de moins, donc, que des mini supermarchés (avec même une option *drive* pour certains), mais 100 % locaux et sans intermédiaires.
Plus faciles à trouver, car référencés : les magasins de producteurs (points de vente collectifs créés par plusieurs agriculteurs, 365 au total).
Pour trouver le plus proche de chez soi (carte interactive) : *magasin-de-producteurs.fr*.
/€

ÉPICERIES PARTICIPATIVES (ÉPIS)

Créées par et pour les habitants, notamment en zones rurales, elles proposent des produits locaux de qualité et à prix attractifs, tout en favorisant dynamisme local et lien social.
On dénombre aujourd'hui 350 plateformes ouvertes, dont 127 fonctionnent au quotidien, avec un total d'environ 8 500 familles adhérentes au réseau MonÉpi.
Pour trouver l'Epi la plus proche de chez soi (carte interactive) : *monepi.fr*
💪💪💪/€

Vive le vrac !

Plus un produit est emballé, plus il génère d'impact. Or, 85 % de nos emballages jetés sont des emballages alimentaires (qu'il faut ensuite collecter, recycler ou incinérer, quand ils ne s'envolent pas dans la nature). Exemple : les 285 millions de sachets de salades vendus par an !
L'emballage est de plus responsable d'une part importante du prix (*packaging*).
Si tous les produits ne peuvent, bien sûr, être vendus en vrac, on peut aujourd'hui le faire y compris pour certains liquides (huile, vinaigre, collectés dans ses propres bouteilles) ou produits ménagers *(lire ci-dessous)*. Longtemps réservée à certaines enseignes spécialisées, cette pratique s'est de plus aujourd'hui étendue à plusieurs marques de supermarchés (notamment pour les céréales, fruits secs, etc.).
Pour trouver le magasin de vrac (enseignes et indépendants) le plus proche de chez soi : *consovrac.com* ou *reseauvrac.org* (cartes interactives), *bioalaune.com*, *pagesjaunes.fr*, *annuaire.agencebio.org.*
N.B. : Les magasins sans emballage sont aussi répertoriés sur les applis *Bulk* et *Consovrac.*
Prix : les produits achetés en vrac sont en moyenne de 6 à 10 % moins chers que les produits emballés.
💪💪/€

TOUT CE QU'ON PEUT ACHETER EN VRAC (ET OÙ)

On peut quasiment tout acheter en vrac, sauf les produits avec label AOP ou IGP (qui doivent être emballés sur leur lieu de production ou de fabrication, lire p. 109 pour les labels).

Le + : *venir avec ses propres contenants (sacs en tissu, bocaux en verre, boîtes hermétiques, etc.).*

Partout

Fruits, légumes
Fruits à coque (noix de cajou, amandes, etc.)

Presque partout

Légumes secs, fruits secs
Céréales
Riz, pâtes (sauf spaghettis), semoule

Magasins bio et vrac

Sucre en poudre
Biscuits secs
Thé, café
Liquides : huiles, vins
Produits ménagers
Croquettes pour animaux

PENSER AUX MARCHÉS ET COMMERÇANTS DE PROXIMITÉ

Certes faire ses courses en grandes surfaces est le plus pratique, mais elles sont souvent loin (perte de temps, obligation de prendre sa voiture), pas toujours moins chères et consomment énormément d'énergie (réfrigération = 40 % de leur consommation d'énergie). Elles sont en outre en partie responsables de la paupérisation des producteurs agricoles ne parvenant plus à vivre du fruit de leur travail (30 % des agriculteurs gagnent moins de 350 euros par mois).

■ **Marchés :** contrairement à une idée reçue, ils sont moins chers, en moyenne, que les supermarchés sur les fruits et légumes, viandes et poissons.
Un conseil : faire ses courses en fin de marché (moins de monde et souvent des promotions).
Pour trouver les marchés (et jours d'ouverture) les plus proches de chez soi : le site de sa municipalité.
/€

■ **Commerçants et artisans :** en 40 ans, 190 000 commerces de proximité ont fermé leurs portes, victimes, notamment, de la concurrence des grandes surfaces. Ils sont parfois plus chers, certes, mais contribuent à la convivialité, à la qualité et à la proximité. C'est trop tard, lorsqu'ils disparaissent, que l'on se rend compte de leur utilité. S'y rendre de temps en temps pour de petites courses contribue à leur maintien au cœur des villes.
/€€€

■ **Bonnes affaires : penser aux invendus...**
Parfait pour les budgets réduits et lutter contre le gaspillage : plusieurs applications proposent aux commerçants de vendre aux particuliers leurs invendus du jour à bas prix (leur évite la poubelle, 50 à 70 % moins chers). Parmi elles : Optimiam, To Good To Go, Graapz...
/€

■ **... et aux fruits et légumes « moches »**
Parce que jugé disgracieux, mais 100 % comestible, un fruit et légume sur dix ne sera jamais présenté en magasin. Plusieurs enseignes mettent en vente à prix réduits (- 40 % par rapport à un magasin bio) ces fruits et légumes hors calibre. C'est notamment le cas des magasins Nous antigaspi *(nousantigaspi.com)* ou de Bene Bono (vente en ligne + points de retrait dans certaines villes : *benebono.fr*).
/€

GLANAGE À LA CAMPAGNE, LES RÈGLES D'UN DROIT ANCESTRAL

Consistant à récupérer les fruits et légumes ayant échappé aux récoltes, le glanage, bien que méconnu, est un droit ancestral réglementé par l'État et soumis à des règles strictes :

Bien s'assurer que la récolte est terminée *et qu'il est possible de glaner auprès du propriétaire du champ.*

Uniquement après la récolte *et obligatoirement de jour, sans outils.*

Interdit si le terrain est clôturé.

Autre glanage possible : à la fin des marchés.

💪💪💪/€

AU SUPERMARCHÉ

65 % des Français font leurs courses en supermarché (400 à 2 500 m²) et hypermarchés (2 500 m² ou +), dont environ un tiers pour les enseignes de hard-discount (Lidl, Aldi, Netto...). Impossible, évidemment, de (tout à fait) nous en passer. Raison de plus, dans les rayons, pour adopter les bons réflexes.

■ Viande et fromage : préférer à la coupe

Ils seront moins chers, et souvent plus frais, que pré-emballés.
Cette simple (bonne) habitude = 2 kg de déchets d'emballage en moins par famille et par an.

💪/€

■ Sous emballages : priorité aux produits en « fin de vie »

Ils sont généralement vendus à prix réduits (depuis 2016, les enseignes de plus de 400 m² ont interdiction de détruire les invendus consommables).

💪💪/€

■ Lots promotionnels : ne pas se faire avoir…

Ce sont, le plus souvent, de fausses bonnes affaires. Certes moins chers (mais pas toujours), toutes les études le démontrent en effet : à moins d'avoir une famille nombreuse, ce type d'achat alimentaire est celui qui engendre le plus de gaspillage (on a toujours les yeux plus gros que le ventre).

💪/€€

■… mais privilégier les gros conditionnements

Pour certains de ses produits habituels, que l'on est donc sûr de terminer, privilégier les gros conditionnements (notamment aux portions individuelles). Moins chère au kg, une boîte de conserve de 500 g nécessite aussi 10 % de métal en moins que deux boîtes de conserves de 250 g.

💪/€

GRANDES SURFACES : LA MARQUE QUI GARANTIT UN JUSTE REVENU DES PRODUCTEURS

Vendus dans toutes les grandes enseignes, les produits « C'est qui le Patron ?! », au packaging aisément reconnaissable, garantissent au producteur une rémunération juste (prix minimum garanti ne fluctuant pas en fonction du marché) et stable (contrats de 3 ans).

Vendus environ aux mêmes prix que les autres, une vingtaine de produits essentiellement de terroir (faisant vivre plusieurs centaines de familles d'agriculteurs) sont en vente : beurre, crème fraîche, œufs, jus de pommes, compotes, pommes de terre, chocolat, miel…

Pour commander les produits en ligne : cestquilepatron.com.

💪/€

BIO : LES + ET LES -

C'est le must, mais qui dit « bio » ne veut pas toujours dire vertueux ou local. Ce constat est encore plus vrai s'agissant du label bio européen, autorisant notamment les OGM.

Les + :

Garanti sans pesticide. La vocation première du bio.

Moins d'impact environnemental. Même emballé, un fruit ou légume bio demeure de loin plus écologique, en termes d'impact environnemental, qu'un produit non-bio non-emballé.

Les - :

Produits transformés, importés de loin... Le label Bio n'empêche pas certains produits d'être ultra-transformés, ni importés de très loin, ni de concerner des produits hors-saison cultivés sous serres chauffées.

Souvent emballés. Afin d'éviter d'être mélangés avec les fruits et légumes non-bio, les bio sont la plupart du temps emballés (sauf dans les enseignes spécialisées bio).

Plus cher. Les produits bio sont en moyenne 20 à 30 % plus chers que les autres.

💪/€€

■ Produits végans : gare au transformé

On l'ignore souvent : s'ils n'utilisent aucun ingrédient d'origine animale, les produits végans, comme les steaks, laits végétaux ou boissons à base d'amande ou de soja, contiennent en revanche pour la plupart des texturants, émulsifiants et épaississants.

Vérifier aussi si son « faux steak » à base de quinoa ou d'haricots rouges n'a pas été produit en Inde ou au Chili, comme c'est souvent le cas.

Autre handicap, le prix : de 2 à 3 fois plus cher que son équivalent animal.

💪/€€

COURSES REGROUPÉES PLUTÔT QUE LIVRÉES

La livraison à domicile explose littéralement, et avec elle son cortège de déchets de produits jetables, notamment plastiques et/ou cartons traités (pour les pizzas). Alternative possible (mais pas facile à mettre en place !) pour se simplifier les courses : rejoindre (ou cocréer) des plates-formes de mises en relation et de partage des trajets pour les courses type shopo-pop.com

💪💪💪/€

INITIATIVES SOLIDAIRES À NOTRE PORTE ♥

Encore peu connues, elles méritent d'être encouragées.

Villes comestibles et vergers urbains. Dans le cadre de concessions signées entre la mairie et certaines associations : transformation d'espaces publics (dont pieds d'immeubles, cours d'écoles) en potagers, jardins familiaux, jardins partagés, etc. Les fruits et légumes sont mis à disposition gratuitement (avec parcimonie).
Renseignements : en mairie et sur les sites *lesincroyablescomestibles.fr* et *vergersurbains.org*.
Épiceries solidaires. Elles proposent une offre alimentaire diversifiée et de qualité, qui permet l'accès à des produits frais, notamment fruits et légumes, aux personnes rencontrant des difficultés économiques.
Prix : entre 10 % à 30 % de leur valeur marchande.
Renseignements : en mairie et sur les sites *andes-france.com* et *ugess.org*.
Caisse commune de l'alimentation. Pour favoriser et soutenir l'accès à des aliments sains produits dans des conditions respectueuses de l'environnement, et contribuer au développement de circuits de production et de distribution « durables » (de santé, d'environnement, d'accessibilité, d'économie, de travail…), ces caisses permettent aux participants de recevoir 100 euros tous les mois (sous forme de monnaie numérique) à dépenser pour leurs achats alimentaires auprès d'enseignes conventionnées. Les 100 euros sont reçus après le paiement d'une cotisation à montant libre et autodéterminé.
Renseignements : en mairie et sur le site *securite-sociale-alimentation.org*.

10
Mieux équilibrer son alimentation, mieux se nourrir

Sans nous en rendre compte, nous consommons trop de calories : 3 500 kcal par jour en moyenne, contre 2 500 recommandées pour un homme et 2 000 pour une femme. Objectif : diversifier notre alimentation en laissant plus de place aux produits végétaux, meilleurs pour la santé, mais aussi par leur impact sur l'environnement beaucoup plus faible que celui des produits d'origine animale, notamment la viande : la production d'1 kg de viande émet en effet 5 à 10 fois plus de gaz à effet de serre que celle d'1 kg de céréales.
Plus de produits frais, plus de « fait maison », de céréales, de légumes secs, de fruits et légumes de saison, donc : pas toujours facile, là encore. Mais toujours bénéfique.

FRUITS, LÉGUMES, LÉGUMINEUSES ET CÉRÉALES

En plus d'être des atouts nutritionnels, les aliments d'origine végétale produisent moins de gaz à effet de serre que les aliments d'origine animale.

CONSOMMER DES FRUITS ET LÉGUMES DE SAISON

Hors saison = pollution : importer 1 kg de fruits de Nouvelle-Zélande équivaut à un trajet de 100 km en voiture ! De même, la production de légumes sous serres chauffées (hors saison) émet de 10 à 20 fois plus de gaz à effet de serre qu'une culture en plein champ.
Plus riches en vitamines et en goût, les fruits et légumes de saison sont de plus moins chers.

N.B. : certaines boutiques spécialisées vendent exclusivement des fruits et légumes de saison (également en ligne). Ainsi de Biocoop, Naturalia, Bio C Bon, Satoriz, etc.

/€

PESTICIDES, OGM : COMMENT DÉCRYPTER LES (INCOMPRÉHENSIBLES) ÉTIQUETTES DES FRUITS ET LÉGUMES

Voilà ce que signifient les étiquettes autocollantes que l'on trouve sur les fruits et légumes (surtout importés) :

S'il a 4 chiffres (et que le premier est 3 ou 4) : *signifie que le produit a été traité aux pesticides. Il doit être bien lavé avant consommation.*

S'il y a 5 chiffres (et que le premier est 8) : *signifie que le produit a été génétiquement modifié.*

S'il y a 5 chiffres (et que le premier est 9) : *indique que le produit est issu de l'agriculture biologique.*

FRUITS ET LÉGUMES DE SAISON, POUR ÊTRE SÛR DE NE PAS SE TROMPER

Les fruits

Toute l'année :	pommes et poires
Janvier-juin :	pamplemousses
Mai-août :	fraises
Mai-octobre :	tomates
Juin-juillet :	cerises
Juin-août :	abricots, brugnons, nectarines, framboises
Juin-septembre :	pêches
Juillet-octobre :	myrtilles
Août-octobre :	raisin
Octobre-avril :	citrons
Novembre-février :	clémentines, mandarines
Novembre-mars :	oranges, kiwis de France

Les légumes

Toute l'année :	betteraves, carottes, oignons, ail, radis, épinards, pommes de terre (primeurs : avril-août), salades
Mars-mai :	choux-fleurs
Avril-juillet :	asperges, petit pois
Avril-septembre :	artichaut
Avril-octobre :	concombres
Mai-octobre :	aubergines, courgettes
Juin-septembre :	poivrons
Juin-octobre :	haricots verts
Juin-novembre :	brocolis
Août-février :	choux blancs, choux rouges
Septembre-mars :	choux de Bruxelles
Septembre-avril :	poireaux
Octobre-juin :	navets
Décembre-avril :	endives

Les 4 saisons des salades

Printemps :	roquette, cresson, pissenlit.
Eté :	laitue, batavia, romaine.
Automne :	mâche, frisée, endive.
Hiver :	iceberg, chicorée, scarole.

■ Légumineuses : la mine d'or (nutritionnelle) la moins chère du monde

Il s'agit des lentilles, pois chiches, haricots rouges, haricots blancs, flageolets, etc. En plus d'être très bon marché, ils sont une véritable mine d'or nutritionnelle, nous apportant en particulier des glucides de bonne qualité (ces derniers sont en effet intégrés à des fibres et à des protéines, ce qui limite considérablement l'élévation du taux de glucose dans le sang).

Les lentilles, à quantité égale, contiennent les mêmes protéines que la viande de bœuf, mais en nécessitant… 26 fois moins d'équivalent CO_2 et 25 fois moins d'eau.
Il est conseillé d'en manger au moins deux à trois fois par semaine.
NB : à acheter si possible en vrac *(lire chapitre 9)*.
💪/€

LABELS ALIMENTAIRES : COMMENT S'Y RECONNAÎTRE

AOP, AOC, AB, … Pas facile de s'y retrouver. Tous concernent les produits bruts et transformés. Voici les principaux.

AOP (Appellation d'origine protégée) et AOC (Appellation d'origine contrôlée) : les deux désignent (avec des micro-variantes) un même produit, dont toutes les étapes de production sont réalisées selon un savoir-faire reconnu et dans une même aire géographique, lui donnant ses caractéristiques.
En France, près de 500 produits sont référencés comme AOP. Parmi eux : le camembert de Normandie, le roquefort, la lentille verte du Puy, la châtaigne d'Ardèche, etc.
IGP (Indication géographique protégée) : désigne un produit dont la qualité, la réputation ou d'autres caractéristiques sont liées à son origine géographique. Parmi eux : le jambon de Bayonne, le canard à foie gras du Sud-Ouest, etc.
AB (Agriculture biologique/Bio) : désigne un produit 100 % Bio (95 % pour les produits transformés), certifié sans pesticides par l'Agence bio (ministère de l'Agriculture).
Les + et les - du Bio : *lire chapitre 9*.
Label Rouge : désigne un produit de qualité supérieure, respectant un strict cahier des charges homologué par arrêté ministériel.
CCP (Certification de conformité produit) : désigne un produit garantissant le respect d'un cahier des charges (280 au total, par exemple : porc nourri à 70 % de céréales).

STG (Spécialité traditionnelle garantie) : ce label européen désigne un produit à la composition ou au mode de production traditionnel, valorisant un savoir-faire traditionnel (mais pas une origine géographique).
N.B. : il est possible d'être en même temps labellisé Label Rouge et IPG ou STG. Impossible en revanche de cumuler Label Rouge et labels AOP et AOC.

VIANDES, POISSONS, ŒUFS

2/3 des protéines que nous consommons sont d'origine animale. Mais toutes n'ont pas le même impact sur notre santé et l'environnement. Quelques conseils pour avancer (en douceur) vers une alimentation plus variée, plus saine et (beaucoup) moins chère.

VIANDE : LES 5 BONS RÉFLEXES

Tout le monde n'est pas végétarien, et la viande procure de la vitamine B12 absente dans la nourriture végétale. Mais elle est chère (en moyenne 25 % de notre budget alimentation), et sa surproduction pose de vrais problèmes : 75 % des terres agricoles du globe sont consacrées à la nourriture du bétail ; en France, le méthane des vaches (gaz digestif) équivaut à l'émission de 15 millions de voitures par an...

■ **Consommer selon ses besoins.** Les Français consomment chaque année environ 200 kg de produits d'origine animale, soit 2 fois plus que les recommandations de santé. Pour diminuer notre consommation de viande, penser à la règle des 80/20 : dans notre assiette, 80 % d'aliments d'origine végétale et 20 % d'origine animale.
/€

■ **Acheter de la viande française.** Pour la garantie de l'origine, des normes sanitaires et de la qualité de l'alimentation, préférer une viande portant le logo Viande de France.
/€€

■ **Penser à la viande blanche.** Outre qu'ils sont nettement moins chers que le bœuf, le poulet et le porc sont plus économes en eau : 4 000 l pour la production d'1 kg de poulet ; 6 000 l pour 1 kg de viande de porc ; et jusqu'à 13 500 l pour 1 kg de viande de bœuf.
💪/€

■ **Alterner avec d'autres sources de protéines animales…** Exemple : les œufs ou les petits poissons, comme la sardine, riches en oméga 3.
💪💪/€

■ **… ou de protéines végétales.** Notamment les légumineuses, de plus riches en fibres, excellentes pour le microbiote intestinal : pois chiche, lentilles, haricots-coco, fèves, pois cassés, lupins, haricots rouges… *(lire p. 108).*
💪💪/€

POULET « FERMIER » OU « ÉLEVÉ EN PLEIN AIR » ?

D'autant plus intéressant à savoir que tous les autres, sans exception, sont élevés en batteries.

■ **Poulet fermier :** élevé dans une zone mêlant parcours extérieur et hangar.
💪/€€

■ **Poulet élevé en plein air :** élevé uniquement à l'extérieur dans une zone sans enclos.
💪/€€

POULETS, LES BONS LABELS

En plus d'offrir des garanties générales de savoir-faire et de qualité, voilà ce que les principaux labels (lire p. 109) certifient spécialement concernant le poulet.

- **Label Rouge :** *élevé selon des règles strictes, notamment l'élevage en plein air et l'interdiction d'antibiotiques dans l'alimentation, le poulet vit entre 81 et 90 jours.*
Prix : 9 à 10 euros/kg.
💪/€€

- **Bio :** *élevé en plein air et nourri exclusivement de céréales issues d'une culture biologique, il vit jusqu'à environ 112 jours.*
Prix : 10 à 12 euros/kg
💪/€€

- **AOC (appellation d'origine contrôlée) :** *garantit le savoir-faire d'une région de production. La plupart des poulets AOC sont les poulets de Bresse.*
Prix : env. 25 euros/kg
💪/€€€

LA SOLUTION POISSON (MAIS PAS TOUS, ET PAS TOUT LE TEMPS)

Nous mangeons aujourd'hui en moyenne 34 kg de poissons par an (8 % de notre budget alimentation), soit le double d'il y a 50 ans.
C'est une bonne chose, car il s'agit le plus souvent d'un stimulateur de santé riche en nutriment et en oméga 3 (que l'on trouve aussi dans les huiles végétales de colza, noix ou lin). Mais cela peut aussi poser des problèmes : 90 % des stocks de poisson dans le monde sont en effet exploités à leur capacité maximale ou surexploités ; leurs qualités nutritionnelles se dégradent ; et le poisson français (sans long trajets) ne représente que 25 % des étals des poissonniers.

■ **Préférer les poissons non victimes de surpêche :** sardine, merlan, lieu noir, anchois, maquereau, hareng... À éviter en revanche : thon rouge, flétan, merlu, grenadier, empereur ou requin.
/€

■ **Privilégier les poissons français :** un poisson importé met en moyenne... 10 jours pour arriver en France.
/€€

■ **Préférer le poisson frais entier :** il a plus de chance d'être vraiment frais : 70 % du poisson frais des étals a en réalité 15 jours.
/€€

■ **Choisir les poissons les meilleurs pour la santé :** saumons, sardines, maquereaux, harengs, truite, anchois et autres poissons gras contiennent du « bon » cholestérol, aidant notamment à se protéger contre les maladies cardio-vasculaires.
/€

■ **Éviter les crevettes importées :** fraîches ou surgelées, la plupart des crevettes que nous consommons sont issues de pays d'Asie du Sud-Est ou d'Amérique du Sud (importées par avion et par bateau, 10 000 km de la France), et élevées en surproduction dans des mangroves (zones marécageuses protégeant les côtes), nombreuses à être dévastées.
Le mieux : diminuer la consommation de ces crevettes, que l'on peut remplacer par des bulots ou des moules.
/€

■ **Varier avec des fruits de mer :** ceux-ci (moules, huîtres, etc.) se nourrissent seuls et leur élevage ne participe pas à l'épuisement des populations de poissons sauvages.
/€€

LES (BONNES) SAISONS DES POISSONS ET CRUSTACÉS

Comme les fruits et légumes, les poissons, les crustacés et les mollusques ont leurs saisons (hors période de ponte). Les suivre, c'est respecter leurs cycles.

Printemps : *merlans, carpes, harengs, brochets, raies...*

Eté : *moules, merlus, turbots, crevettes, homards, sardines, thons blancs, langoustines...*

Automne : *aiglefins, congres, seiches, raies, araignées, dorades grises, sardines, écrevisses...*

Hiver : *coquilles Saint-Jacques, colins, lottes, bigorneaux, bulots...*

/€€

Les poissons et crustacés français menacés... ou pas

Populations classées selon leur état :

Effondrées : cabillaud, merlu de Méditerranée

En surpêche : sole, chinchard

En reconstitution : thon rouge, bar

En bon état : coquille Saint-Jacques, baudroie, merlu du Golfe de Gascogne, de la mer Celtique et de la mer du Nord, merlan, églefin

LABELS DE PÊCHE : COMMENT S'Y RETROUVER

Il existe plusieurs labels garantissant chacun un ou plusieurs critères. Ce qu'ils signifient :

MSC : garantit qu'il ne s'agit pas d'espèces menacées par la surpêche.

Pêche durable : garantit que ces produits de la pêche répondent à des exigences environnementales et sociales.

Label Rouge : garantit les qualités nutritives du produit.

Bio : garantit la qualité de la nourriture donnée aux poissons d'élevage.

Pavillon France : garantit qu'il s'agit de produits pêchés par des navires français.

Artysanal : garantit un label international de pêche responsable pour les pêcheries artisanales (pêche côtière pratiquée par un propriétaire de navire de moins de 14 m).

■ Poisson (vraiment) frais livré à domicile

Pas de poissonnerie à côté de chez vous ? L'enseigne Poiscaille ne livre que des poissons achetés directement, et au juste prix, à des artisans-pêcheurs, et n'ayant que de 48 à 72 heures entre la pêche et la remise au consommateur.
Renseignements et abonnement avec livraison régulière (toutes les semaines, tous les 15 jours...) : *poiscaille.fr.*
Prix : env. 23 euros le panier (en fonction de l'arrivage).
/€€

ŒUFS : COMMENT S'Y RECONNAÎTRE ?

Avant d'acheter une boîte d'œufs, bien regarder le premier chiffre inscrit sur les boîtes (ou directement sur les coquilles). Voilà ce qu'ils signifient (les deux derniers étant évidemment à proscrire) :

0 : *poules élevées en plein air + nourries avec une agriculture biologique.*
1 : *poules élevées en plein air.*
2 : *poules enfermées.*
3 : *poules élevées en batteries (cages).*

ÉPICERIE

Mieux connaître les produits « tout fait » que nous achetons en magasin, pour mieux les remplacer. Mieux connaître aussi, mais cette fois pour les redécouvrir, les trésors insoupçonnés de son placard...

NUTRI-SCORE : LES + ET LES -

La France et 6 autres pays européens ont adopté le Nutri-Score (notes de A à E), censé informer sur la qualité nutritionnelle d'un produit. S'il n'est pas obligatoire pour un produit de s'y soumettre, plus de 54 000 sont cependant vendus en France avec ce logo (dont 8 % sont classés A). Voici ses atouts et ses inconvénients.

Les + :

Plus de nutriments, fibres et protéines. La note est d'abord attribuée en fonction de la teneur en nutriments du produit et de ses composantes à favoriser (fibres, protéines, fruits et légumes).

Moins de gras, de sel, de sucre... Taux maximum d'acides gras saturés, notamment.

Les - :

Ne tient pas compte du degré de transformation des aliments (pouvant avoir des effets sur la santé : *lire p. 117*).

Pénalise injustement certains produits peu transformés. Par exemple : le fromage jugé trop gras (90 % classés en notes D et E) ou le pur jus de raisin, trop sucré (note E).

Bien lire les étiquettes, donc, afin de repérer les ingrédients marqueurs d'ultra-transformation : amidon modifié, sirop de fructose-glucose, etc. Si un produit contient l'un ou plusieurs de ces additifs, c'est que, en dépit de sa « bonne note », il s'agit d'un aliment ultra-transformé (13 % des notes B).

/€€

PLATS « TOUT FAITS » : GARE AUX AUT (ALIMENTS ULTRA-TRANSFORMÉS)

Certes pratiques, mais néfastes pour la santé et l'environnement, les aliments ultra transformés (AUT) sont une habitude bien ancrée : ils constituent un tiers de nos assiettes. Qui sont-ils vraiment ? Comment les repérer ?

Impacts sur la santé. Les AUT sont considérés comme facteurs de diabète et de cancer par l'Organisation mondiale de la santé (OMS). Ils suscitent aussi de l'addiction, faisant courir des risques d'obésité (notamment pour les plus jeunes). S'y ajoute la pollution liée aux emballages.

Plus cher et moins bon que le « fait-maison ». Les préparations « toutes faites » achetées en magasin reviennent plus chères et ont moins de goût que le « fait-maison ».

De plus en plus présents, dans toutes les préparations. Aujourd'hui, les AUT représentent 80 % de ce que l'on trouve dans les supermarchés et 33 % dans nos assiettes.

Les additifs à prévenir. Les principaux à éviter : amidon modifié, sirop de fructose-glucose, maltodextrine, gluten, arômes, colorants, émulsifiants, et édulcorants.

N.B. : en cas d'interrogation sur un produit, se rendre sur l'application (participative) Open Food Facts, créatrice, grâce à une gigantesque base de données, de la classification « NOVA », qui répartit tous les produits (de toutes les marques) en 4 groupes selon leur niveau de transformation (possibilité de vérifier la teneur de ses produits) : *openfoodfacts.org*.

/€

PRODUITS ALLÉGÉS : PAS LÉGERS EN TOUT !

En retirant de la matière grasse d'un aliment, on perd de la texture, d'où l'utilisation d'agents texturants et émulsifiants pour retrouver un côté crémeux.
Les produits allégés en gras ne sont donc pas forcément meilleurs pour la santé, car très souvent ultra-transformés (lire ci-dessus). C'est en particulier le cas des produits à 0 % de matière grasse, qui sont en outre souvent plus chers.
Si l'on veut éviter de manger gras, penser à réduire ses portions ou, mieux encore, se tourner vers des produits n'en contenant pas ou peu (légumes, viande blanche, poissons, etc.)
/€

NOS ENFANTS EN RAFFOLENT, ET POURTANT... POURQUOI ET PAR QUOI REMPLACER SAUCISSES INDUSTRIELLES, SURIMIS ET PÂTES À TARTINER ?

Pas facile, évidemment. Ça n'interdit pas de tenter le coup (« Ok pour du Nutella cette fois, mais la prochaine ce sera cet autre produit... »)

■ **Saucisses knacks industrielles.** Parmi ses ingrédients : restes de viandes, exhausteurs de goûts, nitrites et additifs.
Pour les remplacer : vraies saucisses (Strasbourg, Francfort), saucisson de qualité, boulettes de viande blanche.
/€

■ **Surimis.** La plupart comportent moins de 30 % de poisson (le plus souvent déchets et carcasses). Le reste : huiles, arômes, colorants, amidon, nombreux additifs...
Pour les remplacer : bâtonnets de poissons (avec du vrai poisson !), boîtes de crabe, moules, bulots.
/€€

■ **Pâtes à tartiner.** Contient gras, lait transformé, huile de palme, émulsifiant et surtout sucre (2 tartines = 26 g., soit plus du quart des 100 g maximum recommandés par jour, *lire ci-dessous*).
Pour la remplacer : pâte à tartiner sans huile de palme, et si possible bio.
/€€

NE PAS CONFONDRE SUCRE ET SUCRE

Chaque Français consomme en moyenne 45 kg de sucre par personne et par an, soit 2,5 fois la consommation recommandée. De plus, tous les sucres ne se valent pas, loin de là…

■ **Bof : le sucre blanc raffiné.** Pas facile de changer ses habitudes, d'autant qu'il est moins cher, mais éviter vraiment, si on le peut, notre habituel sucre blanc raffiné (composé principalement de saccharose, dont la molécule, constituée à 50 % de fructose, a des effets néfastes sur notre santé, lorsqu'elle est consommée avec excès).
/€

■ **Bon : les sucres moins raffinés.** Notamment les sucres roux sous forme de cassonade (issue de la canne à sucre) ou de vergeoise (issue de la betterave).
/€€

■ **Top : les sucres non raffinés.** Sucre de canne complet ou intégral, *muscovado*, *rapadura*, sucre de fleur de coco, sucre de betterave non raffiné, etc.
/€€

■ **Top du top : le miel… à condition de bien le choisir**
Aliment miracle pour la santé, même pour les petits bobos (*lire chapitre 21*), le miel, aliment cher (une abeille ne produit qu'un gramme de miel au cours de sa vie) et aux appellations trompeuses, mérite que l'on s'attarde sur son étiquette.

Sous des désignations (non officielles) telles que « Miel de montagnes » ou « Miel de nos terroirs », nombre de pots sont en effet issus de mélanges issus de différentes régions et même de différents pays.
L'idéal, bien sûr : se fournir directement auprès du producteur, mais tout le monde n'a pas la chance d'avoir un voisin apiculteur... Autres solutions : acheter au marché chez un artisan-producteur et/ou vente en ligne, notamment les enseignes bio.
Bien vérifier la provenance : si elle est indiquée d'une région, c'est un vrai miel de terroir. Encore mieux : quand le nom de l'apiculteur apparaît sur le pot. Se fier aussi aux labels : IGP, Label rouge, etc. *(lire p. 109)*.
L'objectif est aussi d'éviter les vrais-faux miels (souvent de Chine), additionnés de sirop de glucose, de gélatine et autres substances.
/€€€

■ Édulcorants, les vrais-faux amis

Tous les produits « sans sucre » contiennent obligatoirement des édulcorants, dont les molécules (synthétiques) sont loin d'être inoffensives. Plusieurs études ont ainsi pointé le risque accru de diabète, de maladie cardio-vasculaire ou de cancer pour les consommateurs de ce « faux sucre ». De son côté, l'organisation mondiale de la Santé (OMS) a classé l'aspartam comme « cancérigène possible ».
Autre problème : les addictions qu'ils provoquent. En maintenant dans le cerveau le goût du sucre, les édulcorants poussent à sa consommation. Bref, même si c'est difficile pour certains, mieux vaut essayer de s'en passer et remplacer le « faux sucre » par du vrai, si possible peu ou pas raffiné, en plus petite portion, ou du miel *(lire ci-dessus)*.
/€

DU SUCRE... MÊME DANS LES PRODUITS SALÉS

On l'ignore souvent, mais une large part de produits et plats « tout faits » salés contiennent au moins un ingrédient sucrant (ou vecteur de goût sucré).
Ci-dessous, par type de produits, la part de ceux qui sont concernés :

Sauces condimentaires (ketchup, mayo, etc.) : 94 %
Charcuteries : 84 %
Sauces chaudes : 81 %
Bouillons et potages : 59 %
Plats cuisinés surgelés : 59 %
Apéritifs à croquer : 53 %
Produits transformés à base de pomme de terre : 49 %
Margarines : 13 %
Fromage : 5 %
Source : Observatoire de l'alimentation Oqali

À CHAQUE FARINE, SON USAGE

Pour diminuer l'apport de gluten dans son alimentation et diversifier les goûts, il est recommandé, si on le peut, d'alterner entre plusieurs farines.

Avec gluten :
Farine de blé : *pain, pâtes, gâteaux…*
Les 6 types de farine de blé sont classées selon leur degré de raffinement (T accompagné d'un chiffre indiqué sur le paquet) : T150 (ou farine intégrale) pour faire des pains au son ; T110 pour les pains complets ; T80 pour les pains de campagne ; T65 pour le pain et la pâte à pizza ; T55 pour la pâtisserie et les pâtes à tarte.
Farine de seigle : *pain.*
Farine d'épeautre : *pain, pâtes, crêpes.*
Farine de petit épeautre : *pain.*
Farine d'avoine : *pain et pâtisserie.*

Sans gluten :
Farine de sarrasin : *galettes bretonnes.*
Farine de châtaigne : *pâtisserie.*
Farine de riz : *toutes les recettes.*
Farine de pois chiche : *cakes salés, pâtisserie.*

CHOCOLAT : LES 3 BONS RÉFLEXES

Rien de meilleur ou presque, évidemment, que le chocolat, mais pas à trop haute dose : s'il est bon pour le moral (en très grosse quantité !), et surtout bon tout court, il ne l'est en revanche ni pour l'estomac, ni pour le taux de sucre dans le sang, ni pour l'environnement (2 400 l d'eau pour fabriquer 100 g de chocolat + déforestation et impact de son transport).

■ **Diminuer (un peu) sa consommation.** En préférant un chocolat bio de meilleure qualité.
💪💪/€

■ **Choisir du chocolat en vrac.** Dans les magasins bio ou sur internet. On peut aussi trouver du chocolat cassé (moins cher) chez certains chocolatiers.
💪💪/€

■ **Découvrir les marques éthiques.** Plusieurs marques disposent d'une charte éthique, garantissant une production de cacao durable et un juste prix pour le producteur (donc plus cher pour le consommateur). Les principales : Max Havelaar, Fair for Life, Biopartenaire, Producteurs paysans et World Fair Trade Organization.
💪💪/€€€

CAFÉS, RESTAURANTS : LES BONS RÉFLEXES À AVOIR

Nous prenons un repas sur sept en dehors de chez nous, notamment au restaurant. Conseils avant de choisir celui-ci et commander.

Fait maison : vérifier si la carte n'offre pas trop de choix (signe de surgelés), et s'il s'agit vraiment de plats « fait maison » (posez la question, tout simplement).
Produits locaux de saison : à privilégier, comme chez vous (pas de congélation).
Volume des plats : renseignez-vous sur les quantités avant de commander une entrée et un plat principal.

Plat du jour : Optez plutôt, si vous l'aimez, pour le « plat du jour » (cuisiné en plus grande quantité que les autres plats, donc consomme moins pour sa fabrication).

Carafes d'eau : pas toujours spontanément présentées, elles sont généralement gratuites (mais peuvent ne pas l'être à condition que le restaurant informe explicitement le consommateur).

Sucres (avec le café) : lorsque vous commandez un café à table, et que vous n'en prenez pas, n'oubliez de préciser « sans sucre » (la plupart du temps les sucres inutilisés, souvent tâchés de café, sont jetés). *Idem* si vous ne souhaitez pas de biscuit ou de carré de chocolat.

Glaçons : si vous n'en voulez pas, précisez au moment de commander : « Sans glaçons, s'il vous plaît. »

Doggy bag : c'est une habitude qui, contrairement aux États-Unis, tarde à s'installer ; il n'y a cependant rien de honteux à récupérer la totalité de ce que l'on a payé… (chaque Français jette en moyenne 20 kg de nourritures par an lors des repas pris à l'extérieur de son foyer).

/ €

AU CAFÉ, LE RÉFLEXE : « SANS PAILLE, S'IL VOUS PLAÎT… »

1 milliard de pailles en plastique sont utilisées chaque jour dans le monde, soit, mises bout à bout, cinq fois le tour de la terre ! Or, la plupart du temps, celles-ci sont placées d'office dans nos verres sans que nous l'ayons demandé (et qu'ensuite nous l'utilisions). Il s'agit là de l'exemple type d'un produit ultra-polluant dont nous pouvons vraiment nous passer. Sauf en cas de réclamation expresse d'un enfant, penser donc, au moment de commander, à bien préciser : « sans paille, s'il vous plaît. »

À la maison, pour les plus accros, éviter de se reporter sur les pailles en carton (avec pellicule de plastique à l'intérieur). Préférer les pailles réutilisables en bambou, inox ou verre (entre 1 et 2 euros l'unité).

/€

11
Mieux se désaltérer (eau, boissons)

On ne boit jamais assez d'eau, ou presque. En revanche, on en boit trop en bouteilles : 25 millions d'entre elles sont jetées quotidiennement en France (dont seule la moitié sont recyclées !). C'est une habitude qui peut être changée en douceur. Idem pour l'eau gazeuse (que l'on peut aisément fabriquer soi-même) ou le café en capsules jetables, très énergivores...

4 (BONNES) RAISONS POUR PASSER DE L'EAU EN PLASTIQUE À L'EAU DU ROBINET

Tout sauf simple, bien sûr, pour ceux qui en ont l'habitude. Mais il n'y a que des profits à en tirer. Et quoi de plus chic sur la table qu'une jolie carafe d'eau ?

L'enjeu plastique. 2 packs d'eau minérale chaque semaine = 624 bouteilles en plastique (40 kg !) utilisées par an, chacune d'elle ayant nécessité pour sa fabrication 42 l de gaz et 80 g de charbon, mais aussi – tout un symbole – 2 l d'eau. Pour un foyer de 4 personnes, se passer de bouteilles d'eau en plastique représente donc une économie de près de 1 500 l d'eau par an.

Aussi saine que l'eau en bouteille. Et parfois plus, car des microplastiques ont été détectés dans certaines marques d'eau en bouteille. Si vous lui trouvez un petit goût, rien de grave, et surtout rien de plus facile que le retirer *(lire ci-dessous)*.

Moins chère. L'eau en bouteille revient, selon les marques, de 72 à 120 fois plus cher que l'eau du robinet. Gain par an : de 300 à 400 euros.

■ **Moins de pollution.** 25 millions de bouteilles de plastique sont jetées chaque jour en France. Il faut de plus 100 à 600 ans pour qu'une bouteille en plastique non-dégradable se décompose dans l'océan.
💪💪/€

COMMENT RETIRER SON GOÛT À L'EAU DU ROBINET ?

Il est parfaitement possible de se passer de carafe filtrante. Conseils.

■ **La laisser reposer une heure dans une carafe.** *Encore mieux : au réfrigérateur. On peut y ajouter une pointe de jus de citron ou une pincée d'argile.*
💪/€

■ **Avec du charbon actif.** *Afin de purifier l'eau et d'éliminer le chlore et certains métaux lourds, on peut ajouter un bâton de charbon actif dans une carafe pendant au moins une heure, idéalement 8 (au réfrigérateur). Au bout de 6 mois environ, le charbon doit être remplacé et peut être jeté au compost.*
Prix : env. 5 euros.
💪💪/€

■ **Avec des perles de céramique (micro-organisme actif).** *À déposer au fond de votre carafe pendant au moins 30 minutes avant de les sortir et de les laisser sécher à l'air libre pour une prochaine utilisation. Comptez une dizaine de perles par litre d'eau. Elles sont réutilisables à vie.*
Prix : env. 10 euros (pour 20 à 30 perles).
💪💪/€

■ **Thé, tisanes : buvez de l'eau... sans avoir l'impression d'en boire !**
Pour ceux qui trouvent l'eau trop fade, penser à la boire autrement (chaude ou froide, non sucrée) et à en préparer des bouteilles à l'avance : citronnée, sous forme de thé, en tisane (de plus, ce sont des mines d'antioxydants).
Besoin journalier : 1,5 à 2 l au minimum.
💪/€

FONTAINES À EAU POTABLE EN VILLE

Pour remplir ses bouteilles ou simplement se désaltérer, il existe plus de 2 400 fontaines à eau potables gratuites en France, dont de nombreuses installées en ville par les municipalités.
N.B. 1: Depuis le 1er janvier 2022, les établissements recevant du public pouvant accueillir plus de 300 personnes simultanément (gares, aéroports, musées, etc.) doivent mettre gratuitement à disposition des points d'eau potable, mais la mise en œuvre de la loi tarde à se faire.
N.B. 2 : il existe désormais aussi dans quelques villes des fontaines à eau gazeuse ; c'est notamment le cas à Paris et à Nice.
Renseignements : auprès de sa mairie.
💪💪💪/€

FABRIQUER SON EAU GAZEUSE

Au goût, elle sera similaire à celle achetée en bouteille, mais cela demande évidemment une petite préparation. Trois recettes possibles :

■ **Avec du bicarbonate alimentaire.** ½ c. à c. de bicarbonate dans un verre d'eau.
💪/€

■ **Avec de la poudre pétillante.** Vendue en supermarché et sur Internet (sous forme de poudre ou de pastille, avec ou sans arôme). Quelques marques : BUBBLE iT!, Smart Good, waterdrop...
Prix : env. 1,50 euros pour 1 l d'eau gazeuse.
💪/€€

■ **Avec un appareil à gazéifier.** Fonctionnant avec une cartouche de gaz carbonique, son principal défaut est d'être cher à l'achat (+ lot de bouteilles compatibles + cartouches de gaz rechargeables). Mais cela évite les bouteilles jetables en plastique et reste deux à trois fois moins cher, selon les marques, que celles-ci.
Prix de l'appareil : à partir de 80 euros (Sodastream, Philips, Aarke, Mysoda, etc.), dont la première cartouche de gaz.
Prix des cartouches de recharge : de 15 à 25 euros (pour 60 l d'eau gazeuse)
💪💪/€€€

FABRIQUER SON SODA

Objectif : éviter les sodas « tout prêts » achetés en magasin, qui cumulent les inconvénients : emballages plastiques, sucre et... coût. Fabriquer son propre soda sans emballage et avec moins de sucre permet d'économiser jusqu'à 80 % de son prix.

■ **Aromatiser de l'eau gazeuse :** *avec un sirop (si possible à faire soi-même : lire ci-dessous) ou du jus de fruit pressé. Exemple pour une bouteille d'1 l : le jus de 2 oranges et d'1 citron.*
💪/€

■ **Fabriquer son soda avec du kéfir de fruit :** *dans un bocal en verre, mélanger 1 l d'eau, 50 g de sucre, 3 rondelles de citron, 1 figue séchée et 2 c. à s. de grains de kéfir (que l'on trouve dans les enseignes bio). Laisser fermenter couvercle fermé pendant 1 à 2 jours (à température ambiante).*

Filtrer (conserver les grains pour une prochaine recette). Mettre en bouteille et conserver à température ambiante pendant 24 heures, ou plus selon le niveau de pétillant souhaité. Conserver au réfrigérateur.
💪💪💪/€€

FABRIQUER SON SIROP

Rien de plus facile que de fabriquer son propre sirop. Et cela marche avec tous les fruits.

- **À la menthe :** porter à ébullition une botte de menthe avec 200 ml d'eau et 50 g de sucre, laisser mijoter 15 min, puis filtrer et mettre en bouteille.
💪/€

- **À la fraise :** porter à ébullition 500 g de fraises, 300 g de sucre et 50 cl d'eau, laisser mijoter pendant 25 min puis filtrer et mettre en bouteille.
💪/€

SIROP SANS CUISSON

Dans un bocal, alterner une couche de fruits épluchés (fraises, pêches, prunes, etc.) avec une couche de sucre ou de miel. Recouvrez le bocal avec un linge fixé par un élastique (ou de la ficelle). Entreposer une semaine dans un endroit sombre, chaud et humide, en mélangeant tous les jours. Laisser reposer encore une semaine sans touiller. Filtrer et mettre en bouteille.

N.B. : ne pas jeter les fruits, mais les consommer ensuite comme une compote.
💪💪💪/€

JUS DE FRUITS CONCENTRÉ : PLUS DU CONCENTRÉ QUE DU JUS DE FRUITS !

À défaut de presser ses propres jus, il faut vraiment privilégier les « 100 % pur jus ». Certes plus chers, ce sont de « vrais » jus de fruits. Ce qui n'est pas le cas des jus de fruits à base de concentrés (ABC), même s'ils se dissimulent souvent derrière des étiquettes trompeuses.

Moitié moins de vitamines. Bien vérifier les étiquettes : seule l'indication « 100 % pur jus » fait foi. Le reste (par ex. : étiquette « 100 % fruits ») n'a de jus de fruits que le nom : 50 % de fruits seulement ! *Idem* pour les nectars (abricot, le plus souvent), composés, pour la plupart, de seulement 25 à 50 % de fruits (mélange jus-purée de fruits).

Importé de loin. Le jus d'orange concentré que nous consommons le plus en France est issu d'oranges produites au Brésil. Distance : 8 600 km.

Très énergivore. Mode de fabrication : le jus est concentré par évaporation de l'eau, congelé à – 18 °C, puis transporté (par cargos et camions citernes isothermes) jusqu'au lieu de conditionnement, où il est dilué avec de l'eau, puis conditionné dans des bouteilles plastiques ou des cartons plastifiés. Avant d'être livré dans nos supermarchés.

N.B. : au marché, privilégiez aussi les jus de fruits de votre région.

Prix : le « 100 % pur jus » est env. 15 à 20 % plus cher que le jus concentré.

/€€

BOUTEILLES CONSIGNÉES : LE GRAND RETOUR

Jusqu'au début des années 1990, nombre de bouteilles étaient consignées, mais avec la généralisation du plastique, la consigne, plus assez rentable, a disparu.

Or, réutiliser une bouteille intacte permet d'économiser jusqu'à 75 % d'énergie et 33 % d'eau par rapport à la fabrication d'une nouvelle bouteille à partir de verre recyclé fondu.

Résultat, aujourd'hui de nombreuses initiatives remettent la consigne à l'honneur : dans certaines enseignes de supermarchés (mais pas dans tous les magasins) : E. Leclerc, Carrefour (entre 10 et 20 centimes/bouteille rapportée), Auchan (1 centime/bouteille déposée), dans certains magasins bio, et sur Internet, des boutiques en ligne qui consignent également d'autres contenants (lafourche.fr, lefourgon.com, la-tournee.co, drinkdong.com...).
Pour trouver les points de consigne les plus proches de chez vous : franceconsigne.fr, crevette-diplomate.fr.
💪💪💪/€

CAFÉ : CES CAPSULES ET DOSETTES JETABLES SI POLLUANTES ET SI CHÈRES...

C'est la deuxième boisson la plus bue par les Français après l'eau. Certes particulièrement pratiques... et esthétiques, les capsules et dosettes jetables en alu peuvent nous coûter plus de 3 fois plus cher, tout en produisant 10 fois plus de déchets que les autres (près d'1,5 millions de capsules consommées chaque jour en France et seulement 1 sur 5 est recyclée).

■ Combien vous coûte votre tasse de café ?

Le prix au kilo du café en dosette se situe entre 25 et 40 euros et celui du café en capsule entre 30 et 80 euros. Or, on peut acheter du café en grain ou moulu à partir de 15-20 euro le kilo. Faites le compte : une tasse de café en capsule peut revenir jusqu'à trois fois plus cher !
💪💪💪/€

■ La solution : les capsules rechargeables en inox...

Elles sont plus économiques et écologiques. À éviter en revanche, si possible : les capsules rechargeables en plastique.
On les trouve sur Internet et dans certaines boutiques « zéro déchet ».
Par rapport à une capsule jetable, le prix de votre café à la maison baissera de 0,30 à 0,10 euro (s'il est bio) et de 0,20 à... 0,07 euros (non

bio). Encore plus faciles avec des appareils manuels pour recharger facilement vos capsules. Principales marques françaises : CAPS ME et Caf'écolo.
Prix : de 10 à 15 euros l'unité (inusable).
/€

■... ou encore mieux : les bonnes vieilles cafetières

Sans que cela, bien sûr, n'impacte sur le goût... C'est la qualité du café qui fait sa saveur, pas la machine.
Cafetière à piston. Deux avantages : elle nécessite une moindre consommation d'énergie (surtout si on utilise sa bouilloire pour préchauffer l'eau plutôt que la machine à café) et elle permet une absence totale de déchet (marc : direction compost, *lire chapitre 31*).
Prix : de 15 à 35 euros.
Cafetière à l'italienne. Comparée à la cafetière à piston, celle-ci, que l'on chauffe, produit un café plus concentré, se situant entre le café filtre et l'*espresso*.
Prix : de 15 à 50 euros.
Cafetière à filtre. A noter, pour cette dernière, qu'il existe aussi des filtres à café lavables (le plus souvent en lin biologique, à passer sous l'eau après chaque utilisation ; 2 euros l'unité pour une taille de filtre correspondant à 8 à 12 tasses).
Prix : de 20 à 50 euros.
/€

CAFÉ EN GRAIN EN VRAC, LE PLAISIR EN PLUS

Pour le café lui-même, le mieux est de privilégier le café en grain en vrac, que l'on trouve (assez) aisément : brûleries, magasins de vrac, supermarchés, etc. Odeurs, saveurs... : le détour, en plus, en vaut vraiment la peine.
Pour broyer les grains (l'idéal : juste avant de servir) : un moulin à café manuel ou électrique, neuf ou de seconde main (en annexe).

N.B. : Pour le café décaféiné (moulu) le préférer décaféiné à l'eau, car les autres procédés industriels font appel à des solvants chlorés (chloroforme, trichloréthylène, notamment).
💪💪/€

■ **Thé et tisane : en vrac**
C'est en vrac, comme dans les marchés orientaux, et non tassées dans un sachet, que l'on trouve les feuilles délivrant le plus d'arômes et de saveur. Le prix à la tasse est de plus avantageux. Certains sachets contiennent en outre du plastique et ne sont donc pas biodégradables. À utiliser dans une théière, une tasse, un mug et/ou une gourde, avec une boule à thé, une passoire, ou un filtre à thé réutilisable.
Prix : le thé et la tisane en vrac sont moins chers qu'en boîte ou en sachet (- 10/15 % env.).
💪💪/€

CAFÉ, THÉ, CHOCOLAT : PAR QUOI (TENTER DE) LES REMPLACER

Pour certains, c'est mission impossible. À tester, au moins pour essayer, ces boissons plus locales, à base de produits cultivées en France ou en Europe.

■ **À la place du café :** café de chicorée (indissociable des Hauts-de-France), d'orge, de sarrasin, d'épeautre...
💪💪💪/€

■ **À la place du thé :** tisanes, seules ou mélangées : menthe poivrée (cultivée en... Île-de-France), mélisse, tilleul, etc. (des centaines de variétés au total).
💪💪/€

■ **À la place du chocolat :** boissons à base de caroube (produite principalement au Portugal et en Italie ; vendu en poudre).
Prix : env. 15 euros (le sachet, 750 g).
💪💪💪/€

FABRIQUER SON LAIT VÉGÉTAL (AVOINE, RIZ, AMANDES, NOISETTES, NOIX, ETC.)

Faire tremper dans de l'eau deux poignées de ces végétaux (2 à 3 h pour des amandes, noisettes et noix ; 20 min pour le riz et l'avoine); égoutter, puis mixer à pleine puissance (mixeur ou blender) avec un litre d'eau. Passer au chinois ou à travers un torchon et laisser refroidir dans une bouteille en verre.

Avec cette recette, un litre de lait d'avoine fait maison vous revient à 0,30 euros contre environ 3 euros en magasin.

NB : ne pas jeter la pâte filtrée, qui peut être intégrée dans la préparation de vos gâteaux.

💪💪/€

12
Mieux choisir et utiliser ses appareils de cuisson, petit électroménager et ustensiles de cuisine

Alors que nous pensons posséder en moyenne 34 équipements électriques et électroniques par foyer, nous en accumulons en réalité 99, dont plus de 60 % dans sa cuisine. Et 6 qui ne sont jamais utilisés…
Conseils d'achat et d'utilisation : comment cuisiner aussi bien en dépensant (beaucoup) moins.

APPAREILS DE CUISSON

La cuisson est, après le chauffage et l'eau chaude, le troisième poste de dépense en énergie de la famille. Comment réduire ses coûts ?

CUISSON SUR PLAQUES : MOINS CHÈRE QU'AU FOUR

Plaques électriques, vitrocéramiques et surtout à induction (lire ci-dessous) consomment en moyenne, pour le même temps de cuisson, 4 fois moins d'énergie que votre four (électrique ou à gaz).
💪/€

LE MATCH VITROCÉRAMIQUE-INDUCTION (ET LA VICTOIRE DE L'INDUCTION)

Certes plus chères à l'achat, les plaques à induction sont en revanche nettement plus pratiques et économiques à l'utilisation.

Avantage : vitrocéramique
Moins cher à l'achat
Compatible avec toutes les surfaces de récipients
Avantage : induction
Montée en température plus rapide
Variation de température immédiate
Plus économique à l'utilisation : 20 % d'énergie consommée en moins (et – 50 % par rapport à aux plaques électriques classiques).
Nettoyage plus facile
Vainqueur : induction
Sur une plaque à induction, près de 90 % de l'électricité consommée est utilisée pour la cuisson (60 % sur une plaque à gaz, 75 % sur les plaques vitrocéramiques).
Prix : de 200 à 600 euros (contre env. 150 euros pour les plaques vitrocéramiques)
💪/€€

CUISSON SUR PLAQUES : LES 6 CONSEILS ANTIGASPI

Plusieurs petits « trucs », lorsque nous cuisons sur plaques (si possible à induction, lire ci-dessus), nous permettent de cuisiner plus rapidement et de baisser de manière importante notre facture d'électricité.

■ **Adapter le diamètre des récipients à celui des plaques.** Pas de petites casseroles ou poêles sur une grande plaque (qui dans ce cas chauffe en partie pour rien). Idéalement, les récipients doivent être d'un diamètre légèrement supérieur à la plaque (jusqu'à 5 cm) : celle-ci chauffera votre récipient exactement de la même manière.
💪/€

■ **Doser le bon volume d'eau.** Plutôt que de remplir à ras-bord vos casseroles, utiliser l'eau avec parcimonie : pourquoi remplir plus que raison pour ensuite jeter ? Vérifier la bonne quantité. Au besoin, s'aider d'un doseur.
💪💪/€

■ **Évitez de cuire à gros bouillons.** Que l'eau frémisse ou cuise à gros bouillons, cela ne change rien, et le temps de cuisson sera exactement le même : elle ne dépassera jamais la température de 100 °C. Inutile, donc, de la faire bouillir exagérément. Dès que l'eau frémit, poursuivre avec un couvercle sur la casserole et réduire la température.
💪/€

■ **Poser un couvercle sur les récipients.** Maintenir 1,5 l d'eau en ébullition nécessite 700 à 750 watts avec une casserole ouverte, contre seulement 150 à 200 lorsqu'elle est recouverte d'un couvercle. Adopter ce mode de cuisson permet de réduire de 25 % votre consommation d'électricité.
Le mieux : un couvercle en verre, permettant de surveiller la cuisson sans devoir l'ôter, ce qui fait perdre de la chaleur.
N.B. : le couvercle permet aussi de conserver au chaud, donc d'éviter de réchauffer.
💪/€

LA CUISSON VAPEUR (ENCORE) PLUS RAPIDE

Beaucoup l'ignorent : en plus de conserver aux légumes plus de goût et de de vitamines (10 % de perte, contre 50 % dans l'eau), ce type de cuisson est aussi plus rapide que la cuisson dans l'eau (par ex. : env. 30 minutes pour un poulet entier, 10 minutes pour un blanc de poulet et 5 minutes pour des petits pois frais).
Inutile d'acheter un cuiseur vapeur électrique qui prendra de la place dans vos placards ; il suffit d'un panier vapeur en inox ou en verre du diamètre d'une casserole (prix à partir de 20 euros) ou un panier vapeur

pliable, appelé « marguerite » (prix env. 10 euros) dont la taille s'ajuste à différents diamètres de casserole.
💪💪/€

■ **Faire d'abord bouillir l'eau dans une bouilloire avant de s'en servir dans la casserole.** Cela permet de diviser par deux le temps et l'énergie nécessaires pour parvenir à l'ébullition.
💪💪/€

■ **Éteindre les plaques (électriques et vitrocéramiques) avant la fin de la cuisson…** Pour les pâtes, vous pouvez même éteindre après l'ébullition : elles continueront de cuire (cela prendra un peu plus de temps, mais le résultat sera exactement le même).
💪💪/€

■ **… ou profiter d'une plaque encore chaude.** Pour les plaques électriques ou vitrocéramiques : si elles n'ont pas été éteintes avant la fin *(lire ci-dessus)*, profiter de leur durée d'inertie pour les utiliser pour un autre usage, notamment réchauffage ou décongélation.
💪/€

LA BONNE TAILLE POUR SON FOUR

Le volume standard d'un four (si possible à chaleur pulsée, lire ci-dessous) est compris entre 48 et 60 l, ce qui convient parfaitement pour une famille de 2 à 5 personnes.
Pour les foyers d'1 ou 2 personnes ou utilisant peu les cuissons au four, le mieux est d'utiliser un mini-four électrique (à partir de 33 l), consommant jusqu'à 30 % d'énergie en moins (prix : de 60 à 100 euros).
💪/€

QUEL TYPE DE FOUR CHOISIR ?

À convection naturelle, à chaleur tournante ou pulsée... Comment s'y retrouver dans la jungle des différents systèmes ? Lesquels privilégier ?

■ **Pas top : à convection naturelle.** C'est le modèle le plus ancien et le meilleur marché, mais le moins économe à l'utilisation : l'air est chauffé par deux résistances électriques.
Prix : de 200 à 400 euros.
💪/€

■ **Moyen top : à chaleur tournante (convection forcée).** Muni d'un ventilateur qui fait circuler l'air chaud de manière homogène, la cuisson est plus rapide et plus uniforme qu'avec la convection naturelle, donc moins énergivore. Permet aussi de cuire plusieurs plats en même temps.
Prix : de 300 à 400 euros.
💪/€

■ **Top : à chaleur pulsée.** C'est un four à chaleur tournante, mais en plus efficace : temps de préchauffage divisé par deux + montée en température encore plus rapide.
Prix : de 300 à 500 euros.
💪/€€

■ **Top du top : combiné four et micro-ondes.** La meilleure solution : permet de réduire le temps de cuisson et la consommation d'électricité de l'appareil.
Prix : de 200 à 500 euros.
💪/€€

NETTOYAGE AUTOMATIQUE DU FOUR : LA CATALYSE MIEUX QUE LA PYROLYSE

Le four à catalyse est à la fois moins cher et moins énergivore que le four à pyrolyse. Tous deux nécessitent cependant un (petit) nettoyage supplémentaire à la main (surtout la catalyse).

■ **Pyrolyse :** *c'est après la cuisson qu'elle détruit les projections de sucre et de graisse, à très haute température (jusqu'à 500 °C). Elle consomme donc de l'énergie pour son nettoyage.*
Astuce antigaspi si vous possédez néanmoins un four à pyrolyse : déclencher le nettoyage juste après la cuisson, lorsque le four est encore chaud, cela économisera de l'électricité (monté en chaleur réduite).
Prix : de 300 à 500 euros.
💪/€€

■ **Catalyse :** *c'est pendant la cuisson, profitant de sa chaleur, qu'elle détruit les projections de graisse (à partir de 180°C). Elle ne consomme donc pas d'électricité pour son nettoyage.*
Prix : de 250 à 300 euros.
💪/€

FOURS : 6 CONSEILS POUR CUISINER MIEUX ET CONSOMMER MOINS

Comme pour la cuisson sur plaques (lire p. 135), plusieurs petites recommandations et astuces nous permettent d'optimiser au maximum la cuisson au four.

■ **Ne pas (toujours) préchauffer son four.** Nul besoin de préchauffage pour les gâteaux, plats mijotés, gratins, plats à réchauffer, et produits surgelés.
Éviter le préchauffage en débutant la cuisson dès l'allumage permet d'économiser jusqu'à 20 % d'énergie.
💪/€

■ **Sortir du four les plaques et grilles non utiles.** Les chauffer pour rien consomme de l'énergie supplémentaire.
/€

■ **Régler le four sur la chaleur tournante.** Pour ceux disposant de cette option *(lire p. 138)*, cela permet de réduire la température de 20 à 30 °C et donc d'économiser de l'énergie.
/€

■ **Éteindre le four 15 min avant la fin du temps de cuisson.** Vos plats, notamment mijotés, continueront à cuire grâce à la chaleur résiduelle.
/€

■ **Éviter d'ouvrir la porte du four en cours de cuisson (ou le moins possible).** Cela empêchera des déperditions de chaleur et permettra donc, là aussi, d'économiser de l'énergie.
/€

■ **Si la porte du four ferme mal, changer le joint.** Cela évitera les déperditions de chaleur et permettra d'économiser jusqu'à 30 % d'énergie.
/€

MICRO-ONDES, MAXI-RENTABLE

Le meilleur choix. S'il ne convient pas à toutes les préparations, il est cependant possible d'utiliser le micro-ondes pour préchauffer ou débuter la cuisson d'un plat avant de le faire gratiner au four, ou revenir à la poêle. N.B. : pour la décongélation, préférer la décongélation naturelle au réfrigérateur.

Moins cher qu'un four classique : *de 50 à 100 euros (20 l).*

Moins énergivore : *plus petit, il consomme jusqu'à 75 fois moins d'énergie qu'un four électrique.*

Beaucoup plus rapide : *gain de temps moyen par cuisson : 25 % (15 min sur une cuisson d'1 heure).*
/€

CUISINIÈRE À BOIS : BIEN LA CHOISIR, BIEN L'ENTRETENIR

Sans électronique et autonome en électricité, cet appareil de chauffage équipé en plus d'un système de cuisson connaît un important essor. Mérité.

Achat, installation : pour bénéficier des aides de l'État. Considérés comme des appareils de chauffage à part entière (bûches ou granulés, dits aussi pellets), ils sont donc éligibles aux aides de l'État (MaPrimeRénov' : *lire en annexe*).
Pour en bénéficier, 2 conditions : votre cuisinière devra respecter les critères techniques du label Flamme Verte 7 étoiles (*lire en annexe*) et être installée par un professionnel qualifié (certification Qualibois, *lire en annexe*), portant la mention « Reconnu garant de l'environnement » (RGE).
Prix : à partir de 600 euros (et jusqu'à 2 500 euros).
Faire ramoner deux fois par an. Dont une fois pendant la saison de chauffe, et toujours par un professionnel.
Prix : 40 à 120 euros (par ramonage).
Choisir du bois ou des granulés de qualité. Se fier aux mentions de qualité (certifications, chartes) garantissant des rendements énergétiques performants : NF biocombustibles solides, DINplus, ENplus et France Bois Bûche *(lire en annexe)*.
Prix (granulés) : 6/7 euros (15 kg).
/€€

À L'EXTÉRIEUR : FOURS (OU CUISEURS) SOLAIRES

Méconnu, le four solaire (ou cuiseur solaire) transforme et conserve la lumière du soleil en chaleur grâce à ses réflecteurs, transmettant par conduction son énergie thermique à la nourriture (comme la résistance d'un four électrique).
L'énergie dont il a besoin est donc gratuite et illimitée. À utiliser comme appareil d'appoint dans son jardin, sur son balcon ou en camping.
À noter : il existe des fours solaires plus sophistiqués et plus chers, pouvant devenir votre appareil de cuisson principal (été comme hiver).

■ **Le four solaire de type boîte.** Caisson muni d'un couvercle en verre.
Prix : à partir de 400 euros.
💪💪/€€

■ **Le four solaire tubulaire.** En forme de tube, il fonctionne un peu comme un thermos.
Prix : à partir 200 euros.
💪💪/€

■ **Le four solaire à panneaux.** Ultraléger et doté d'un réflecteur pliable, il est (très) facilement transportable.
Prix : à partir de 100 euros.
💪/€

Comparatif des fours solaires

	Four solaire type boite	Four solaire tubulaire	Four solaire à panneaux
Montée en température	30 min	5 min	30 min
Types de cuisson	Mijotage, cuisson vapeur, cuisson four	Tous	Réchauffage, mijotage, cuisson vapeur
En cas de ciel nuageux	Conserve la chaleur	Conserve et continue de chauffer	Conserve la chaleur

PETIT ÉLECTROMÉNAGER DE CUISINE

Nous achetons chaque année en moyenne plus de 70 millions d'appareils électroménagers, dont près de 60 millions pour la cuisine : bouilloire, grille-pain, cafetières, robots, blenders, fouets électriques, etc.
Objectifs : acheter moins et utiliser mieux.

INUTILE DE TOUT AVOIR

Avant d'acheter, se poser à chaque fois la question : est-ce que j'en ai vraiment besoin ? Nous en avons déjà tellement… C'est le moment de relire la méthode BISOU en introduction du chapitre 9 !

■ Un seul robot multifonctions

C'est moins la consommation en électricité de nos appareils électriques que l'impact énergétique de leur fabrication qui pose des difficultés. Un seul robot multifonctions et ses accessoires peuvent ainsi aisément remplacer (au moins) 5 autres appareils : centrifugeuse, presse-agrumes électrique, blender, mixeur et hachoir électrique.

Prix : à partir de 75 euros (et jusqu'à 1 400 euros).

/€€

■ La bonne vieille cocotte-minute

Souvent remisée dans un coin de placard, elle est pourtant un incontournable de la cuisine économique : une cocotte-minute cuit en moyenne 6 fois plus vite qu'une cocotte classique.

Prix : de 50 à 150 euros.

/€€

■ Remplacer (certains) appareils électriques par des appareils manuels

Fouet, hachoir, aiguiseur, appareil à raclette, etc. peuvent aisément être remplacés, surtout si on ne les utilise pas souvent, par des appareils manuels : batteur à main, hachoir manuel, yaourtière sans électricité, appareil à raclette à la bougie, etc.

/€

EMPRUNTER, LOUER, ACHETER D'OCCASION OU RECONDITIONNÉ

La fabrication d'un seul grille-pain ne nécessite pas moins de 561 kg de déchets. De quoi faire réfléchir. Pas seulement pour les grille-pains…

■ **Emprunter.** Nombre des appareils de cuisine que nous possédons ne sont utilisés que de très rarement : moules à gaufre, appareils à raclette ou à fondue... Certes, il est souvent plus pratique d'acheter une bonne fois pour toute, mais sommes-nous sûrs qu'aucun de nos amis ou des membres de notre famille ne peut nous en prêter pour une occasion particulière ?
💪💪/€

■ **Troquer.** Notamment sur l'appli Geev : liste en annexe.
💪💪💪/€

■ **Louer.** Notamment dans les boutiques spécialisées et sur Internet : liste en annexe.
💪💪/€

■ **Acheter d'occasion.** Notamment Emmaüs, ressourceries et Internet : liste en annexe.
💪💪/€

■ **Acheter en reconditionné.** Notamment enseignes spécialisées et Internet : liste en annexe.
💪/€€

BIEN ENTRETENIR SES APPAREILS

Tous les conseils d'entretien : epargnonsnosressources.gouv.fr/reparer-objets/#tab-top
💪💪/€

EN CAS DE CASSE : RÉPARER SOI-MÊME...

Notamment grâce aux Repair cafés (lire chapitre 5) ou aux tutos sur Internet.
💪💪💪/€

... OU FAIRE RÉPARER

Le mieux : s'adresser à un réparateur agréé et profiter du « bonus réparation » (réduction de 15 à 60 euros, lire chapitre 5).

💪💪/€€

10 APPAREILS, 10 ASTUCES

De B comme bouilloire à R comme robot, 10 astuces pour mieux choisir, utiliser ou nettoyer ses petits appareils ménagers de cuisine.

■ **Bouilloire.** Pour la détartrer : un fond de vinaigre blanc pendant la nuit, puis rincer à l'eau et frotter avec une éponge.

💪/€

■ **Cave à vin.** Éviter de la placer à côté d'un endroit chaud (fenêtre au soleil, fours, etc.)

💪/€

■ **Cocotte-minute.** Vous pouvez aussi vous en servir pour stériliser vos bocaux.

💪/€

■ **Fouet électrique.** Pour éviter les éclaboussures, recouvrir le récipient d'un vieux torchon et faire un trou au milieu pour le fouet.

💪/€

■ **Grille-pain.** Pour retirer les miettes incrustées, utiliser une brosse à dent usagée et frotter avec de l'eau savonneuse, avant de rincer et laisser sécher.

💪/€

■ **Hachoir à viande.** Ne pas saler la viande avant de le la faire passer au hachoir, car elle pourrait l'endommager, rester collée et finir par l'obstruer.

💪/€

■ **Hotte aspirante.** Pour une efficacité optimale, l'allumer 2/3 min avant la cuisson et l'éteindre 5/10 min après.
💪/€€

■ **Mixeur plongeant.** Très fragile, il doit être utilisé à la bonne puissance selon les aliments : faible (- de 600 W) pour les fruits et légumes mous ; moyenne (600/1 000 W) pour les ingrédients durs tels que les cacahuètes et les fruits durs ; élevée (+ de 1000 W) pour une grande quantité d'ingrédients durs et mous.
💪/€

■ **Presse-agrumes.** Afin d'obtenir plus de jus de citron, attendrir au préalable le fruit (entier) en le roulant, tout en le pressant, sur une planche à découper.
💪/€

■ **Blender, robot.** Pour retirer la coloration des accessoires par certains aliments (carottes, oranges...), frotter avec un chiffon imbibé d'huile alimentaire, puis procéder au nettoyage habituel.
💪/€

COCOTTE, FAIT-TOUT... : QUELLES MATIÈRES CHOISIR ?

À surtout éviter : les vieux ustensiles en Téflon, interdits depuis 2012, et dont les risques sont décuplés si le revêtement est abîmé ou rayé. Plusieurs options pour les remplacer :

■ **Inox :** pour tous les types de cuisson. Les cocottes en inox peuvent durer 15 ans et sont facilement recyclables. Les choisir si possible avec un fond thermo-diffuseur (répartition uniforme de la chaleur + meilleur rendement thermique). Problème, néanmoins, l'inox venant souvent de l'autre bout du monde, achetez des matériels produits en France ou en Europe ou à la seconde main (vide-greniers, notamment).

N.B. : l'indication « 18/10 » que l'on trouve communément signifie simplement que l'inox contient 18 % de chrome et 10 % de nickel (aucune raison de s'inquiéter, donc).
Prix : à partir de 30 euros.
💪/€

■ **Acier (oxydable) :** pour les cuissons courtes (saisir une viande, omelettes).
Prix : à partir de 25 euros.
💪/€

■ **Fonte :** pour mijoter.
Prix : à partir de 60 euros.
💪💪/€€€

COCOTTE EN FONTE : POUR L'EMPÊCHER DE ROUILLER

Couper un citron en deux, frotter la cocotte à l'aide d'une moitié, puis recouvrir le fond de jus de citron pendant environ 30 minutes. Rincer à l'eau tiède et sécher rapidement.
💪/€

■ **Verre (pyrex).** Exclusivement pour la cuisson (courte ou mijotée) au four. Ne se recycle pas. Avantage : une fois refroidi, peut se mettre directement au réfrigérateur.
Prix : env. 30 euros.
💪/€

■ **Terre cuite :** pour mijoter longuement. Plus long à cuire, mais conserve particulièrement bien les saveurs.
Prix : 30/40 euros.
💪💪/€€

Plats et moules à gâteau : éviter le silicone

Certes pratique, le silicone est non-recyclable et se dégrade en partie à la cuisson (migre vers les aliments au-delà de 150 °C). Préférer les plats et moules en verre, acier ou aluminium (un peu plus chers, mais se conservent plus longtemps).

/€€

GARE AUX RAYURES !

Attention : les fonds de casseroles, de poêle ou de cocotte abîmés, peuvent se révéler nocifs, voire dangereux, surtout lorsqu'il s'agit de revêtements antiadhésifs (à jeter dans ce cas). Évitez donc, lorsque vous cuisinez, d'utiliser des couverts ou des spatules en métal (préférez-les en bois).

/€

L'OPTION MARMITE NORVÉGIENNE

De quoi s'agit-il ?

Peu connue, il s'agit d'une caisse (ou d'un sac) isolante dans laquelle on place les plats chauds (généralement à mi-cuisson) afin qu'ils terminent leur cuisson par inertie thermique. La cuisson est un peu plus longue, mais cette cuisson basse température préserve mieux les nutriments et vitamines. Et permet surtout de réduire sa consommation d'énergie ! Prix : env. 100 euros.

/€€

Fabriquer sa marmite norvégienne pour zéro euro.

Mode d'emploi : on recouvre la paroi intérieure d'une caisse en carton ou d'une glacière avec du papier alu ou une couverture de survie. On place dedans de vieilles couvertures ou des pulls polaires. On dépose la cocotte chaude dedans, on l'enveloppe et on referme.

/€

LIMITER LE NOMBRE DE SES USTENSILES

La moitié en moyenne de nos ustensiles de cuisine... ne servent à rien ! Réduire leur nombre permet un triple bénéficie : dépenser moins, désencombrer sa maison (et donc son esprit, lire chapitre 6), mais aussi, en limitant ses achats, réduire la fabrication de nouveaux objets.

Quelques exemples :

Au lieu de 10 spatules : 3.

Au lieu de 10 couteaux de cuisine de tailles différentes : 3.

Au lieu de couteaux spécifiques (coupe-avocat, coupe-pomme, roulette à pizza, tranche-œuf, etc.) : 1 seul couteau tous usages.

💪💪/€€

AIGUISEUR MANUEL POUR COUTEAUX

On n'y pense plus, ou presque, c'est pourtant un accessoire fort utile : l'aiguiseur manuel. Utilisés régulièrement (ne pas attendre que les lames s'émoussent trop), vos couteaux seront comme neuf pendant des années. Inutile, donc, d'en acheter de nouveaux !

Prix : de 5 à 25 euros.

💪💪/€€

Se passer d'essoreuse à salade

Inutile d'en acheter si nous n'en possédez pas : rincez les feuilles dans un saladier, puis séchez-les dans un torchon propre. Cela prendra une dizaine de minutes en tout, mais le résultat sera exactement le même.

💪💪/€

13
Mieux cuisiner

Objectif : cuisiner soi-même le plus possible afin de manger plus sain, diminuer les emballages et réduire les coûts. Et pas de panique, surtout, pour ceux qui n'en ont pas l'habitude : l'idée n'est pas de se lancer dans de « grands travaux » mais de picorer dans mes conseils et recettes selon son temps et ses envies.

■ Pour ne pas gâcher : la bonne quantité par repas...

Portion recommandée en moyenne et par personne : 200-400 g de légumes (la moitié de l'assiette), 100 g de féculents cuits (le quart de l'assiette) et 100-200 g de protéines (le quart de l'assiette), à adapter selon sa morphologie et son âge.

💪/€

■... ou préparer à l'avance (« Batch cooking »)

Le principe : cuisiner en une seule fois pour plusieurs jours à l'avance, voire toute la semaine, puis répartir et conserver les repas en portion (plats cuisinés, soupes, salade composées, quiches, gâteaux...)

N.B. 1 : si vous en avez fait vraiment trop, penser à congeler.

N.B. 2 : idéal pour se préparer des boîtes repas à apporter au travail pour le déjeuner.

💪💪💪/€

> **ALIMENTS : LES RECOMMANDATIONS SANTÉ**
>
> *Le haut conseil de la Santé publique (HCSP) recommande d'abord de privilégier l'utilisation de produits bruts, d'éviter les portions excessives (lire ci-dessus) et le grignotage. Plus, bien sûr, de l'eau à volonté (entre 1,5 et 2 l par jour en fonction de sa masse corporelle et de son activité physique).*

■ **Produits laitiers :** deux fois par jour.
💪/€

■ **Produits céréaliers :** tous les jours.
💪/€

■ **Fruits à coque (non salés) :** noix, amandes, noisettes, etc. : une petite poignée par jour.
💪/€€

■ **Légumineuses :** au moins deux fois par semaine *(lire p. 108).*
💪/€

POUR MANGER DES FRUITS ET LÉGUMES DE TOUTE SAISON TOUTE L'ANNÉE

Objectif : prolonger la saison des fruits et légumes (lire chapitre 10).

■ **En surgelé.** Placés encore frais et lavés au congélateur, ils conservent l'essentiel de leurs goûts et vitamines.
💪/€

■ **Dans des bocaux de verre.** Après les avoir stérilisés (eau bouillante ou stérilisateur), les conserver tel quel, sans eau ni sucre. Hormis les petits fruits à conserver entiers (fraises, framboises, cerises, etc.), les autres fruits (poires, pêches, abricots) et légumes doivent être coupés en deux (ou en quatre).
Important : penser à retirer les pépins (pommes, poires) ou les noyaux (abricots, pêches).
Conservation : dans un placard (au-dessous de 14 °C), sinon à la cave ou, en été, au réfrigérateur.
💪💪/€

■ **En compote.** Se conservent ensuite en bocaux (éventuellement sous vide) ou au congélateur.
💪💪/€

■ **En confiture.** Cuire les fruits avec une masse équivalente de sucre (minimum : 30 %) et un jus de citron, puis mettre dans des pots.
/€

SUIVRE LE « RÉGIME CRÉTOIS » : VITALITÉ ET LONGÉVITÉ

À base de fruits, légumes, poissons, céréales complètes, légumineuses, huile d'olive, peu de viande et presque pas de sucre, il est considéré comme un modèle par trois importantes études scientifiques.

La première (1950) a révélé son implication dans la plus grande espérance de vie de la population de la Crète (Grèce).

La deuxième (1990) a établi ses vertus pour réduire les risques cardio-vasculaires.

La troisième (2009) a fait apparaître, sur un très large échantillon, une réduction de 30 % des infarctus, AVC et décès pour les consommateurs de ces produits méditerranéens.

N.B. : bon pour les humains, le régime crétois l'est aussi pour la planète : peu d'élevage et de déchets, des produits frais et locaux...

/€

COMMENT REMPLACER (EN PARTIE) LE SEL

Les Français (adultes) consomment en moyenne 7,9 g de sel par jour (8 % en consomment plus de 12 g). Beaucoup trop selon l'organisation mondiale de la Santé (OMS), qui préconise une consommation de 5 g/jour, contribuant à diminuer la tension artérielle et le risque de maladie cardio-vasculaire, d'accident vasculaire cérébral et d'infarctus du myocarde. Pas facile, certes, de changer ses habitudes et de baisser sa consommation de sel (par ailleurs très bon marché : env. 1 euro/kg), mais on peut aussi le remplacer :

■ **Par des épices, aromates et herbes.** Poivre, curry, paprika, etc. pour les premières ; ail, oignon, échalote pour les secondes ; persil, ciboulette, basilic, etc. pour les troisièmes.
💪💪/€

■ **Par un « substitut » de sel.** Trois options : 1° Le *gomasio* : un condiment traditionnel japonais composé de 90 % de sésame grillé + 10 % de sel marin (env. 10 euros/kg, dans les enseignes bio et désormais la plupart des supermarchés) ; 2° Le sel de légumes : mélange de sel marin, légumes et herbes déshydratés (env. 60 euros/kg, en vente partout) ; 3° Les sels diététiques appauvris en sodium (env. 40 euros/kg, en pharmacie)
💪💪/€€€

PAR QUOI REMPLACER LES APÉROS AVEC EMBALLAGES ?

Même si cela demande un peu de préparation, il est cependant plus aisé qu'on ne le croit de remplacer les « grignotis » avec emballages par d'autres sans emballages (en plus, c'est meilleur). Quelques exemples :

■ **Saucisson prétranché :** saucisson acheté entier que l'on tranche soi-même.
💪/€

■ **Fromages prédécoupés en dés (ou cubes de fromage fondu) :** fromages à pâte dure (emmental, etc.) que l'on coupe en dés soi-même, camembert rôti (où l'on trempe son pain).
💪/€

■ **Olives et fruits à coques en sachet (amandes, noisettes, cacahuètes, etc.) :** les mêmes, achetés en vrac *(lire chapitre 9)*, voire graines de courge grillés *(lire ci-dessous)*.
💪💪/€

GRAINES DE COURGES : GRAINES DE SANTÉ !

Potirons, potimarrons, butternuts... Les graines grillées de courges sont non seulement délicieuses, mais aussi ultra-bénéfiques pour la santé : protéines, magnésium, fibres, acides gras...
La recette : après avoir évidé une courge, récupérer, rincer et retirer les ligaments de ses graines, puis faire griller à la poêle (ou au four). Faire refroidir. À déguster nature, salées ou sucrées.
N.B. 1 : on peut aussi les ajouter à une préparation (gâteaux, biscuits...).
N.B. 2 : l'été, vous pouvez faire de même avec les graines de melon ou de pastèque.
N.B. 3 : à conserver au sec dans un bocal hermétique avant utilisation.
/€

- **Biscuits apéritifs :** canapés et mini-sandwiches « faits maison ».
/€€

- **Bâtonnets de légumes + sauce au yaourt :** carottes, poivrons, concombres, choux-fleurs, etc. taillés en bâtonnets.
Pour la sauce : 100 g de fromage blanc ou de yaourt, 1 c. à s. de moutarde, 1 c. à c. de vinaigre, sel, poivre, herbes (ou mayonnaise maison, voire aïoli en y rajoutant 1 ou 2 gousses d'ails pilées ou râpées).
/€

- **Pickles (petits légumes au vinaigre) :** radis roses, noirs et blancs, carottes, concombres, fenouil, oignons rouges, courgette, etc. La recette : mettre les légumes taillés en bâtonnets ou en petits morceaux dans un bocal en verre (aux 2/3), puis ajouter des épices et aromates selon son goût (poivre noir, ail, thym, laurier, badiane, aneth, coriandre, etc.). Verser un mélange (moitié-moitié) d'eau bouillante et de vinaigre blanc, plus 2 c. à s. de sucre et 1 c. à s. de sel (ou c. à c. selon la taille du bocal). Laisser mariner 2 jours et conserver au frais une fois ouvert.
N.B. : idéal pour utiliser des légumes avant qu'ils ne s'abîment.
/€

■ **Houmous :** mixer 300 g de pois chiches avec leur eau de cuisson, 3 c. à s. de *tahini* (purée de sésame torréfié : env. 15 euros/kg, dans les magasins bio et la plupart des supermarchés), 1 jus de citron, 4 c. à s. d'huile d'olive, 1 c. à c. de sel, 2 gousses d'ail et 2 c. à s. de cumin. Option : ajouter un trait de harissa ou un filet d'huile.
/€

■ **Pop-corn :** faire chauffer 2 c. à s. d'huile dans une casserole. Quand elle est chaude, ajouter 50 g de grains de maïs, puis lorsque le maïs commence à éclater, placer un couvercle et laisser cuire 3 min en remuant la casserole. Quand les grains ont fini d'éclater, retirer le couvercle et ajouter du sel ou du sucre… ou rien.
/€

PAR QUOI REMPLACER UN INGRÉDIENT MANQUANT ?

Quelques idées de substituts, notamment pour les gâteaux et préparations sucrées, mais aussi dans les tartes salées et quiches.

Beurre : courgettes (150 g pour 100 g de beurre) ; betterave (150 g pour 100 g de beurre), margarine (100 g pour 100 g de beurre).
Sucre : betterave (la même masse)
Œuf (entier, à l'unité) : compote de pomme (100 g) ; crème de riz (2 c. à s.) ; tofu soyeux (préparation à base de lait de soja, 8/10 euros/kg, en magasins bio et supermarchés : 2 c. à s.) ; mélange de graines de chia ou de psyllium blond (1 c. à s.) + eau (2 c. à s.).
Blanc d'œuf : eau de cuisson (ou de conservation des bocaux vendus en magasin) des pois-chiche et des haricots rouges. Appelée aquafaba, celle-ci peut notamment être montée en neige avec un fouet.
/€

GÂTEAUX : LA LEVURE CHIMIQUE, C'EST PAS AUTOMATIQUE !

La levure chimique utilisée dans les gâteaux n'est rien d'autre que du bicarbonate de soude (alimentaire) mélangé à de l'amidon de maïs.

Remplacer un sachet de levure chimique par une c. à c. de bicarbonate diminue par… 5 le prix de votre levure, tout en se passant d'emballages en papier.
💪💪/€

COLORANTS NATURELS POUR VOS PLATS

Outre leur apport en matière de santé, les feuilles de betteraves (violet), de pois (vert) ou les épluchures d'oignon (rose à orange), constituent d'excellents colorants naturels. Faire infuser 15 à 20 min dans un peu d'eau bouillie afin d'obtenir une sorte de peinture de la couleur désirée à ajouter à ses plats ou sauces.
💪💪/€

FABRIQUER SES YAOURTS

229 pots de yaourts : c'est ce que chaque Français consomme en moyenne par an. En les fabriquant vous-même, le prix du yaourt vous reviendra 50 % moins cher. Deux possibilités : les préparer à la cocotte-minute ou avec une yaourtière.

■ **La recette :** diluer progressivement un yaourt dans 1 l de lait UHT à peine tiède, bien mélanger et remplir des pots en verre. Si vous n'avez pas de yaourt, acheter un sachet de ferment lactique pour démarrer (prix : environ à partir de 3 euros les 3 sachets et 9 euros en bio).
💪/€

■ **À la cocotte-minute :** la remplir d'environ 10 cm d'eau et faire chauffer à 50 °C. Hors du feu, placer les pots (sans couvercle) dans l'eau, refermer le couvercle de la cocotte et les laisser reposer pendant une nuit (8 heures).
💪💪/€

■ **Avec une yaourtière électrique :** même si l'achat sera rapidement rentabilisé, le prix de la yaourtière est tout sauf anodin.
Prix : à partir de 50 euros (pour 6 yaourts).
/€€

FABRIQUER SON BEURRE DEMI-SEL

Battre un pot de crème fraîche entière liquide pendant 5 à 10 min jusqu'à ce que la crème se sépare en deux parties (beurre et petit-lait). Récupérer le beurre, le presser pour enlever l'excès d'eau et le rincer à l'eau froide. Ajouter du sel ou de la fleur de sel (1,5 g/100 g de beurre), malaxer puis conserver dans du papier sulfurisé.
À noter : le petit-lait (babeurre) peut être utilisé en remplacement du lait, par exemple pour faire des crêpes.
/€

MIEUX QUE LE « TOUT PRÊT » : FABRIQUER SA PÂTE À TARTE EN 10 MIN CHRONO

Plutôt que d'acheter des pâtes industrielles emballées dans du plastique et contenant souvent des additifs, faire sa propre pâte basique ne prend que 10 min. Il est possible d'en préparer à l'avance et de la congeler.
Une idée de recette rapide : mélanger 70 g de beurre (ou d'huile) à 3 petits suisses, ajouter 130 g de farine et une pincée de sel. Commencer par amalgamer à la fourchette puis pétrir du bout des doigts et replier plusieurs fois la pâte sur elle-même pour la feuilleter. Former une boule bien lisse et laisser reposer 10 min avant de l'étaler.
/€

FABRIQUER SES COOKIES AU MICRO-ONDES

Plutôt qu'au four traditionnel, on peut réaliser ses cookies au micro-ondes, moins énergivore. La recette : faire fondre 30 g de beurre au micro-ondes, ajouter 100 g de farine, 1 c. à c. de bicarbonate alimentaire (env. 5 euros/kg, au rayon sel des supermarchés), 50 g de sucre et 1 œuf. Mélanger et ajouter des pépites de chocolat. Déposer des boules de pâte légèrement aplaties sur du papier sulfurisé. Faire cuire 3 min à pleine puissance.

💪/€

CUISINE MINCEUR (ET VÉGAN) : LEVURE MALTÉE, COMMENT UTILISER CETTE LEVURE AU GOÛT DE... PARMESAN ?

Méconnue, la levure maltée (levure de bière et de malt d'orge, en paillettes ou flocons) que l'on trouve dans les enseignes bio (30 à 50 euros/kg) est un incontournables de la cuisine minceur et végan.

■ **Comme du fromage râpé :** au naturel, à saupoudrer sur une salade, avec des légumes (choux, notamment) ou sur un gratin au four.

💪/€

■ **Pour un goût plus prononcé :** mixer finement 50 g de noix de cajou, ajouter 2 c. à s. de levure maltée et une pincée de sel (option : un peu d'ail en poudre).

💪💪/€

■ **Sauce fromagère :** mélanger avec 100 g de tofu soyeux (préparation de type yaourt au lait de soja, dans la plupart des supermarchés) ou de la crème de riz ou d'avoine. À doser selon son goût.

💪/€

ENTRECÔTES GRILLÉES... DE CHOUX-FLEURS

Couper un chou-fleur en tranches épaisses, l'enduire d'huile (ou de jus de rôti ou de poulet, pour un goût de viande) et parsemer de sel et d'épices (curry, paprika, cumin). Déposer les tranches sur une plaque de cuisson et cuire 20 min à 180 °C.

💪/€

RECETTES SANS CUISSON

Pour économiser du temps et de l'énergie, voici quelques recettes sans cuisson.

■ **Coulis de tomates cru :** dans une terrine, couper en rondelles 6 tomates bien mûres. Arroser du jus d'un citron et de 2 c. à s. d'huile d'olive. Ajouter de l'ail, du persil et de l'origan. Saler, poivrer et laisser mariner 1 heure. Passer au mixer et mettre en pot.
💪/€

■ **Confiture crue :** dans une assiette creuse, écraser 250 g de fruits rouges (fraise, framboise) avec 1 à 2 c. à s. de sucre. Ajouter 2 c. à s. de graines de chia (de 10 à 15 euros/kg, en magasins bio et supermarché) et mélanger. Mettre en pot. À conserver au frais pendant quelques jours avant de consommer.
💪💪/€

■ **Tartelettes crues :** mélanger 100 g de noix de coco râpée, 100 g de poudre d'amande, 4 c. à s. d'huile (de coco par ex.), 4 c. à s. de sirop d'agave et tasser cette pâte dans des moules à tartelettes. Placer au réfrigérateur. Garnir avec des fruits et de la crème.
💪💪/€

■ **Gâteau au chocolat :** mixer 2 pommes coupées en morceaux avec 150 g de chocolat fondu et laisser prendre au réfrigérateur toute une nuit.
💪💪/€

MON ENFANT EST UN CHEF !

En plus de leur proposer de vous accompagner pour faire les courses au marché, afin de leur faire découvrir les produits, et donc de leur faire aimer, un conseil : les faire participer à la préparation des plats. Pendant que vous cuisinez, confiez-leur des missions : pesée,

épluchage (léger), surveiller la cuisson, remuer et goûter les plats. Ils en seront fiers et y prendront goût !
💪/€

CONFECTIONNER SOI-MÊME SES PETITS POTS POUR BÉBÉS

Plutôt que d'acheter des petits pots tout faits en magasin (fruits, légumes, etc.), le mieux est de les fabriquer soi-même (avant, pourquoi pas, de les congeler par portion).

Astuce : afin de gagner du temps sur la préparation, il est recommandé de s'y mettre en même temps que l'on cuisine à l'avance (lire p. 150).

N.B. : en cas d'achat, néanmoins, de petits pots tout faits, les choisir si possible en verre plutôt qu'en plastique. Puis réutiliser ces pots en verre pour les futures préparations.

💪💪💪/€

14
Cuisiner les restes et les épluchures

Verts de poireaux, fanes de radis, épluchures, etc., sont souvent les parties les plus nutritives des légumes (vitamines + minéraux), tout en ayant beaucoup de goût. Pourquoi les jeter quand on peut les cuisiner (pas seulement en bouillon)? Idem avec la plupart des restes alimentaires…

CONSERVER LES ÉPLUCHURES AU FRIGO

Le bon réflexe avant même de prévoir comment les utiliser : conserver quelques jours ces épluchures au frais dans une boîte hermétique. Il sera toujours temps, ensuite, de les cuisiner.
N.B. : si vous n'avez vraiment pas le temps de les cuisiner rapidement, ne pas hésiter à les congeler (comme des fruits ou légumes frais).

💪/€

BOUILLON CUBE ET BOUILLON EN POUDRE D'ÉPLUCHURES

À préparer à l'avance, puis à conserver pour une utilisation ultérieure.

■ **Bouillon cube :** préparer un bouillon d'épluchures et de fanes de légumes (carottes, ail, oignon, poireau, choux), puis faire mijoter 2 heures dans un faitout rempli d'eau à hauteur, avec du thym et du laurier (vous pouvez également ajouter une carcasse de poulet). Filtrer pour obtenir un bouillon ou mixer pour obtenir un liquide épais, puis verser dans un bac à glaçons pour obtenir des bouillons cubes.

💪💪/€

■ **Bouillon en poudre :** mixer la peau séchée d'oignons et d'ails avec des herbes séchées (persil, cerfeuil, ciboulette, etc.), des épluchures de courgettes, carottes, etc. Ajouter sel, poivre et paprika. Pour sécher : quelques minutes au four.
💪/€

FESTIN D'ÉPLUCHURES

Aussi nutritives, voire plus, que le fruit ou légume lui-même, les épluchures peuvent constituer la base de nombreux plats, voire de repas entiers.

Entrées

■ **Soupe d'épluchures de légumes :** dans une casserole ou une cocotte mettre des verts de poireau, feuilles de chou-fleur, trognons de brocolis, épluchures de carottes, de courgettes, etc. Mouiller à hauteur et faire cuire 30 min à feu doux. Mixer, saler et poivrer.
💪/€

■ **Velouté de pelures d'asperges :** dans une casserole ou une cocotte, faire suer une échalote émincée dans un peu d'huile, ajouter les épluchures et talons d'1 kg asperges et poursuivre la cuisson quelques minutes. Mouiller avec l'eau de cuisson des asperges (à conserver aussi, donc), puis ajouter un peu d'eau de manière à obtenir environ 1,2 l d'eau. Faire cuire à feu moyen pendant 20 min et filtrer. Faire fondre 40 g de beurre, ajouter 40 g de farine ou de maïzena, mélanger et ajouter progressivement le liquide filtré en fouettant vivement. Faire cuire ensuite quelques minutes en remuant. Ajouter 10 cl de crème, saler, poivrer et déguster.
💪💪/€

PLAT : EN QUOI TRANSFORMER SES RESTES DE PLATS

Rien ne se jette dans les plats cuisinés préparés en trop grande quantité. Tout se transforme.

Pâtes et riz : *gratins, salades…*

Légumes : *dans des omelettes, tartes ou sur des tartines (apéritifs)…*

Viandes (carcasses) et poissons (dont arêtes) : *hachis, bouillons, boulettes…*

/€

Desserts

- **Gâteau aux pelures d'oranges :** cuire les écorces d'orange bio dans de l'eau pendant une heure puis les mixer. Mélanger avec 80 g de sucre, 3 œufs, 100 g de farine, 1 c. à c. de bicarbonate alimentaire. Passer 30 min au four à 180 °C.

/€

- **Financiers aux peaux de bananes :** mixer la peau de 3 bananes bio (sans les extrémités) avec un peu de lait. Ajouter 2 c. à s. de purée d'amande, 50 g de sucre vanillé *(lire ci-dessous)*, 2 œufs, 100 g de farine, 1 c. à c. de bicarbonate alimentaire, 100 g d'huile ou de beurre et 2 œufs. Verser la préparation dans des moules à financiers (option : ajouter 100 g de chocolat en pépites ou concassé). Faire cuire à 180 °C pendant 20 min.

/€

SUCRE VANILLÉ AVEC DES RESTES DE VANILLE

La recette : placer une ou plusieurs gousse(s) de vanille déjà utilisée(s) dans votre pot de sucre en poudre et laisser « infuser » au moins une semaine.

/€

■ **Gelée d'épluchures de pommes :** remplir une casserole avec les trognons, épluchures et pépins de pommes et le jus d'un citron. Mouiller à hauteur, porter à ébullition et laisser mijoter pendant 30 min. Égoutter dans une passoire. Remettre dans la casserole avec la même masse de sucre, mélanger, porter à ébullition et laisser réduire pendant 30 min. Laisser refroidir et mettre en pots jusqu'au moment de servir.
/€

SIROPS MAISON AUX ÉPLUCHURES DE FRUITS

Pour aromatiser l'eau (plate ou gazeuse) ou le lait, voire un yaourt, sans acheter de sirops « tout faits ».

■ **Aux écorces de citron :** porter à ébullition la peau d'un citron bio coupé en petits morceaux avec 200 ml d'eau et 50 g de sucre, laisser mijoter 15 minutes puis filtrer et mettre en bouteille.
/€

■ **Aux queues de fraises :** récupérer les queues et morceaux de fraise abîmés, porter à ébullition avec 200 ml d'eau et 50 g de sucre, laisser mijoter 15 minutes puis filtrer et mettre en bouteille.
/€

LES 7 AUTRES VIES DE VOTRE PAIN RASSIS

Objectif : ne pas jeter de pain (qu'il est aussi possible de congeler avant qu'il ne soit sec ou rassis).

■ **Pain (de nouveau) frais :** réhumidifier le vieux pain en le frottant largement avec de l'eau, puis le réchauffer rapidement au four très chaud : le pain sera (presque) comme frais (mais attention : pour quelques heures seulement).
/€

■ **Croûtons :** tel quel dans les soupes ou les salades, ou après les avoir fait revenir dans une poêle avec un peu d'huile d'olive.
💪/€

■ **Pain perdu :** fouetter 3 œufs avec 70 g de sucre et 25 cl de lait. Y tremper les tranches de pain. Les cuire à la poêle dans du beurre en les faisant dorer de chaque côté. Déguster avec du sucre ou de la confiture.
💪/€

■ **Croque-monsieur :** faire tremper les tranches de pain de mie sèches dans un mélange de lait et d'œuf battu, ajouter jambon et fromage, puis passer au four ou à la poêle.
💪/€

■ **Tartines apéritives :** découper le pain rassis en tranches fines, faire griller, puis frotter avec de l'ail. À servir tartinées de *houmous* *(recette p. 155)*, de tapenade ou de purée de tomates relevée aux herbes de Provence.
💪/€

■ **Chapelure :** réduire le pain coupé en petits morceaux dans un *blender* (petite vitesse), puis le conserver dans un bocal hermétique. À utiliser ensuite sur un gratin, en crumble sucré ou salé, ou pour paner du poisson.
💪/€

■ **Farine :** la chapelure *(lire ci-dessus)* peut être aussi utilisée en farine (après tout, le pain n'est rien d'autre que de la farine et de l'eau). Dans vos diverses préparations, plutôt que de la farine seule, vous pouvez incorporer 50 % de cette chapelure.
💪/€

SALADES : FABRIQUER SON VINAIGRE DE (RESTES) DE VIN OU DE (TROGNONS ET PELURES) DE POMMES

Nul besoin forcément d'un vinaigrier (en grès, prix : 60/70 euro neuf mais on en trouve à des prix inférieurs en vide-greniers), qui peut être remplacé par un récipient opaque fermé (pot en terre cuite, céramique ou grès).

■ **Vinaigre de vin :** verser du vin rouge (si possible jeune : il produira du vinaigre plus rapidement) dans le vinaigrier et déposer la mère de vinaigre de vin rouge en surface. Celle-ci doit surnager. Fermer le vinaigrier, puis laisser fermenter pendant 2 à 3 mois dans une pièce à 20 °C.
Autre possibilité sans mère de vinaigre de vin rouge : ajouter à son vin 1/3 de vinaigre bio non pasteurisé. La mère se formera toute seule après quelques semaines.
N.B. : on peut remettre au fur et à mesure du vin rouge dans sa préparation, mais bien veiller à ce que la mère de vinaigre continue de surnager.
/€€

■ **Vinaigre de pommes :** remplir un bocal avec les trognons, pelures et pépins de pommes, ajouter 2 c. à s. de sucre et couvrir d'eau. Couvrir d'un tissu fin retenu par un élastique ou une ficelle. Laisser reposer 2 semaines à température ambiante en remuant tous les 2 jours. Filtrer le liquide trouble obtenu et recouvrir de nouveau d'un tissu fin. Laisser reposer 5 semaines.
/€

PURÉE VITAMINÉE POUR LES ENFANTS

La plupart des épluchures peuvent être mixées dans une purée de pomme de terre. Double avantage pour vos enfants : leur apporter des vitamines et leur faire découvrir (en douceur) de nouveaux goûts.
Astuce : pas trop d'épluchures mixées dans la purée au départ afin de ne pas les rebuter ; augmenter les proportions progressivement.
/€

15
Mieux conserver ses aliments

C'est un incontournable de ce qu'on appelle la « cuisine zéro déchet » (en tout cas son objectif) : conserver au mieux ses aliments, jeter le moins possible… mais cela passe déjà par l'adoption de meilleures pratiques pour nos réfrigérateurs et congélateurs.

RÉFRIGÉRATEURS ET CONGÉLATEURS : MIEUX LES UTILISER

Ce sont les deux appareils qui consomment le plus d'électricité à la maison (en dehors du chauffage quand il est électrique) : 32 % de notre facture totale. Motif : contrairement aux autres, ils fonctionnent 24h/24, mais ils sont aussi par nature énergivores (refroidir dans un environnement plus chaud).
Objectif : limiter notre consommation électrique grâce à de petits conseils tout simples. De plus, c'est excellent pour la santé et la durée de vie des appareils.

FAIRE LES BONS CHOIX
NEUF OU RECONDITIONNÉ, ACHETEZ MALIN !

Un appareil adapté à sa consommation

Plus le réfrigérateur et le congélateur sont grands, plus ils consomment : inutile, donc, si l'on n'en n'a pas l'utilité (familles nombreuses) d'acheter un grand réfrigérateur – il tournera à vide. Même si cela peut être tentant, éviter donc de craquer pour un « frigo américain » géant, très gourmand en électricité.
Le volume du frigo doit être simplement adapté au nombre de personnes du foyer : 100-150 l (1 personne), 150-250 l (2-3) ou 250-350 l (3-4).
/€€

■ Si on a de la place : réfrigérateur et congélateur séparés, mieux que le combiné

Les deux premiers, achetés séparés, sont certes plus chers, mais ils sont moins énergivores (env. - 20 % pour le même volume).
💪💪💪/€€€

■ Se fier aux « étiquettes énergie »

Notes de A (les plus performants) à G (les plus gaspilleurs) : ce sont les mêmes que pour les autres appareils électroménagers (*lire chapitre 5*).
💪/€€

CHOISIR LE BON EMPLACEMENT POUR SON FRIGO

On n'y pense pas ou peu, à tort. Cette grosse machine qu'est le frigo nécessite, si on le peut, un placement adapté. Objectif : éviter de trop le chauffer, donc de l'user.

■ **En l'éloignant d'une fenêtre ensoleillée**. *Il devra produire plus de froid, donc consommer plus d'électricité. Lui trouver si possible une place à l'ombre.*
💪💪/€

■ **En l'éloignant des autres sources de chaleur**. *Veiller à le tenir éloigné des fours, plaques chauffantes, etc.*
💪/€

■ **En laissant un espace (10 cm) entre la grille arrière et le mur**. *Respecter cet écart afin de ne pas entraver l'évacuation de chaleur, et éviter ainsi dysfonctionnements et usure.*
💪/€

DANS LE FRIGO OU LE CONGELATEUR

Comme pour la voiture, il existe quelques règles de bonne conduite pour les appareils de froid.

■ La bonne température pour votre appareil

Réfrigérateur : + 4 °C.
Congélateur : – 16 à – 18 °C.
N.B. : En hiver, s'il fait un peu frais dans la cuisine, possibilité de remonter un peu la température : 1 à 2 °C pour le frigo ; 2 à 3 °C pour le congélateur.
💪/€

■ Retirer les emballages des produits

Au frigo comme au congélateur, plastiques et cartons « pompent » inutilement de l'énergie pour être refroidis (et c'est plus propre de les retirer).
💪/€

■ Veiller à ce qu'ils soient bien remplis

Plus un frigo ou un congélateur est plein, moins il consomme. Les températures se stabilisent quand ils sont remplis environ aux trois quarts.
💪💪/€

■ Au frigo, placer les produits au bon endroit

La température et l'humidité varient selon ses différents emplacements. Afin d'optimiser l'efficacité du frigo, bien placer ses produits aux bons endroits (ce qui permet en outre de mieux les conserver).
Fruits et légumes : en bas, dans le bac à légumes.
Produits cuits : au milieu.
Laitages, viandes, poissons crus : en haut.
Œufs, beurre, boissons et condiments : dans la porte.
💪/€

LES 3 RÉFLEXES ANTI-DÉPERDITIONS DE FROID

Ces trois petits gestes combinés peuvent permettre une baisse de la consommation de son frigo d'environ 5 %.

■ **N'ouvrir les portes que lorsque c'est vraiment nécessaire.** Sinon le compresseur se déclenchera pour combler la chaleur entrante, d'où une plus grande consommation d'énergie.
/€

■ **Ne pas y placer de plats encore chauds ou tièdes.** Mêmes raisons que ci-dessus. Lorsqu'on va se coucher, laisser refroidir son plat à température ambiante, recouvert d'un torchon ou d'une assiette, puis le placer au frigo le lendemain matin.
/€

■ **Décongeler ses aliments au frigo... pour le refroidir**
C'est plus long, mais en « refroidissant » ainsi le frigo, cela permet de maintenir sa basse température tout en consommant moins d'énergie. C'est aussi le mode de décongélation « douce » recommandé par les cuisiniers.
/€

4 ASTUCES POUR DÉSODORISER SON RÉFRIGÉRATEUR

Mieux que les produits ménagers, certains produits naturels absorbent les odeurs. Mode d'emploi :

■ **Avec du marc à café :** *dans une coupelle ou un petit bocal à placer dans son frigo (à changer tous les 3 mois).*
/€

■ **Avec des feuilles de thé (infusées et séchées) :** *idem que pour le marc à café.*
/€

■ **Avec du citron :** *soit un demi-citron avec sa pulpe posé dans une coupelle, soit 3 ou 4 écorces de demi-citron sans pulpe, réparties dans différents endroits (à changer tous les 15 jours).*
💪/€

■ **Avec du bicarbonate de soude :** *une à deux coupelles remplies (à changer tous les 3 à 4 mois).*
💪/€

LA REVISION DES 6 MOIS

Là encore, comme pour la voiture, réviser nos appareils de froid prolongera leur durée de vie.

■ Dégivrer

Frigo ou congélateur : une couche de givre de seulement 3 mm d'épaisseur augmente la facture d'électricité de 30 % !
Si votre réfrigérateur ne dispose pas de l'option « dégivrage automatique », penser à le dégivrer tous les 6 mois (ou au moins quand on atteint 2-3 mm de givre sur les parois). Non seulement il consommera moins d'électricité, mais cela prolongera sa durée de vie.
Pour le congélateur : dégivrage tous les six mois également.
💪💪/€

■ Tester l'étanchéité

Si le joint n'est pas étanche, le frigo ou congélateur va « tourner » plus fort afin de créer davantage de froid, donc consommer davantage d'électricité. Penser donc régulièrement à tester l'étanchéité autour des ouvertures, en tentant de faire passer une feuille de papier entre le joint et la porte : si l'on n'y parvient pas, c'est que tout va bien !
Dans le cas contraire : faire changer le joint (par un spécialiste, ou tutos sur Internet).
💪/€

■ Penser à dépoussiérer la grille arrière du frigo

Pour produire du froid, un réfrigérateur dégage de la chaleur à l'extérieur, qui est évacuée par la grille située à l'arrière de l'appareil. Si celle-ci est encrassée (poussière notamment), la chaleur sera mal évacuée, provoquant une augmentation de sa consommation électrique et une usure prématurée.

Comment procéder : après avoir débranché le frigo, dépoussiérer la grille (attention : fragile) avec un aspirateur et/ou un pinceau.

À répéter tous les 6 mois.

/€

FRIGO DU DÉSERT (ZEER POT), LE FRIGO SANS ÉLECTRICITÉ

Ce mini-réfrigérateur naturel (conservant à 7 °C max.) fonctionne sans électricité. Il nécessite deux pots en terre cuite (de type pot de fleur) de diamètres différents : un grand et un petit. Placer le petit (contenant les aliments à conserver au frais) dans le grand, insérer du sable mouillé froid dans l'espace entre les deux pots, puis recouvrir le tout d'un linge humide. Sous l'effet de la chaleur, l'eau contenue dans le sable s'évapore et, en s'évaporant, évacue avec elle la chaleur contenue dans le petit pot.

Arroser régulièrement le sable d'eau fraîche afin qu'il reste humide.

/€

BIEN CONSERVER SES ALIMENTS

Tous les aliments ne se conservent évidemment pas de la même manière. Astuces et meilleure organisation pour ne plus jeter de nourriture.

NE PAS NETTOYER SES FRUITS ET LÉGUMES IMMÉDIATEMENT

Après avoir fait vos courses, et si vous ne les consommez pas immédiatement, ne nettoyez pas immédiatement vos fruits et légumes : la couche de terre ou de sable qui les entoure les font durer plus longtemps et leur conserve mieux leurs vitamines.

En revanche, avant de les cuisiner, rincer les fruits et les légumes. S'ils ne sont pas bio, faites-les tremper 15 min dans l'eau avec 1 c. à s. de bicarbonate alimentaire avant de les frotter.
💪/€

QUELS FRUITS ET LÉGUMES ACCOLER POUR RALENTIR (OU ACCÉLÉRER) LEUR MÛRISSEMENT

Beaucoup l'ignorent, mais certains fruits et légumes produisent naturellement un gaz appelé « éthylène ». D'autres y sont sensibles et mûrissent plus rapidement à leur contact.
Rien de plus simple donc pour ralentir ou accélérer le mûrissement de vos fruits et légumes : il suffit d'accoler, ou pas, les premiers aux seconds.
Fruits et légumes produisant de l'éthylène : avocats, bananes, melons, pastèques, mangues, pommes, prunes, raisins, tomates, oignons.
Fruits et légumes dont le mûrissement est accéléré par l'éthylène : asperges, concombres, kiwis, pastèques, laitues, carottes, poires, brocolis, tomates, pommes de terre.
💪/€

FRUITS ABÎMÉS : QUE FAIRE ?

Dans une corbeille de fruits, veiller d'abord à retirer (ou à manger en priorité) les fruits trop mûrs avant qu'ils n'abîment les autres.
Lorsque certains sont trop abîmés : si vous en avez beaucoup, faire une compote ou de la confiture avec la partie abîmée ; sinon jeter (si possible au compost, lire chapitre 31) les parties trop abîmées et consommer le reste.
Idem pour les légumes abîmés.
💪💪/€

CE QUE L'ON PEUT CONSOMMER « PÉRIMÉ »

Ne pas confondre « date limite de consommation » (DLC : « à consommer avant le... ») et « date de durabilité minimale » (DDM, « à consommer de préférence avant le... »).
Dans le premier cas (DLC), si la date est dépassée, ne pas prendre de risques et jeter le produit. Dans le second cas (DDM), les aliments peuvent avoir moins de goût ou de vitamines, mais ils ne sont pas dangereux pour autant : il est tout à fait possible de les manger quelques jours plus tard, voire beaucoup plus :
Conserves, surgelés, produits secs : plusieurs années après la DDM.
Chocolat : jusqu'à 2 ans après la DDM.
Yaourts : jusqu'à trois mois après la DDM.
Lait (non entamé) : jusqu'à 2 mois après la DDM.

BEURRE SALÉ : JUSQU'À... UN AN !

Le sel agissant comme un conservateur, il évite au beurre de rancir comme le beurre doux. Ce dernier peut se conserver deux mois, le beurre salé ou demi-sel jusqu'à... un an !
/€

Fromages : jusqu'à 2 semaines après la DDM.
Œufs : jusqu'à 7 à 10 jours après la DDM (si conservés au frais). En cas de doute, les plonger-dans de l'eau froide : s'ils remontent, les jeter.
Les aliments qui ne périment jamais !
Cacao en poudre ; Café soluble ; Épices, sel ; Farine, fécule ; Miel ;
Légumes secs (haricots secs, pois chiches, lentilles, fèves) ;
Pâtes (hors pâtes fraîches) et riz ;
Poissons en boîte (thon, sardines, maquereaux) ;
Sirop d'érable ; Sucre.
/€

PAIN : LE RÉFLEXE TORCHON HUMIDE...

Pour le conserver plus frais plus longtemps, entourer son pain d'un torchon légèrement humide.

💪/€

... OU LE CONGÉLATEUR

Dans ce cas, si vous le décongelez au four (très chaud, pour l'y faire passer très vite avant qu'il ne durcisse), frottez au préalable votre pain avec de l'eau.

💪/€

BOISSONS GAZEUSES, MIEUX CONSERVER LES BULLES

C'est tout simple : une fois entamées, conserver votre bouteille d'eau gazeuse (si possible faite maison, *lire chapitre 11*) dans votre réfrigérateur la tête en bas !

💪/€

PRIVILÉGIER LES EMBALLAGES EN VERRE

Certes souvent plus chers que les boîtes de conserves en métal (et les emballages en carton), les emballages en verre, réutilisables à l'infini, sont la meilleure solution pour conserver et congeler.
Pots de miel, confitures, compotes, conserves en bocaux, etc. Ne pas les jeter, donc, après utilisation. Ou en tout cas en garder un maximum : ils trouveront toujours leur utilité (y compris pour d'autres usages que la cuisine).

💪/€€

MIEUX QUE LE PAPIER ALU OU LES FILMS PLASTIQUES

Objectif : remplacer son papier alu ou film plastique à usage unique. Outre les bocaux en verre, un bol recouvert d'une assiette ou d'anciens contenants en plastique, plusieurs solutions existent.

■ **Les charlottes couvre-plats :** on trouve désormais ces cercles de tissus lavables de différentes tailles dans (presque) tous les supermarchés, ainsi que dans les épiceries zéros déchet et sur Internet. Loin d'être données, l'idéal est de les fabriquer soi-même à partir de tissus en coton et d'un élastique (tutos sur Internet).
Prix : entre 5 et 10 euros (à l'unité, selon la taille)
💪💪/€€

■ **Les tissus cirés à la cire d'abeille (bee wrap) :** cette version lavable du film alimentaire est certes pratique, et se trouve aisément en supermarché, mais elle est souvent chère. Et pas si facile à fabriquer soi-même (tutos sur Internet).
NB : ne les laver qu'à l'eau froide.
Prix : entre 15 et 20 euros (par trois, de tailles différentes).
💪/€€

CE QUI SE CONSERVE AU FRIGO...

Tous les aliments, loin de là, n'ont pas besoin d'être conservés au réfrigérateur. Mais c'est une absolue nécessité pour certains :

Viande, poissons : dans une boîte en verre étanche. Conservation : 4 à 5 jours (jusqu'à une semaine pour la viande rouge).
Salade : placer les feuilles lavées et essorées dans un torchon rangé dans une boîte en verre. Se conserve 5 jours.

RÉVEILLEZ VOS SALADES !

Si malgré tous vos efforts, votre salade est un peu « mollassonne » au moment de l'utiliser, la faire tremper au moins 10 min dans une eau glacée, puis essorer. À consommer immédiatement.

💪/€

Ail et oignons déjà épluchés : à condition d'être conservés dans une boîte hermétique au réfrigérateur, ils peuvent être conservés épluchés plusieurs jours avant d'être consommés.
Pratique pour cuisiner rapidement et s'éviter des odeurs un peu fortes sur les mains peu avant de passer à table.
Citrons, courgettes : dans des contenants en verre fermés remplis d'eau. À condition de changer l'eau régulièrement, les citrons peuvent être conservés jusqu'à 3 mois.
Concombres (entamés) : la partie à nue dans un peu d'eau.
Oignons nouveaux : les racines dans l'eau.
Poireaux, céleri, blettes, brocolis : dans un bocal avec un fond d'eau.
Radis, carottes : dans un bocal, les fanes immergées dans l'eau.

... ET CE QUI SE CONSERVE À L'AIR LIBRE

Beurre : dans un placard à l'abri de la chaleur (dans un beurrier à eau, appelé aussi beurrier breton, en grès ou en porcelaine).
Fruits, légumes, fromages, œufs... : dans un endroit frais et sec (le mieux : dans une cave).
Miel, huiles (sauf colza), chocolat, pâtes, riz, etc. : jamais dans le frigo (le chocolat, par exemple, devient blanc). Une seule exception : l'huile de colza une fois ouverte.
Oignons non épluchés : dans un contenant type boîte à chaussure rempli de sable humide.

POUR AMÉLIORER ENCORE LEUR CONSERVATION (À L'AIR LIBRE)

La conservation de certains produits à l'air libre peut être encore prolongée. Voilà comment.

Ail, échalotes : *dans un sac en tissus ou en papier (plus c'est sombre, mieux ils se conservent).*

Fromage : *sous une cloche (si possible dans son papier d'emballage).*

Pommes de terre : *dans un sac en papier ou du papier journal.*

Astuce pour ralentir leur germination : glisser une pomme fruit au milieu.

/€€

■ Le réflexe congélateur pour des fruits et légumes de saison… toute l'année

Si les fruits et légumes conservés au réfrigérateur perdent assez rapidement (2 jours) une part importante de leurs vitamines, ils en conservent l'essentiel s'ils sont surgelés très vite.

/€

■ Penser aux glaçons d'herbes aromatiques…

On peut conserver ses herbes aromatiques dans de l'eau (ou de l'huile d'olive) que l'on place dans un bac à glaçons au congélateur.

Une bonne habitude à prendre, donc, si l'on possède un gros congélateur : congeler ses fruits et légumes de saison en quantité afin de pouvoir en profiter toute l'année (et s'éviter ainsi la tentation d'en acheter hors-saison, *lire chapitre 9*).

/€

■ … et aux étiquettes (si possible sans colle)

Un conseil pour s'y retrouver plus facilement : coller une étiquette sur ses bocaux avec le nom du produit, son nombre de parts, et sa date de mise en congélation.

Pour une étiquette écolo : coller son papier avec une fine couche de lait ou un mélange d'eau et vinaigre. Appuyer et laisser sécher. En fin d'utilisation, l'étiquette se détache à l'eau tiède.
Autre possibilité : fabriquer sa colle maison en mixant un blanc d'œuf avec quelques coquilles (placer ensuite la colle dans un pot bien fermé).
💪💪/€

DURÉES CONSEILLÉES DE CONGÉLATION

On l'ignore souvent, mais la plupart des produits que nous plaçons au congélateur ont une durée de congélation « conseillée », auquel il est mieux de penser : certes il est possible de les conserver bien plus longtemps, mais pas indéfiniment, et pas sans conséquence sur leur goût, texture, et qualités nutritionnelles (perte de vitamines).

Bœuf, volailles : 12 mois
Fruits frais : 10/12 mois
Légumes frais : 10/12 mois

CONGELER LES BLANCS D'ŒUF NON-UTILISÉS

Les blancs d'œufs non-utilisés peuvent être congelés pour une utilisation ultérieure. Décongelés, ils seront comme frais.
💪/€

Veau, porc : 6/8 mois
Poisson blanc (daurade, sole, etc.) : 6 mois
Pain : 6 mois
Gâteaux (sans crème) : 4 mois
Saumon, thon : 3 mois
Aliments cuits : 3 mois

16
Mieux laver sa vaisselle

Contrairement à une idée reçue, on utilise 2 à 3 fois moins d'eau pour faire sa vaisselle avec un lave-vaisselle (plein, évidemment) qu'en la lavant à la main. Dans les deux cas il est aussi possible d'utiliser moins d'eau, d'éviter les produits trop chimiques et de diminuer les emballages. Tout en dépensant moins.

LAVE-VAISSELLE : BIEN LE CHOISIR, BIEN L'ENTRETENIR, BIEN L'UTILISER

Plus de 60 % des foyers en sont équipés. C'est le poste numéro un, de loin, pour la vaisselle. Raison de plus pour en prendre soin et l'utiliser de manière plus écologique et plus économique.

BIEN LE CHOISIR

Se fier notamment aux étiquettes énergie et aux bons labels (lire chapitre 5) valables pour tous les appareils électroménagers.
Prix : de 300 à 500 euros
💪/€€

BIEN L'ENTRETENIR

Un appareil encrassé ou entartré consomme davantage et s'use plus vite. Comment y remédier ?

■ **Avant chaque lavage, vérifier l'alimentation en eau.** Si le filtre du lave-vaisselle est obstrué, la pompe de cyclage ne peut pas correctement pomper l'eau et la faire circuler dans la cuve.
💪/€

■ **Nettoyer de manière préventive le filtre et les pales.** Si possible chaque semaine.
💪/€

■ **Faire tourner à vide (une fois par mois) avec un verre de vinaigre blanc.** Pour éliminer les résidus de calcaire.
Autre possibilité : un nettoyant spécialisé.
💪/€

BIEN L'UTILISER

Mode d'emploi de l'utilisation au quotidien de son lave-vaisselle.

■ **Avant de le remplir, débarrasser la vaisselle sale de ses déchets.** Pour les plats très gras avant lavage : une goutte de savon noir.
💪💪/€

■ **Ne le mettre en marche que lorsqu'il est rempli**
💪/€

■ **Utiliser le mode « éco »** (qui allonge le temps du cycle, mais abaisse la température de l'eau). Économies d'énergie réalisées : jusqu'à 45 %.
💪💪/€

■ **Pour une vaisselle peu sale, opter pour le cycle « express »** (30 min seulement). Votre consommation d'eau et d'électricité baissera jusqu'à 50 %.
💪💪/€

■ **Ajouter du sel régénérant** (évite les traces blanchâtres sur la vaisselle) + du vinaigre blanc (ou liquide rinçage).
💪/€€

■ **Évacuer l'humidité après lavage** *en ouvrant la porte du lave-vaisselle dès que le lavage est achevé.*
💪/€

FABRIQUER SON LIQUIDE POUR LAVE-VAISSELLE...

À utiliser dans les mêmes quantités que les produits achetés dans le commerce.

■ **Avec de la cendre de bois.** Mélanger 2 verres de cendre (tamisée) dans un litre d'eau bouillante, laisser reposer une journée en remuant de temps en temps, puis filtrer avec une passoire fine et conserver dans une bouteille.
💪💪/€

■ **Avec du savon noir.** Mélanger 800 ml d'eau bouillante avec 4 c. à s. de savon noir liquide, 3 c. à s. de vinaigre blanc et 3 c. à s. de cristaux de soude.
💪💪/€

... OU SA POUDRE POUR LAVE-VAISSELLE

Dans un bocal en verre, mélanger 100 g d'acide citrique, 100 g de cristaux de soude, 100 g de bicarbonate et 100 g de gros sel (non raffiné).
💪💪💪/€

LIQUIDE OU POUDRE POUR LAVE-VAISSELLE ACHETÉ EN MAGASIN : COMMENT LES CHOISIR ?

À défaut de les fabriquer soi-même (lire ci-dessus) quelques conseils pour moins gaspiller (emballages, notamment) et moins dépenser.

■ **Liquide.** Afin d'éviter le gaspillage d'emballage, penser au vrac ou aux recharges : 1 recharge de 1 l permet d'économiser 65 % de plastique (par rapport à deux flacons de 500 cl).
💪/€

- **Poudre.** Éviter les tablettes et pastilles qui sont enveloppées dans un film plastique (et qui sont en outre plus chères). Opter, si possible, pour une poudre certifiée par le label Ecocert.

💪/€

COMMENT REMPLACER LE SEL RÉGÉNÉRANT...

Pour lutter contre le calcaire.

- **Avec du gros sel.** Non raffiné.

💪/€

... ET LE LIQUIDE RINÇAGE

Pour un meilleur séchage et améliorer la disparition des traces de calcaire.

- **Avec du vinaigre blanc.** À verser en même quantité dans le bac de rinçage.

💪/€

- **Avec de l'acide citrique.** Dans une bouteille, mélanger 2 c. à s. d'acide citrique avec 1 l d'eau. À verser en même quantité dans le bac de rinçage.

💪/€

VAISSELLE À LA MAIN : MIEUX LAVER, MOINS DÉPENSER

Chaque foyer consomme en moyenne 8 à 10 flacons de liquide vaisselle par an, que l'on peut aisément remplacer. Entre autres économies...

VAISSELLE À LA MAIN : LES 6 BONS RÉFLEXES

Méthode utilisée, ustensiles et produits : partout il est possible de faire mieux et moins cher.

■ **Moins d'eau.** Afin de gaspiller le moins possible d'eau, deux options : *Méthode classique* : une dose de produit vaisselle dans un gros volume d'eau chaude, laisser tremper, puis frotter.
Méthode (encore) plus économe : avec une éponge humide et un peu de produit vaisselle, nettoyer TOUTE la vaisselle sans ajouter d'eau. Puis une fois le lavage effectué, rincer TOUT en même temps.
💪/€

■ **Rinçage à l'eau froide.** Plus efficace en outre pour « casser » la mousse.
💪/€

■ **Savon de Marseille (en pain).** Le mieux pour remplacer le produit vaisselle à la main acheté en magasin : un pain de savon de Marseille, sur lequel vous frottez directement votre brosse ou éponge. *Lire chapitre 7.*
Autre possibilité : un savon vaisselle acheté dans le commerce.
Prix : de 3 à 5 euros (un pain de 100 g = 1 l de liquide vaisselle classique).
💪/€

■ **Savon noir (liquide).** Particulièrement efficace pour les plats très sales et très gras : poêles, friteuses, etc. *Lire chapitre 7.*
Autre possibilité : liquide vaisselle « tout fait » acheté en vrac. *Lire chapitre 9.*
💪/€

■ **Brosses en bois.** À la place des brosses en plastique jetables, préférer celles en bois avec tête interchangeable.
Prix : de 3 à 5 euros (contre env. 3 euros en plastique jetable / + env. 1,70 euros par tête de rechange)
💪/€€

■ **Éponges lavables.** Plutôt que des éponges synthétiques et jetables, utiliser des éponges écologiques lavables (passant en machine à 60 °C). Par rapport à une éponge jetable, ce simple geste permet une économie d'environ 60 euros par an !
NB : certaines éponges lavables disposent d'une face absorbante en coton biologique et d'une face « grattante » en coton nid d'abeille.
Prix : env. 8 euros (durée : un an) - Exemple : marque française INGA
/€€

■ **Éponges biodégradables.** Constituées de matériaux naturels (cellulose de pâte de bois pour la partie éponge, mélange de coques dures de noix et de noyaux de fruits pour la partie qui gratte), elles sont plus chères à l'achat, mais 100 % compostable en fin de vie.
Prix : env. 3 euros (durée : 6/8 mois).
/€€

17
Mieux dans sa salle de bains

C'est la pièce de la maison qui consomme le plus d'eau (150 l par personne et par jour au total) mais elle est également une source importante de dépenses en énergie (eau chaude, chauffage, éclairage, mais aussi sèche-cheveux ou brosse à dents électrique...). Objectif : économiser eau et électricité, sans s'en rendre compte. Idem pour les sanitaires où, là aussi, on peut éviter de gaspiller l'eau.

DANS LA SALLE D'EAU

LA BONNE TEMPÉRATURE POUR NOTRE SALLE DE BAIN...

C'est tentant le matin, surtout l'hiver, d'allumer le chauffage à fond mais on se réchauffe vite avec l'eau de la douche.

■ Température idéale pendant la toilette : 22°C

Mais celle-ci peut être aisément baissée d'un degré. Économie énergétique réalisée avec ce simple geste : 7 %.
Quand la pièce est inutilisée, baisser à 16-17 °C.
💪/€

■ ... sans forcément allumer le chauffage

Plutôt que d'allumer tout le chauffage de la maison, investissez dans un radiateur rayonnant *(lire chapitre 2)* ou un sèche-serviette électrique (de 80 à 100 euros), faciles à installer et chauffant aussi la pièce, surtout si celle-ci est petite comme la mienne. Dans ce cas, un chauffage n'est pas toujours indispensable : avec la chaleur de la douche, la pièce, en effet, se réchauffe vite.

N.B. : un excès d'humidité, qui absorbe la chaleur, rend le chauffage plus difficile. Raison de plus pour aérer particulièrement les pièces d'eau.

/€

OPTIMISER SON CHAUFFE-EAU

Trois bons réflexes pour mieux le choisir et l'utiliser

■ Pas de chauffe-eau surdimensionné

Inutile, bien sûr, de changer son chauffe-eau *(lire chapitre 2)*, mais si l'on doit en acheter un nouveau, veiller à le choisir à la bonne dimension : entre 40 et 80 l par personne, en fonction de ses habitudes de vie.

/€

■ Bien régler la température de son chauffe-eau

Inutile de chauffer à 80 °C. Pour un chauffe-eau classique, une température comprise entre 55 et 60 °C est suffisante pour empêcher les germes (qui prolifèrent entre 25 °C et 45 °C).

Pour un chauffe-eau thermodynamique, la température doit être réglée entre 45 et 50 °C, ce qui permet de faire des économies d'énergie conséquentes. Plus cher à l'achat, il consomme entre 3 et 4 fois moins d'énergie qu'un chauffe-eau électrique.

N.B. : en plus de réduire sa consommation d'énergie, bien régler son thermostat permet aussi de retarder l'entartrage de l'appareil.

/€

■ Isoler le chauffe-eau et les tuyaux

Moins de déperdition, c'est plus de chaleur. S'il est installé depuis plusieurs années, isoler son ballon d'eau chaude permet de se rapprocher des normes en vigueur pour les nouveaux matériels. Poser de l'isolant sur le ballon d'eau chaude lui-même, mais aussi les tuyaux de sortie et d'arrivée d'eau, ainsi que le robinet, réduit jusqu'à 15 % sa consommation d'énergie.

N.B. : si vous faites réaliser ces travaux par un professionnel, vous pouvez bénéficier du crédit d'impôt pour la transition énergétique *(lire en annexe).*
Prix : entre 5 et 10 euros le mètre linéaire d'isolant (dans tous les magasins de bricolage).
💪💪💪/€€

RÉDUCTEURS DE PRESSION

Placé en amont de toute la distribution d'eau, juste après le compteur, cet appareil autonome se raccorde au tuyau et diminue ainsi la pression de l'eau qui le traverse. Une pression réduite de moitié entraîne une baisse de débit d'environ 30 %.
Prix : à partir de 30 euros (et jusqu'à plus de 120 euros).
💪💪/€€

ROBINETS AU TOP

Entretien et bons achats pour ne pas gaspiller

Robinets : petites fuites, grosses dépenses

La simple fuite d'une goutte d'eau par seconde sur un robinet peut engendrer un gaspillage de 4 l par heure – soit jusqu'à 120 l d'eau par jour ! En plus de faire gonfler la facture, l'impact sur l'environnement est énorme : une perte de 100 l par jour correspond aux deux tiers de la consommation d'eau moyenne d'une personne par foyer.
Bien surveiller, donc. Et remplacer, ou faire remplacer, le joint défectueux (responsable de la plupart des fuites) le plus rapidement possible.
💪💪/€

Robinets mitigeurs thermostatiques

Privilégier les robinets thermostatiques pour la douche et la baignoire (ses deux poignées règlent, l'une la température de l'eau, l'autre le débit). Ce dispositif génère 30 % d'économie par rapport à des

mélangeurs standards à deux robinets : le temps pris pour le réglage de la température engendre en effet un gaspillage d'eau loin d'être négligeable.
Prix : à partir de 40 euros.
/€€

POUR NE PAS LAISSER COULER (INUTILEMENT) L'EAU DE LA DOUCHE

Outre le mitigeur (lire ci-dessus) d'autre solutions existent : pour baisser le débit, et pour récupérer l'eau.

■ **Le plus facile : le stop-douche.** Si la douche n'est pas équipée de mitigeur, ce petit appareil intermédiaire vissé entre le robinet principal et le tuyau permet d'interrompre le débit de la douche pour se savonner sans modifier les réglages de température.
Prix : env. 6 euros.
/€

■ **Pour les plus motivés : récupérer l'eau** dans un petit seau le temps qu'elle atteigne la bonne température (et s'en servir pour arroser ses plantes ou laver la vaisselle).
/€

LIMITER LE DÉBIT DE L'EAU (SANS S'EN RENDRE COMPTE)

Un litre d'eau coûtant environ 0,3 centimes d'euros, un limiteur de débit réduisant de 50 % sa consommation permet d'économiser près de 30 euros par mois pour un foyer de quatre personnes.

■ **Mousseurs (ou aérateurs) de robinets.** Dits aussi réducteur-aérateur, régulateur de jet ou économiseur d'eau, ils injectent de l'air dans l'eau, donc en consomment moins. D'un prix modique et faciles à installer (se fixent à la sortie des robinets), ils permettent d'économiser entre 30 et 50 % de la consommation d'eau par robinet. Il en existe

plusieurs modèles, plus ou moins perfectionnés, mais dont les résultats sont approchants : le mousseur classique fait parfaitement l'affaire. *N.B.* : les robinets neufs en sont déjà la plupart du temps équipés.
Prix : entre 1 et 10 euros l'unité.
/€

■ **Pommes de douche économiques.** Aussi appelées « douchettes à turbulence », elles compriment l'eau avant de l'éclater en fines gouttelettes, réduisant ainsi le débit à 8/10 l d'eau par minute (contre 20 l pour une pomme de douche classique, soit env. 50 % de moins), tout en maintenant la même qualité de confort : la baisse de débit est à peine perceptible.
Prix : à partir de 15 euros.
/€

■ **Régulateur de débit sur pommeau de douche.** Moins performant qu'une pomme de douche économique *(lire ci-dessus)*, il se positionne entre le robinet et le flexible et réduit le débit à env. 12 l par minute.
Prix : à partir de 5 euros.
/€

LAVER LA BAIGNOIRE ET LE LAVABO À L'EAU FROIDE

Si vous le faites immédiatement, c'est tout aussi efficace qu'avec de l'eau chaude... sans gaspiller d'eau chaude !
/€

ET BIENTÔT, LA DOUCHE CYCLIQUE...

Mise au point par l'entreprise Ilya, pour une commercialisation prévue en 2025, la douche cyclique, équipée d'une pompe, va récupérer l'eau avant son évacuation, la filtrer, la stériliser et la réchauffer à température ambiante avant de la réintroduire dans le système de douche. En clair, la même quantité d'eau est utilisée en boucle et recyclée au fur et à mesure que l'usager prend sa douche.

Elle permet d'utiliser seulement 5 à 10 l d'eau par douche (contre 60 à 80 pour une douche classique).
Renseignements : *ilya-tech.fr*.

DANS LES TOILETTES

« Petit coin », grands enjeux : nous nous rendons en effet aux toilettes en moyenne 4 à 5 fois par jour (et y passons 3 ans de notre vie au total !). Or, chaque chasse d'eau tirée consomme 9 l d'eau (36 l/jour), soit 20 % de notre consommation globale annuelle.
S'il est évidemment impossible d'éviter le passage dans ces lieux, quelques astuces (en plus de la plus connue : faire pipi sous sa douche le matin) nous permettent en revanche d'économiser facilement une partie de l'eau.

■ Le B.A.-BA : une chasse d'eau à double-flux

Utiliser le petit volume permet d'économiser 6 l d'eau par chasse d'eau (3 ou 6 l au lieu de 9 à 12). Pour les toilettes qui n'en sont pas équipées, il s'agit d'un investissement non-négligeable, mais extrêmement rentable.
Prix : à partir de 30 euros.
💪💪/€€

■ Comment (encore) réduire le flux d'eau

Placer une ou deux bouteilles remplies d'eau (1 ou 1,5 l) dans le réservoir des toilettes pour diminuer sa contenance, donc le flux de la chasse d'eau.
Economies réalisées : 15 % d'eau, soit plusieurs milliers de litres par an.
💪💪/€

Chasse aux fuites

Une chasse d'eau qui fuit, c'est 600 l d'eau gaspillés par jour : plus de deux bains ! Veiller donc à être particulièrement attentif à ces écoulements... et à réparer en cas de problème. La plupart du temps, cela se réalise soi-même sans aucune difficulté (nombreux tutos sur Internet).

/€

Bien entretenir les toilettes

Afin d'éviter les fuites et les toilettes bouchées, veiller, de manière préventive, à ne pas les utiliser pour autre chose : ne jamais, notamment, y déverser d'éléments solides, d'huiles ou de produits corrosifs.

/€

Papier-toilette écolo

Nous utilisons plus de 100 rouleaux de papier-toilettes par an et par personne : autant qu'il soit le moins polluant ! Option possible : le papier toilette sans tube de carton au milieu ou, mieux, le papier écologique 100 % recyclé et sans chlore. Un peu plus cher que les premiers prix, celui-ci coûte environ le prix du papier « ultra confort ».

/€€

TOILETTES AVEC LAVE-MAINS INTÉGRÉ

Si l'on doit changer ses toilettes, ces combinés w.-c. et lave-mains envoient dans le réservoir une partie de l'eau utilisée lorsqu'on se lave les mains. Sachant que le lavage des mains nécessite en moyenne 1 l d'eau, le recyclage de cette eau permet à un foyer de 3 personnes d'économiser pas moins de 12 l d'eau chaque jour, soit près de 4 400 l par an.

Prix : à partir de 280 euros.

/€€€

18
Mieux se laver

40 % de notre consommation d'eau (150 l/j) est utilisée pour l'hygiène corporelle, soit 8 fois plus que pour la génération de nos grands-parents. S'il n'est bien sûr pas question de moins se laver, il est en revanche possible, grâce à une addition de petits gestes, d'utiliser (beaucoup) moins d'eau.
Adopter des produits de lavage plus écolos contribue aussi, tout en soutenant des marques françaises, à réduire la pollution.

SOUS LA DOUCHE OU AU LAVABO, ÉCONOMIES D'EAU ET D'ÉNERGIE

Adopter en famille ces bonnes habitudes qui ne coûtent rien permet de faire fondre ses factures d'eau et d'énergie.

■ **Privilégier la douche au bain.** Une douche = 15 à 20 l d'eau par minute, soit environ 80 l pour une douche de 5 min, contre 150 l pour un bain : presque deux fois moins ! Sans compter l'énergie utilisée… Penser donc à réserver son bain, comme le champagne, pour les grandes occasions.
/€

■ **Moins de temps sous la douche.** 4 à 5 minutes suffisent amplement à se réveiller (surtout si elle n'est pas trop chaude !) et à se laver. S'équiper, si besoin, d'un sablier de douche (à partir de 1 euro). Et puis, pour se prélasser – c'est trop bon ! –, s'autoriser quelques minutes de plus le week-end.
Pour sensibiliser les ados au temps passé, une astuce : une douche dure le temps d'une chanson !
/€

■ **Pendant sa toilette, ne pas laisser couler l'eau en continu.** Un robinet qui coule en continu sans utilité gaspille 12 l d'eau par minute.
💪/€

■ **Brossage de dents : la solution du verre.** Plutôt que de laisser trop couler d'eau quand on se rince la bouche, utiliser un verre (dans lequel on peut aussi rincer sa brosse à dents pendant qu'on se lave les dents). Une bonne habitude à prendre, à laquelle on se fait très vite.
💪/€

■ **Se laver les mains à l'eau froide** plutôt qu'à l'eau chaude. C'est tout aussi efficace et même meilleur pour la peau !
💪/€

REMETTRE LE ROBINET SUR LA POSITION « FROID » APRÈS UTILISATION

Si on utilise l'eau chaude, ne pas oublier de recaler le robinet complètement à droite (du côté de la position eau froide) quand on a fini. Cela évite de relancer inutilement le chauffe-eau à chaque fois que l'on ouvre le robinet.
💪/€

LE CORPS

Une évidence à rappeler : ce ne sont ni la mousse ni l'odeur qui lavent. Objectif, donc : remplacer gels douche et savons de mauvaise qualité par d'autres solutions plus efficaces. Dont le « fait maison », beaucoup moins cher, moins polluant, et souvent bien meilleur pour la peau.

ACHETER SI POSSIBLE LES PRODUITS COSMÉTIQUES EN MAGASIN

Dans cette partie et les suivantes, les produits mentionnés sont facilement trouvables, pour l'immense majorité, en supermarché, et aussi bien sûr dans les magasins bio, de vrac, les magasins spécialisés et enseignes indépendantes, les pharmacies et les parfumeries. Les privilégier dans la mesure du possible, plutôt que de commander sur Internet, opération extrêmement énergivore (lire chapitre 25), et qui nécessite de nombreux emballages.

/€

LE TOP : LE SAVON

Moins d'emballage, moins allergisant et plus économique, le savon revient à la mode.

■ Le B.A.-BA : le savon de Marseille

Naturel, biodégradable et bon marché, il est certes moins parfumé que les savons de toilette vendus en magasin, mais est idéal pour le lavage des mains et du corps (attention cependant pour le visage, car il peut être un peu agressif). Il est de plus souvent (beaucoup) moins cher, et s'use moins vite. Important : opter pour le véritable savon de Marseille, et l'acheter si possible en vrac *(lire chapitre 7)*.

N.B. : Pour éviter que le savon reste humide sur le bord de la baignoire et ne s'use trop vite, pensez au porte savon aimanté qui se fixe sur le carrelage du mur (fabriqué en France : prix à partir de 6 euros).

/€

■ Pour les savons parfumés : comment les choisir

Les savons solides non biologiques contiennent autant d'ingrédients nocifs que les savons liquides classiques : privilégier donc vraiment le bio (qui interdit certains ingrédients dangereux pour la santé et l'environnement).

Le top du top en ce domaine (et pas forcément plus cher): les labels et mentions tels que *Nature & Progrès*, *Slow Cosmétique*, *Ecocert* et *Cosmébio* qui apportent encore plus de garanties.
N.B. 1 : privilégier dans la mesure du possible la mention « saponifié à froid » (sans additifs et moins énergivore), que l'on trouve notamment dans les magasins bio.
N.B. 2 : pour le savon d'origine naturelle, penser à acheter local. Liste de près de 800 savonneries artisanales en France, fin 2024 : *couleur-savon.com*.
💪💪/€€

3 ASTUCES POUR UTILISER SES RESTES DE SAVONS

En jetant ses restes de savons, nous gaspillons chaque année l'équivalent d'environ 6 à 10 savons. Comment les réutiliser :

- **Fabriquer un « gant de toilettes » au savon.** *Rassembler les petits morceaux dans un filet « sauve-savon » ou dans un vieux collant, puis utiliser celui-ci à la manière d'un gant de toilette sans rajouter de savon.*
💪/€

- **Fabriquer un nouveau savon.** *Deux possibilités : 1° Récupérer au fur et à mesure et tasser les petits morceaux encore humides dans une boîte, moule ou coquillage (Saint-Jacques), laisser sécher, puis l'utiliser lorsqu'il a atteint le volume désiré. 2° Faire fondre ensemble au bain-marie tous ces morceaux de savon avec un peu d'eau, verser dans un moule et laisser sécher quelques jours.*
N.B. : pour un savon exfoliant, rajouter 1 c. à s. de marc de café.
💪💪/€

- **Parfumer votre linge** *Envelopper les restes de savon bien secs dans une pochette à glisser dans son placard à linge.*
💪/€

SI ON ACHÈTE SON GEL DOUCHE

186 millions de flacons de gel douche (composés à 80 % d'eau) sont achetés, et donc jetés, chaque année en France ! Trois pistes pour limiter l'utilisation du plastique (et dépenser moins):

- **Privilégier les grands formats.** Idéalement par bidon de 5 l (marques Coslys, Solibio, La Fourche, Ce'BIO, etc., dans les magasins bio et savonneries artisanales).
Prix : de 5 à 6 euros le litre (contre env. 10 à 15 euros pour un flacon de 250 ml.)
/€

- **Recharger son flacon** dans un magasin de vrac ou ayant un rayon vrac, ou en se faisant livrer par les enseignes pratiquant la consigne.
Prix : de 5 à 6 euros le litre
/€

- **Acheter des pastilles ou poudres à gel douche** qui se dissolvent dans un flacon avec de l'eau du robinet. Exemples : *900.care*, Le P'tit Geste, Pimpant, Anotherway, Merci Handy, etc.
Prix : de 6 à 10 euros (pour 1 l de gel douche)
/€€

FABRIQUER SON PROPRE GEL DOUCHE : SEULEMENT 3 INGRÉDIENTS ET DE L'EAU !

Si l'on aime particulièrement la texture liquide, il est vrai très agréable, fabriquer soi-même son gel douche (sans acheter de pastilles ou de poudres spéciales, lire ci-dessus) est la solution la plus économique : moins d'1 euro le litre.

Les ingrédients : eau (500 ml), savon (solide) de Marseille (25 g) et glycérine végétale (2 c. à s., en pharmacie). Facultatif (pour parfumer) : 15 gouttes d'huile essentielle (lavande, citron, etc.).

La recette : râper le savon ; dans une casserole, chauffer dans l'eau à basse température (env. 15 min) jusqu'à ce que le savon soit dissous, puis laisser refroidir une heure. Ajouter si besoin l'huile essentielle, bien mélanger et transvaser dans un flacon en verre ou, mieux, dans un flacon à pompe vide de gel douche. Conservation : un mois au réfrigérateur.
N.B. : si le gel semble trop épais, le diluer avec encore un peu d'eau. À l'inverse, pour épaissir, ajouter un peu d'argile blanche.
💪💪/€

> **MARC DE CAFÉ : DANS TOUT ET POUR TOUT !**
> *À utiliser séché, c'est un bienfaiteur pour le corps (et pour la nature). L'un des tanins du marc (la catéchine) possède en effet une action complémentaire à la vitamine C. Il dispose aussi de propriétés anti-radicaux libres, antioxydantes, anti-allergènes et anti-inflammatoires. Il remplace de même avantageusement les microbilles présentes dans certains gels douches et est idéal pour les mains et le cuir chevelu (sans colorer les cheveux), tout en dépolluant les eaux à leur passage. Que demander de plus ? Lire aussi chapitre 20 (« Mieux se pomponner »).*

■ **Gel douche :** rajouter 2 à 3 c. à c. de marc de café dans le flacon de gel douche liquide (250 g). Secouer avant utilisation.
💪/€

■ **Shampoing :** rajouter 1 à 2 c. à c. de marc de café dans le flacon de shampoing liquide (250 ml). Secouer avant utilisation.
💪/€

■ **Gommage pour le corps :** mélanger la même quantité de marc de café et de gel douche.
💪/€

■ **Gommage bonne mine :** mélanger 1 c. à s. de marc de café et 1 c. à s. d'eau, puis verser dans un flacon. À effectuer sous la douche pour

éviter d'en mettre partout. Petit plus : l'hiver, faire sécher ses écorces d'agrumes au mixeur et ajouter au gommage.
💪/€

■ **Anticernes :** même recette que pour le gommage bonne mine, à appliquer autour des yeux. Les cernes dues au manque de circulation sanguine disparaîtront.
💪/€

TOILETTE INTIME : LES 3 ESSENTIELS

S'agissant d'une zone particulièrement fragile, plusieurs recommandations sont à suivre :

Bien vérifier le pH : *cet indicateur mesurant l'acidité ou l'alcalinité (d'un produit ou d'un environnement) est le principal critère à prendre en compte pour bien choisir son savon intime. L'hygiène intime se concentrant uniquement sur la zone de la vulve, on choisira un produit dont le pH est proche (entre 4,8 et 8).*

Important : il est inutile (et même dangereux) de nettoyer le vagin (qui s'auto-nettoie naturellement grâce à la flore vaginale).

Éviter le savon de Marseille : *trop décapant pour les muqueuses.*

Choisir un produit sans parfum, ni parabène, ni colorant : *gel ou savon intime à base d'ingrédients naturels (huile de coco, calendula, aloe vera, etc.).*
💪/€

LES CHEVEUX

Solide ou liquide, bio ou non, la première chose à faire lorsqu'on achète un produit consiste à bien regarder la liste de ses ingrédients. Seconde étape : adopter de bonnes pratiques.

BIEN CHOISIR SON SHAMPOING EN MAGASIN

Comme pour le gel douche, 3 pistes pour réduire les emballages (et payer moins cher son produit) :

■ **Privilégier les grands formats.** Certaines marques vendues en magasin bio proposent des contenants de 1 l, voire 5 l, permettant d'économiser de 30 à 40 %.
/€

■ **Recharger son flacon au vrac**

Économies réalisées : de 40 à 50 %.
/€

■ **Tester les shampoings solides**

Il change certes les habitudes, mais il existe désormais de très nombreux shampoings se présentant sous la forme de pain de savon 100 % naturels moussant autant que les shampoings liquides.
Prix : 20 à 30 euros les 100 g (pour une soixantaine de shampoings, soit de 0,30 à 0,50 euros/shampoing).
/€

SHAMPOINGS : LES 3 INGRÉDIENTS À ÉVITER

Ces recommandations sont également valables pour tous les produits cosmétiques.

Sulfates : *s'ils permettent de laver et faire mousser, il s'agit aussi de détergents puissants qui fragilisent le cheveu et irritent le cuir chevelu. Les termes à éviter dans sa composition : Laurylsulfate de sodium (LSS), Laureth sulfate de sodium (SLES), Sodium lauryl sulfoacetate (SLSA), Laurylsulfate d'ammonium (SLA).*

Silicones : *s'ils apportent de la brillance aux cheveux et les rendent plus faciles à coiffer, ils les ternissent et les empêchent de respirer sur le long terme. À éviter, les composants se terminant par « icone », « iconol » et « siloxane » : Diméthicone, Cyclométhicone, Phenyl triméthicone, Diméthiconol, Cyclohexasiloxane.*

Parabènes : *s'ils ont des propriétés antibactériennes et assainissantes (d'où leur utilité pour la bonne conservation des cosmétiques), certains d'entre eux sont soupçonnés d'être des perturbateurs endocriniens et des*

allergènes. Les termes à éviter dans sa composition : méthylparabène, éthylparabén, propylparabène, butylparabène, isopropylparabène...
N.B. 1 : Quelques conservateurs acceptés en bio, qui sont autant de bonnes alternatives aux parabènes : acide benzoïque, alcool benzylique, acide salicylique, acide sorbique, acide déhydroacétique.
N.B. 2 : pour une sécurité optimale, l'idéal est d'acheter ses produits en savonnerie artisanale et/ou de se fier à certaines marques, telles que Respire, Unbottled, Cattier, Lazartigue, Natessance, etc.
💪💪/€€

POUR LES PLUS MOTIVÉS : COMMENT FABRIQUER SON SHAMPOING

Bien sûr, il fera moins de mousse, mais ça tombe bien : ce n'est pas la mousse qui lave ! Option possible : rajouter du marc de café, excellent pour le cuir chevelu (lire p. 198).

Cheveux secs

Les ingrédients : 40 cl d'eau, 20 g de savon (solide) de Marseille, 1 c. à s. d'huile de ricin, 1 c. à s. de bicarbonate de soude, 10 gouttes d'huiles essentielles de lavande (facultatif).
La préparation : râper le savon de Marseille (ou l'acheter directement râpé), mélanger dans l'eau, puis laissez fondre à feu moyen en remuant (env. 15 min). Laisser refroidir une heure. Verser dans un bocal en verre hermétique, puis ajouter les autres ingrédients. Bien secouer. Si le mélange est trop épais, rajouter un peu d'eau.
💪💪💪/€

Cheveux gras

Les ingrédients : 40 cl d'eau, 20 g de savon de Marseille, 2 c. à s. d'argile verte, 1 c. à s. de bicarbonate de soude, 1 c. à s. d'huile de jojoba, 10 gouttes d'huiles essentielles d'arbre à thé (*tea tree*, facultatif).
La préparation : Idem que pour les cheveux secs *(lire ci-dessus).*
💪💪💪/€

LAVAGE À SEC EXPRESS AVEC UN SEUL INGRÉDIENT...

Pas le temps d'un « vrai » shampoing ? Appliquer un peu de fécule de maïs (la même que pour les crêpes, en vente partout au rayon alimentaire) sur la racine des cheveux (secs), et masser légèrement.
Laisser reposer 3 minutes, secouer et brosser.
Prix : de 10 à 12 euros/kg
💪/€

... ET APRÈS-SHAMPOING AVEC SEULEMENT DEUX !

Dans une bouteille, mélanger 800 ml d'eau et 200 ml de vinaigre de cidre. À utiliser comme avec un après-shampoing classique : masser vos cheveux avec environ 60 ml de ce liquide, puis rincer.
💪/€

QUELLE DOSE ET QUAND?

Conseils pour ne pas agresser le cuir chevelu

■ La bonne dose de shampoing, pas plus

Plus il y a de produits et de mousse, plus les cheveux sont longs à rincer. On a souvent tendance à en mettre trop (surtout si l'on se lave les cheveux souvent).
Quantité recommandée : une noisette suffit.
💪/€

■ Quelle fréquence pour les cheveux normaux, gras et secs...

Si les cheveux normaux et gras peuvent être lavés tous les jours, une à deux fois par semaine, c'est suffisant pour les cheveux plus secs (ça évite de déshydrater et ternir les cheveux).
N.B. : pour les ados, l'excès de sébum nécessite des shampoings plus fréquents.
💪/€

■ ... et pour les cheveux colorés

En cas de colorisation (produits chimiques qui assèchent), les dermatologues préconisent, ce qui n'est pas évident, moins d'un shampoing par semaine afin de prévenir les fourches.
Idem pour les cheveux frisés, que des lavages trop fréquents peuvent rendre secs et cassants.
💪💪/€

SOUS LES BRAS

Dans la mesure du possible, éviter les déodorants en spray, non recyclables, fortement polluants et plus chers.

EN MAGASIN

Privilégier le naturel

■ Sticks ou crèmes 100 % naturels...

Fabriqués en France sous forme de crème ou de stick, ceux-ci sont notamment distribués par les marques Endro, Lamazuna et Aroma-Zone.
Prix : de 25 à 30 euros (100 g).
💪/€

■ ... ou pierre d'alun

Utilisée depuis l'Antiquité, la pierre d'alun naturelle *(alun de potassium)* régule la transpiration sans obturer les pores. Après l'avoir humidifiée, s'utilise directement sur des aisselles propres et sèches.
N.B. 1 : ne surtout pas confondre avec la pierre d'alun dite de synthèse, provenant de l'industrie chimique (sulfate d'aluminium et d'ammonium), dont l'étiquette fait mention d'*alun d'ammonium*.
N.B. 2 : peut aussi être utilisée comme après-rasage pour cicatriser les petites coupures et soigner les boutons d'acné.
Prix : de 20 à 25 euros/kg.
💪💪/€

FABRIQUER SON DÉO : 3 RECETTES EXPRESS

À fabriquer en petite quantité et à conserver dans un petit contenant fermé. Précaution importante : pas d'huiles essentielles chez les femmes enceintes.

■ **Recette n°1 :** 1 pincée de bicarbonate de soude et quelques gouttes d'eau.
/€

■ **Recette n°2 :** 2 c. à s. d'huile de coco, 1 c. à s. de bicarbonate de soude et 2 c. à s. de fécule de maïs. Facultatif : 8 gouttes d'huile essentielle d'arbre à thé (*tea tree*), de lavande ou de palmarosa.
/€

■ **Recette n°3 :** 2 gouttes d'huile essentielle de palmarosa (odeur de rose), la championne toute catégorie de la lutte anti-transpiration (valable aussi pour les pieds), mélangée à de l'aloe vera ou de l'huile de jojoba.
/€

LES DENTS

Chaque Français utilise en moyenne 4,4 tubes de dentifrice par an, soit environ 295 millions de tubes de dentifrices consommés en France chaque année. Emballages, tubes en plastique, brosses à dent jetables... : se laver les dents multiplie les déchets. Impossible bien sûr de s'en passer, mais on peut améliorer les choses.

CHOISIR SA BROSSE A DENTS

Quelque soit votre choix, elle est à changer tous les trois mois.

■ **Mieux que la brosse à dent électrique : une bonne hygiène dentaire**

Même si elles sont très efficaces, on peut se passer de brosse à dent électrique en respectant ces 3 recommandations de base :

1° Se laver les dents (3 min) au moins deux fois par jour.
2° Utiliser des brossettes et/ou du fil dentaire au moins une fois par jour.
3° Détartrage chez le dentiste au moins une fois par an (remboursé par la Sécu).
/€

■ Brosses à dent avec têtes interchangeables

L'idéal : remplacer sa brosse à dent classique (en plastique et jetable) par une brosse à dents à manche en bois recyclable ou compostable avec tête interchangeable, si possible fabriqué en France (ex. : Bioseptyl, Caliquo, Apimani), à acheter dans les magasins bio et sur internet. Les prix sont comparables à ceux des brosses à dents classiques de qualité.
/€

3 ASTUCES POUR UN BROSSAGE DE DENTS ANTIGASPI

Dentifrice, eau : comment moins gaspiller.

■ **Une quantité restreinte de dentifrice :** *de la grosseur d'un petit pois. Cela suffit amplement. Soit 150 brossages possibles par tube dentifrice (75 g), contre 60 en moyenne.*
/€

■ **Ne pas laisser couler l'eau :** *fermer le robinet pendant qu'on se lave les dents = 8 l d'eau économisés à chaque brossage (près de 6 000 l par an !).*
/€

■ **Utiliser un verre à dents :** *plutôt que de laisser couler l'eau quand on se rince la bouche, utiliser un verre. La brosse à dents peut y être rincée, et l'eau utilisée à la fin pour un premier rinçage de bouche.*
/€

EN MAGASIN : DES DENTIFRICES ZÉRO DÉCHET

Plusieurs marques proposent des produits zéro déchet fabriqués en France :

■ **Sous forme de pastilles (dentifrice à croquer),** par ex. : Natessance, PAOS, Lamazuna, etc.
Prix : env. 8 à 10 euros pour 120 pastilles.
/€

■ **Sous forme de poudre** à saupoudrer directement sur la brosse à dents (par ex. : Savonnerie du cèdre) ou à mélanger avec de l'eau, pour recréer un dentifrice en gel que l'on met dans un flacon pompe (par ex. : Pimpant, Le P'tit Geste).
Prix : env. 20 euros pour 4 recharges de poudre.
/€€

BICARBONATE : OUI, MAIS PAS TROP SOUVENT...

Éviter d'abuser de dentifrices à base de bicarbonate. Leur utilisation trop fréquente (plus d'une fois par semaine) peut abîmer l'émail des dents. En revanche, le bicarbonate peut être utilisé de temps en temps :

■ **Pour blanchir les dents après le brossage :** 1 c. à c. de bicarbonate de soude et 2 c. à c. d'eau oxygénée.
/€

■ **Pour prévenir gingivite et déchaussement dentaire :** 2 gouttes d'eau oxygénée et du bicarbonate dans sa pâte dentifrice.
/€

■ **En bain de bouche :** dans un verre d'eau, mélanger 1 c. à c. de bicarbonate (ou de sel).
Autre possibilité : ½ jus de citron, 1 c. à c. de miel de lavande et 80 ml d'eau tiède à mélanger dans un flacon.
/€

FABRIQUER SON DENTIFRICE

Principal défaut (outre un rude changement d'habitude) : l'absence de mousse. Principal atout (en plus de ses bienfaits pour l'environnement) : le prix (quelle que soit la recette : 5 euros par an pour 4 personnes, contre 3 euros en moyenne pour un seul tube acheté dans le commerce (15 tubes par an pour une famille de 4 personnes).
N.B. 1 : conserver dans un bocal hermétique.
N.B. 2 : pour le goût, possibilité de rajouter un peu de feuilles de thé infusées (séchées).

■ **Avec du blanc de Meudon :** 3 c. à s. de blanc de Meudon, 2 c. à s. d'eau, 1 goutte d'huile essentielle de menthe.
💪💪/€

■ **Avec de l'argile blanche :** 4 c. à s. d'argile blanche, 1 c. à s. de blanc de Meudon, 2 gouttes d'huile essentielle de citron.
💪💪/€

■ **Avec de l'huile de coco :** 3 c. à s. d'huile de coco, 1 c. à s. de blanc de Meudon, 1 c. à c. d'argile blanche, 3 gouttes d'huile essentielle de menthe verte et 3 gouttes d'huile essentielle de clou de girofle (pour la santé des gencives).
💪💪💪/€

■ **Pour les plus motivés : le brossage au savon de Marseille**
Il est possible de remplacer son dentifrice classique par du savon de Marseille (à condition de bien le choisir, *lire chapitre* 7). Le goût est certes (beaucoup) moins agréable, mais c'est efficace.
💪💪/€

FIL DENTAIRE NATUREL

Il existe des fils dentaires naturels et biodégradables (en soie de mûrier ou en fibre de maïs), que l'on trouve dans les magasins bio ou en pharmacie. Prix : env. 6 euros (contre env. 4 euros pour les fils dentaires en nylon).

/€€

OREILLES : L'EAU TIÈDE MIEUX QUE LES COTONS-TIGES

Les oreilles ont beau être des organes autonettoyants, elles nécessitent d'être lavées régulièrement. Pour cela, et même si c'est une nouvelle habitude à prendre, on peut parfaitement se passer de cotons-tiges, dont l'utilisation est remise en cause par les ORL, et qui sont responsables d'un énorme gaspillage (ils sont non-recyclables) : 1,2 million de tonnes de cotons-tiges sont utilisés et jetés chaque année en France !

La meilleure alternative, l'eau (tiède) : frotter avec un gant de toilette la partie externe des oreilles, puis essuyer. À renouveler environ une fois/semaine.

Pour les oreilles produisant trop de cérumen, y passer en plus un mouchoir propre.

/€

19
La toilette de bébé

Outre qu'un produit pour bébés ne doit contenir ni colorant, ni parfum allergisant, ni huile essentielle, ni alcool, ni phénoxyéthanol (perturbateur endocrinien), et qu'il convient donc de bien lire les étiquettes avant d'acheter, il est possible de faire plus et mieux : pour eux d'abord, mais aussi pour l'environnement.

LE B.A.-BA DU BAIN DE BÉBÉ

Inutile, notamment, d'utiliser plus d'eau qu'il n'en faut...

■ **Dans une baignoire pour bébés :** celle-ci contient en effet moins d'eau (10 à 30 l) qu'une baignoire normale, même peu remplie.
Prix : à partir de 10 euros.
/€

■ **Pas forcément tous les jours :** contrairement aux idées reçues, il n'est pas indispensable de leur donner un bain chaque jour. 2 à 3 fois par semaine suffit.
En revanche, visage, cou, fesses et plis (aisselles, cou, derrière les oreilles) doivent être nettoyés quotidiennement avec un gant de toilette imbibé d'eau savonneuse (éviter cependant le savon de Marseille, qui assèche un peu). De même, évidemment, pour les parties intimes.
/€

CRÈME HYDRATANTE : SEULEMENT SI NÉCESSAIRE

À savoir : la plupart des bébés n'ont pas besoin de crème hydratante. En cas de peau très sèche ou d'eczéma, il peut être cependant conseillé d'en appliquer, mais à condition qu'elle soit non parfumée ou hypoallergénique, et sans allergène cutané.
Demander conseil en pharmacie.

💪/€

FABRIQUER SA CRÈME POUR LES FESSES AVEC SEULEMENT 2 INGRÉDIENTS

Pour ses fesses, si irritables, on peut fabriquer (assez) aisément son propre liniment (crème pour nettoyer bébé). Deux ingrédients suffisent : de l'huile vierge bio première pression à froid (si possible huile d'olive, de sésame ou d'amande douce) et de l'eau de chaux (vendu en pharmacie).
La recette : mélanger la même proportion d'huile et d'eau de chaux, faire légèrement chauffer dans une casserole, puis laisser refroidir à température ambiante.
Option possible : épaissir cette crème en mettant plus d'huile que d'eau de chaux ou en ajoutant de la cire d'abeille (4 g pour 100 ml d'huile). À conserver 2 semaines maximum.
Prix (eau de chaux) : env. 8 euros/l. Si vous achetez du liniment tout prêt, privilégiez les produits fabriqués en France et certifiés Nature et Progrès, on en trouve à partir de 10 euros/l.

💪💪/€

SÉRUM PHYSIOLOGIQUE : FACILE ET RAPIDE

Une recette à suivre pour éviter d'acheter du sérum phy en dosettes plastiques : faire bouillir un litre d'eau, ajouter 9 g de gros sel, maintenir à ébullition 10 min, laisser refroidir et mettre dans un contenant propre, stérilisé et refermable.

💪/€

LE MATCH COUCHES LAVABLES/COUCHES JETABLES

Les deux ont leurs avantages et leurs inconvénients, à connaître avant de se décider pour les unes ou les autres… ou les deux.

Avantages couches lavables

Moins énergivores : pour sa fabrication, 1 couche jetable = 1 verre de pétrole brut.
Moins polluantes : un bébé nécessite en moyenne 250 kg de couches jetables (non recyclables) la première année.
Plus naturelles : contrairement aux couches lavables, les couches jetables sont composées, pour partie, de nombre de composantes chimiques, pouvant être mal supportées par les peaux les plus fragiles (dioxine, étain dibutyle, chlore, etc.).
Beaucoup moins chères : alors que les couches jetables reviennent en moyenne à 600 euros par an les 3 ou 4 premières années (1 800 à 2 400 euros au total !), les couches lavables (de 5 à 25 euros l'unité) reviennent huit fois moins chères sur la durée (300 euros au total).

Avantages couches jetables

Moins d'eau utilisée : les couches lavables nécessitent environ 140 lavages par an (à part des autres vêtements), les jetables aucun.
Plus de temps pour soi : moins de lessives à faire.
Moins contraignantes : notamment pour le stockage des couches sales dans une poubelle aérée (3 jours max.) afin d'éviter la fermentation.

COUCHES JETABLES ET ÉCORESPONSABLES : LES BONS LABELS

Il existe de plus en plus de couches jetables écoresponsables, sans chlore ni perturbateurs endocriniens, que l'on trouve y compris au supermarché. Se fier si possible aux labels : Écolabel nordique, Écolabel européen ou Global organic textile standard. Certes un peu plus chères, elles garantissent une meilleure qualité de fabrication.

Prix : à partir de 30 centimes la couche (contre de 0,15 à 0,30 euros en moyenne pour une couche jetable classique).
💪/€€

Conclusion :
Entre les unes et les autres, difficile de trancher. Et si la meilleure des solutions consistait à alterner au rythme qui nous convient le mieux ? La solution couche lavable mérite cependant d'être au moins expérimentée, d'autant que celles-ci n'ont, aujourd'hui, plus rien à voir avec celles basiques d'autrefois : systèmes de fermeture par bouton-pression ou scratch, taille réglable, etc.
On peut aussi rajouter dessus deux ou trois voiles biodégradables (env. 5 euros pour un paquet de 100), afin de récupérer les selles (les jeter ensuite, mais pas dans les toilettes). Si celles-ci n'ont été salies que par de l'urine, elles sont lavables deux ou trois fois.

LINGETTES : STOP AU JETABLE

Outre leur impact environnemental, certaines lingettes jetables contiennent des conservateurs et parfums qui peuvent être irritants pour la peau de bébé.

■ Lingettes nettoyantes lavables à acheter en magasin...

Avec le bon vieux gant de toilette pour débarbouiller bébé, c'est la solution idéale, même si elles ne sont pas données et s'il faut les nettoyer. On en trouve désormais y compris en grandes surfaces (et bien sûr dans les magasins « zéro déchet ») : une seule lingette lavable remplace en effet... 500 lingettes jetables (souvent non recyclables, et la plupart du temps en fibre de plastique imbibée d'additifs comme le phénoxyéthanol).
Prix : 2 euros l'unité (contre env. 2 euros pour un paquet de 80 lingettes jetables). Prévoir une réserve d'au moins 20 à 30.
💪/€€

■ … ou à fabriquer soi-même

Faire bouillir 250 ml d'eau puis ajouter 2 c. à s. de savon bébé et 1 c. à s. d'huile d'olive ou de coco. Mélanger et laisser refroidir. Transvaser ce mélange dans un récipient en verre (ou en plastique pour s'en servir hors de chez soi) et tremper dedans des carrés de tissus prédécoupés (coton, pas synthétique). Conserver le contenant bien fermé.

💪💪/€

20
Mieux se pomponner

Nous dépensons chaque année près de 600 euros par an pour notre apparence. Cosmétique, maquillage, rasage, teinture... : ces produits de beauté qu'on étale sur notre peau, nos cheveux, nos paupières, ne sont pas non plus sans risques. Nombre d'entre eux contiennent en effet des substances nocives pour la santé et l'environnement : parabènes, glycol, plomb, produits chlorés, etc.
Vous allez voir qu'il est beaucoup plus aisé qu'on ne le croit d'adopter de meilleures pratiques : diminuer, sans se priver ni priver sa peau, le nombre de produits utilisés, et opter pour des produits plus sains (notamment issus du bio, très supérieur à la réglementation européenne, qui n'interdit pas le parabène et le silicone). Et aussi – pourquoi pas ? – fabriquer soi-même.
Et puis, surtout, ne pas l'oublier : la meilleure façon d'avoir une peau resplendissante, c'est de bien l'hydrater en buvant beaucoup d'eau !

LE B.A.-BA POUR NETTOYER ET NOURRIR SON VISAGE

■ Lutter contre le dessèchement de la peau

Pour le visage, privilégier les produits bio et à base d'huile végétale (non minérale). Si vous utilisez un savon, la peau du visage étant fragile, opter pour du savon surgras, c'est-à-dire enrichi en agents gras et hydratants (beurre de karité, huile d'amande douce...), qui limite le dessèchement de la peau. Autres possibilités : utiliser une huile végétale suivie d'une eau florale, un démaquillant biphasé ou un liniment.

/€

HYDRATER ET NOURRIR AVEC LA TEXTURE DE SON CHOIX

Quelle que soit sa texture préférée, il est possible d'utiliser des produits bruts 100 % naturels.

- **Beurre :** karité, amande.
💪/€

- **Gel :** aloe vera *(lire p. 218)*. À noter : pour améliorer encore l'hydratation, le gel peut s'utiliser en complément du beurre ou de l'huile végétale.
💪/€

- **Huile végétale :** selon son type de peau *(lire ci-dessous)*.
💪/€

QUELLES HUILES VÉGÉTALES POUR QUELS TYPES DE PEAUX ?

Excellents démaquillants, les huiles végétales sont à appliquer du bout des doigts sur le visage en frottant. Rincer ensuite avec une eau florale (lire p. 217). En plus de toutes ces huiles que je vais vous détailler figure aussi bien sûr l'huile d'olive, mais je la trouve un peu grasse de texture et trop puissante en odeur.

Peau sèche : bourrache, cameline...
Peau grasse : chanvre, jojoba, pépin de raisin, noisette...

HUILES MOINS CHÈRES AU RAYON ALIMENTAIRE

Les huiles (bio) vendues au rayon alimentaire sont le plus souvent moins chères (- 10 à - 20 %) qu'au rayon cosmétique : olive, germe de blé, tournesol, noisette, pépin de raisin, sésame... N'hésitez pas à y faire d'abord un tour.
💪/€

Peau mixte : pépin de raisin…
Peau mature : pépin de raisin, bourrache, onagre, argan…
Antitaches : carotte…
Tout type de peaux : calendula…
N.B. : recommandée pour les peaux sèches et matures, l'huile d'avocat est cependant à éviter : il faut 1 000 l d'eau pour produire 1 kg d'avocat, son transport est très énergivore et sa culture pose de nombreux problèmes de déforestation.
💪/€

ACHAT DE CRÈMES : LES LABELS À SUIVRE

De plus en plus de marques proposent des cosmétiques naturels à base de matières premières végétales et sans ingrédients chimiques. On peut notamment en trouver une sélection sur les applications Générations Cobayes (generationcobayes.org) ou Skin Deep (ewg.org). Sinon, se fier à ces labels.

Ecocert cosmos organic. *95 % minimum des ingrédients d'origine naturelle ou issus de l'agriculture biologiques. Lorsque qu'ils sont transformés, les ingrédients le sont par des procédés respectueux de l'environnement. Emballages entièrement biodégradables ou recyclables.*

Cosmébio. *95 % minimum des ingrédients d'origine naturelle, 95 % minimum d'ingrédients bio sur la totalité des ingrédients pouvant l'être.*

Slow Cosmétique. *Privilégie les ingrédients naturels et bio les moins transformés possibles ; exclut tout ingrédient nocif pour la peau et l'environnement.*

Nature & Progrès. *95 % minimum des ingrédients d'origine naturelle et toujours issus, lorsqu'ils existent, de l'agriculture biologique. Zéro dérivé d'huile de palme.*

Demeter. *90 % minimum des ingrédients d'origine agricole produits en biodynamie. Tout le reste bio.*

Labels végans. *Garantissent l'absence de tests sur les animaux, de tout ingrédient d'origine animale (y compris pour l'emballage) ou ayant été en contact avec des produits non-végans. À ce jour, il n'existe pas*

de législation officielle ou de labels communs internationaux pour les cosmétiques végans. Cependant, les labels Ecocert cosmos organic et Nature et Progrès sont à la fois bio et végans.
Cruelty free. *Garantit l'absence de tests sur les animaux, y compris sur les marchés étrangers (jusqu'à la non-exploitation des singes pour la récolte des noix de coco).*
💪💪/€€

FABRIQUER SES EAUX FLORALES (HYDROLATS) EN FONCTION DE SA PEAU

Mieux encore qu'acheter un produit bio, il est possible de les fabriquer soi-même. La recette : faire bouillir une poignée de fleurs ou de plantes dans 25 cl d'eau et laisser infuser jusqu'à refroidissement. Filtrer et conserver au frigo dans un flacon fermé (maximum : une semaine):

Pour les peaux grasses : menthe, lavande, thym, romarin, sauge.
Pour les peaux sèches : camomille, basilic, souci, tilleul, fleur d'oranger.
💪💪/€

FABRIQUER SON DÉMAQUILLANT BIPHASE (AQUEUX ET HUILEUX)

Dans un bocal en verre, mélanger 2/3 d'eau florale *(lire ci-dessus)* et 1/3 d'huile végétale *(lire p. 215)*, les deux choisis en fonction de votre peau. Bien secouer avant utilisation (l'eau et l'huile se séparent, c'est normal), puis appliquer avec ses doigts ou une lingette démaquillante (si possible réutilisable, *lire p. 220*).
Autre possibilité, utiliser la recette du liniment pour bébé : moitié eau de chaux, moitié huile végétale (voir chapitre 19).
💪/€

FABRIQUER SON GOMMAGE « TOUT EN UN » (VISAGE, CORPS ET CUIR CHEVELU)

Mélanger à proportion égale de l'huile végétale avec du marc de café ou de la farine d'avoine. Appliquer et frotter légèrement le visage, le corps ou le cuir chevelu, puis rincer.
Autre possibilité : remplacer l'huile végétale par du miel mélangé avec un peu d'eau.
💪/€

ALOE VERA : PARTOUT, POUR TOUT !

Vitamines, minéraux, acides aminés... : l'aloe vera (issu de la sève des feuilles de la plante du même nom), que l'on trouve désormais partout, possède des vertus extraordinaires. Et une noisette de gel suffit pour chaque utilisation !
L'aloe vera s'achète tout prêt sous forme de gel. Si l'expérience vous tente, fabriquez-le vous-même, mais le gel ne se conservera qu'une semaine au réfrigérateur : procurez-vous une feuille d'aloe vera, coupez-la en tronçons, épluchez les peaux, mixer le gel, filtrer et mettre dans un contenant hermétique.
Le mieux, lorsqu'on l'achète en magasin : l'aloe vera bio dans un contenant le plus recyclable possible (jusqu'à 99 %).
Deux derniers conseils : éviter les poudres ou concentrés (ayant nécessité plus de transformations) et, compte tenu de ses multiples utilisations, opter pour de grands volumes (500 ml à 1 l), moins gourmands en emballage et moins chers.

Visage : pouvoir hydratant maximum. Parfait pour les peaux matures : c'est un antiride naturel avec effets tenseur.
Paupières, contour de l'œil : idéal, grâce à son côté frais et tenseur, pour les contours des yeux. Pour encore plus d'efficacité : à conserver au réfrigérateur.
Lèvres : à utiliser plusieurs fois par semaine de manière préventive (pas seulement à la montagne !).
N.B. : en cas de symptômes de lèvres sèches, quelques gouttes suffisent également à les réhydrater.

AUSSI CONTRE LES COUPS DE SOLEIL, PIQÛRES D'INSECTE, ETC.

L'aloe vera est aussi très efficace pour les soins après-soleil, contre les brûlures et coups de soleil. Idem pour apaiser les piqûres d'insecte et les démangeaisons (lire chapitre 21).

/€

Cheveux : pour les hydrater en profondeur, appliquer le gel sur cheveux humides. Inutile de rincer.
N.B. : sur cheveux secs, peut être utilisé exactement comme du gel coiffant.
Aisselles : une noisette de gel à la place du déodorant.
Corps, mains, pieds : son pouvoir hydratant est tel qu'il est idéal pour les zones sèches.
Pénétrant instantanément, il en faut très peu pour couvrir une importante surface.
NB : l'*aloe vera* est très efficace également comme après-rasage contre les microcoupures.
Prix : de 9 à 10 euros/l (contenant d'1 l).
/€

PRODUITS DE BEAU-THÉ

Comme son cousin le marc de café (lire chapitre 18), le thé (vert, noir ou blanc) possède de nombreuses vertus pour la santé. Infusées quelques minutes, mais pas trop, les feuilles contiennent de nombreux antioxydants et protéines dont la peau a besoin.

- **Lotion visage :** dans un verre, mélanger le jus d'un citron et du thé déjà infusé (sachet utilisé ou marc). Mettre au frais, puis appliquer sur son visage avec une lingette.
💪/€

- **Potion anticernes :** appliquer pendant 10 min du thé (bien) froid sur le contour des yeux. Comme la caféine (ou l'*aloe vera*), la théine améliore la circulation sanguine, contribuant à faire disparaître les petites lunes bleues de fatigue.
💪/€

FABRIQUER SON MASQUE NOURRISSANT À L'ARGILE : QUELLE ARGILE POUR QUEL TYPE DE PEAU ?

La recette, elle, est toujours la même pour tous les type de peau : mélanger 3 c. à s. d'argile (disponible dans tous les supermarchés), 3 c. à s. d'huile végétale (en fonction de sa peau, lire p. 215) et un peu d'eau. Appliquer une couche sur la peau, laisser poser 20 min, puis rincer.

Peau grasse : argile verte.
Peau sèche : argile blanche.
Peau normale et sensible : argile rouge.
Peau réactive : argile rose.
Prix : de 12 à 15 euros le kg (de 8 à 10 euros par contenant d'1 kg).
💪💪/€

HUILE DE RICIN POUR NETTOYER LES CILS...

À utiliser pure, l'huile de ricin contribue en plus à fortifier les cils. À rincer avec une eau de bleuet.
💪/€

LINGETTES DÉMAQUILLANTES : LA SOLUTION RÉUTILISABLE

La consommation de disques de coton jetables par femme est en moyenne de 3 par jour, soit environ mille par an. Or, la fabrication de

ces mille disques de coton aura nécessité, entre autres, plus de 5 000 l d'eau ! À multiplier par le nombre de personnes les utilisant…
La solution : les remplacer par des lingettes démaquillantes réutilisables (à base de coton ou de bambou), qui reviennent de plus (beaucoup) moins cher.
Autre possibilité : les fabriquer soi-même (à partir de vieilles serviettes de toilettes coupées en carrés), ou utiliser simplement un gant de toilettes.
Prix : env. 2 euros l'unité (pour plusieurs années d'utilisation).
/€

… ET MIEL POUR EXFOLIER LES LÈVRES !

Mélanger une ½ c. à c. de miel avec une ½ c. à c. de sucre, puis frotter doucement les lèvres avec le bout des doigts pour enlever les peaux mortes.
/€

SE MAQUILLER, SE TEINDRE LES CHEVEUX

Pour le maquillage, je ne me suis pas encore lancée dans le « fait maison ». En revanche, on peut suivre les bons labels, avoir les bons réflexes, et éviter le trop-plein d'emballages.

MAQUILLAGE : LE B.A.-BA AVANT D'ACHETER

Je ne vous donnerai donc pas de recettes pour fabriquer vous-même votre maquillage, je n'en ai pas ! Mais, là encore, suivre en priorité les bons labels *(lire p. 216)* et les conseils sur les ingrédients donnés en début de chapitre. Veillez aussi, si vous le pouvez, à choisir des produits rechargeables, ou en plus gros contenants, donc avec moins d'emballages, ou sinon des emballages recyclés et compostables. *Idem* pour les parfums.
/€

TEINTURES POUR CHEVEUX : DE PRÉFÉRENCE LES COLORATIONS VÉGÉTALES

Les colorations végétales, qui ne contiennent aucun produit chimique, sont composées de pigments végétaux (extraits de fleurs, écorces, racines, etc.) et de henné servant à les fixer. Parmi les plus utilisées : le brou de noix (pour obtenir du brun), l'hibiscus (auburn) ou la camomille (blond).
Attention cependant : le temps de pose est jusqu'à deux fois plus long que pour une coloration chimique. Leur tenue sera aussi moins longue. Un conseil pour prolonger cette tenue : avant l'application, lavez vos cheveux avec un shampoing végétal et sans silicone. La fixation des colorants végétaux sera optimale.
Prix : env. 15 euros par application (équivalent à la coloration chimique).
💪💪/€

FABRIQUER SA PROPRE LAQUE

La recette (pas l'idéal, bien sûr, mais à tenter en solution de secours) : dans un vaporisateur, mélanger 1 dose de sucre et 5 doses d'eau. Facile, mais bon...
💪/€

SE RASER

Certains l'ignorent, mais tous les rasoirs, pour hommes ou femmes, et quelques soient leurs fonctions, sont en réalité exactement les mêmes, hors la couleur ou la forme. Ne pas se laisser avoir, donc, par le marketing.
Au sein de ces rasoirs, deux catégories écrasent tout, celles qui posent le plus de soucis : les rasoirs à têtes interchangeables et les rasoirs entièrement jetables. Les premiers sont non recyclables et les têtes de rechange sont hors de prix. Quant aux seconds, n'existant que depuis les années 1970, c'est bien pire : à elle seule, la société Bic produit 11 millions de rasoirs en plastique jetables par an, soit 128 par seconde !

NOUVELLES HABITUDES DE RASAGE FACILES

Pourquoi ne pas revenir (ou au moins essayer) au rasoir dit de sécurité avec lames rechargeables, tout aussi efficace et revenant (beaucoup) moins cher ? Et en profiter, aussi, pour remplacer de temps en temps, voire en totalité, ses mousses et gels de rasage par du savon de Marseille ?

■ Se passer de rasoirs jetables, c'est possible...

Barbe, jambes, aisselles : pas simple, évidemment, de changer nos habitudes, devenues si ancrées, des rasoirs jetables. C'est pourtant à tort que l'on se fait tout un plat d'en revenir au bon vieux rasoir dit de sécurité : ultrarésistant (il peut servir de 10 à 15 ans), ultrasimple d'utilisation (20 secondes pour changer une lame), absolument pas dangereux, et tellement plus écologique, cette solution mérite, au moins, d'être tentée.
Si le rasoir de sécurité est (un peu) plus cher à l'achat, les lames de rechange sont en revanche de 10 à 20 fois moins chères que les têtes de rasoir interchangeables. C'est l'alternative réutilisable la plus rentable de notre quotidien !
Prix (rasoir de sécurité) : à partir de 20 euros.
Prix (lames) : env. 0,15 euros l'unité (vendues par lot, pour une vingtaine de rasages).
/€

■ ... se passer de mousse (ou gel) à raser, aussi...

Bien sûr que les textures et parfums des mousses (ou gels) achetés dans le commerce sont plus agréables, mais ceux-ci contiennent en revanche nombre d'ingrédients à l'impact potentiellement nocif pour la santé et l'environnement, dont l'huile de palme et le plus méconnu isopentane, un agent de gonflage de la mousse, particulièrement toxique pour l'environnement aquatique. *Idem* pour les aérosols, non recyclables.

L'idéal : remplacer au moins de temps en temps votre mousse ou gel habituel par un savon de Marseille *(lire p. 63)* ou d'Alep, qui de plus désinfectent la peau irritée après le rasage. Pour les peaux sèches et fragiles préférer le second. Il existe aussi des savons spéciaux de rasage solides. Le blaireau (5/15 euros) n'est nullement obligatoire.
Baisse de la dépense annuelle : environ - 70 % !
💪💪/€

■ ... et également de gel après-rasage !

L'idéal : une noix de gel d'*aloe vera (lire p. 218)*.
💪/€

21
Les petits bobos

Précision utile : il n'est évidemment pas question, ici, de proposer de se substituer à la médecine, ni de renoncer aux médicaments lorsqu'ils sont nécessaires.
Mon objectif : vous éviter de recourir systématiquement à ces médicaments, grâce à des alternatives naturelles pour tous les petits maux du quotidien (de tête, de gorge, musculaires, petites blessures, etc.), que j'ai classé par ordre alphabétique pour s'y retrouver plus facilement.
Pour les solutions recourant aux huiles essentielles, bien lire les précautions d'emploi, page suivante.

■ Boutons (acné, mycose, eczéma...)

Mélanger 1 c. à c. de miel liquide et quelques gouttes de jus de citron (antiseptique). Laisser le miel se dissoudre dans le jus pour obtenir un mélange homogène. Laisser poser 10 min, puis rincer.
Autre possibilité : appliquer une goutte d'huile essentielle de thym, d'arbre à thé (*tea tree*) ou de *géranium rosat* sur le bouton. À utiliser pure ou diluée avec quelques gouttes d'*aloe vera (lire chapitre 20).*
Recommencer une à deux fois par jour jusqu'à disparition.
💪/€

■ Brûlures d'estomac, diarrhée

Verser une goutte d'huile essentielle de menthe poivrée dans une c. à c. de sucre, de miel ou de sirop d'algarve, puis avaler. À répéter jusqu'à trois fois par jour si les douleurs persistent.
Autre possibilité : bicarbonate de soude (1 c. à s. dans un verre d'eau).
💪/€

■ Brûlures superficielles, coups de soleil

Mouiller abondamment la partie brûlée dans de l'eau froide, mais pas glacée, pendant 10 min (inutile de laisser couler le robinet, un récipient rempli d'eau fera parfaitement l'affaire), puis appliquer 1 à 3 gouttes d'huile essentielle de lavande aspic mélangé à de l'huile végétale.
Autre possibilité : huile essentielle de lavande (vraie ou fine), *aloe vera* et thé froid (vertus apaisantes et décongestionnantes, *lire p. 218*).
💪/€

■ Coupures, plaies superficielles

Après avoir nettoyer la blessure à l'eau, utiliser 1 goutte d'huile essentielle d'arbre à thé *(tea tree)*, mélangée à un peu d'huile végétale ou d'*aloe vera*.
Autre possibilité : huile essentielle de lavande (vraie ou fine).
💪💪/€

■ Crampes musculaires

Masser avec de l'huile d'arnica, à laquelle on peut ajouter 3 gouttes d'huile essentielle de *lavandin super*.
💪/€

■ Digestion difficile

Faire bouillir des feuilles d'artichaud (dépuratif pour le foie) dans de l'eau et laisser bien infuser.
💪💪/€

TOUT SAVOIR SUR LES HUILES ESSENTIELLES

Si les huiles essentielles sont si efficaces, c'est qu'elles ne sont pas anodines, loin de là. D'une manière générale, ne pas les utiliser une première fois sans, au minimum, l'avis du pharmacien.

Comment les choisir ?

De préférence bio et non-diluées. Un peu cher, certes, mais chaque pot (à partir de 5 euros) contient l'équivalent de 500 gouttes.

Comment les utiliser ?

Sauf mention contraire, ne pas les utiliser pures sur la peau, mais mélangées : pour une goutte d'huile essentielle, 4 gouttes d'huile végétale neutre (amande, coco…)

N.B. : ne pas hésiter, avant chaque utilisation, à consulter un manuel d'aromathérapie.

À qui sont-elles déconseillées ?

Aux enfants de moins de 7 ans

Le meilleur principe de précaution : les réserver aux enfants de plus 12 ans.

Aux femmes enceintes ou allaitantes

En cas de maladie grave

À éviter en cas de traitement médical, de maladie de longue durée ou d'antécédents médicaux, et tout particulièrement en cas de problèmes rénaux ou hépatiques, troubles convulsifs, pathologies cardiovasculaires, ainsi que chez les personnes asthmatiques et/ou sujettes à l'épilepsie.

Chez les personnes allergiques

Dans ce cas, le mieux, avant toute utilisation, est de consulter son allergologue. Sinon, effectuer un test cutané de la façon suivante : appliquer 1 goutte d'huile essentielle au creux du coude, attendre 12 heures, puis recommencer pour vérifier l'absence de réaction allergique.

■ Douleurs abdominales

Avaler un mélange de 1 c. à c. de miel et 2 gouttes d'huile essentielle de coriandre. À répéter 2 fois par jour pendant 5 jours.
Autre possibilité : tisane de mélisse.
💪/€

■ Flatulences

Avaler un mélange de 1 c. à c. de miel, 2 gouttes d'huile essentielle de carvi ou de cardamone. À prendre 2 fois par jour pendant 5 jours.
Autre possibilité : infusion de graines de cumin.
💪💪/€

■ Gastro

Avaler un mélange de 2 c. à c. de miel de thym, 1 goutte d'huile essentielle de menthe poivrée, 1 goutte d'huile essentielle d'arbre à thé *(tea tree)*, 1 goutte d'huile essentielle de cannelle de Ceylan et 1 goutte d'huile essentielle de *basilic tropical*.
💪💪/€€

■ Gerçure, peau irritée

Badigeonner de miel (propriétés cicatrisantes et antibiotiques).
Autre possibilité : huile végétale d'amande douce.
💪/€

■ « Gueule de bois »

Verser une goutte d'huile essentielle de menthe poivrée dans 1 c. à c. de sucre, de miel ou de sirop d'agave. Mélanger dans un thé vert chaud ou une tisane de mélisse (et boire beaucoup d'eau !).
💪💪/€

■ Hématomes

Appliquez 1 à 2 gouttes d'huile essentielle d'hélichryse pure sur la partie heurtée, avant même que le bleu n'apparaisse. Répéter le geste 5 fois par jour pendant 2 jours.
💪/€

Maux de tête, nausée

Versez une goutte d'huile essentielle de menthe poivrée (antalgique et antinauséeux) sur un morceau de tissu, puis respirer quelques minutes (bien fermer les yeux : ça pique un peu).
Autre possibilité : avaler cette même goutte d'huile essentielle sur un sucre ou mélangée à 1 c. à s. de miel.

/€

Piqûre d'insectes

Appliquer le plus rapidement possible après la piqûre une goutte d'huile essentielle de lavande vraie, et renouveler ce geste 4 fois (toutes les demi-heures, pendant 2 heures).
Autre possibilité : huile essentielle de lavande fine, *aloe vera* ou thé froid (à appliquer avec une lingette).

/€

Règles douloureuses

Mélanger une goutte d'huile essentielle de menthe poivrée et 10 gouttes d'huile végétale, puis masser le ventre (au niveau des ovaires) jusqu'à pénétration.
Conseil : on peut ajouter une bouillotte d'eau chaude sur le ventre (détend les muscles et atténue la douleur).

/€

Rhume, rhinite, sinusite

Inhaler pendant 10 minutes 10 gouttes d'huile essentielle d'eucalyptus (globuleux) diluées dans un bol d'eau bouillante (la tête et le bol si possible recouverts d'une serviette éponge). Attention : ça pique un peu.

/€

Stress

Cf. maux de tête.

/€

Toux grasse

Avaler un mélange de 1 c. à c. de miel de thym, 1 goutte d'huile essentielle de myrte et 1 goutte d'huile essentielle d'eucalyptus (globuleux).

💪💪/€

Toux sèche

Avaler un mélange de 2 c. à c. de miel de lavande et 2 gouttes d'huile essentielle de cyprès ou de myrte verte.

💪/€

POUR REMPLACER LES SERVIETTES HYGIÉNIQUES ET TAMPONS JETABLES

Les serviettes et tampons jetables font partie de notre quotidien, mais ils coûtent cher et ne sont pas recyclables. Bonne nouvelle, il existe des alternatives plus écologiques et moins coûteuses (sur le long terme) que l'on peut (au moins) tenter :

Cup (ou coupe menstruelle). Petit entonnoir avec tige en silicone médical recueillant le flux menstruel (à vider et changer toutes les 4 à 6 heures et ne pas porter la nuit).
Où les trouver : en supermarché, en pharmacie et dans les magasins bio.
Prix : entre 25 et 30 euros.

💪💪💪/€€

Serviettes menstruelles lavables. De forme identique aux serviettes hygiéniques classiques, et fabriquées en France, elles existent en coton bio ou en fibre de charbon de bambou (les plus absorbantes). À rincer le soir à 30 °C, puis à laver en machine avec le linge.
Où les trouver : en pharmacie et dans les magasins bio.
Prix : à partir de 30 euros le lot de 5.

💪💪/€€

■ **Culottes menstruelles.** Remplaçant les protections hygiéniques, elles peuvent être portées jusqu'à 12 heures d'affilé sans fuite ni odeur. À rincer le soir à 30 °C, puis à laver en machine avec le linge.
Où les trouver : dans les supermarchés et en pharmacie.
Prix : env. 15 euros pour une culotte de qualité
/€€

GRATUITÉ ET REMBOURSEMENT SÉCU

Outre certains lycées et universités distribuant des protections gratuites, il existe depuis 2024, plusieurs dispositifs concernant les protections périodiques réutilisables (serviettes hygiéniques lavables, culottes et coupes menstruelles) qui donnent droit à la gratuité, la prise en charge en charge partielle et/ou le remboursement par la Sécurité sociale. Voici comment en bénéficier :

Gratuité et prise en charge partielle. Pour en bénéficier, se rendre en pharmacie :
Prise en charge à 100 % : pour les bénéficiaires de la protection complémentaire santé solidaire (CSS).
Prise en charge à 60 % : pour les moins de 26 ans. Dans la majorité des cas, les 40 % restants sont compensés par les organismes complémentaires.
Remboursement Sécu. Pour les moins de 26 ans et les bénéficiaires de la protection complémentaire santé solidaire (CSS).
/€

MOUCHOIRS EN PAPIER OU EN TISSU

Le mouchoir en tissu est plus écologique et le mouchoir en papier est préférable quand on est malade. Alors pourquoi ne pas alterner entre les deux ?

■ **Mouchoirs en papier : les boîtes plutôt que les petits sachets**
Nombre de mouchoirs en papier jetés chaque année en France : 20 milliards ! À défaut de choisir des mouchoirs en tissu à usage

unique *(lire ci-dessous)*, et plutôt que d'acheter des petits paquets sous emballage plastique, le mieux est d'opter pour une boîte en carton de 100 (dont on emporte avec soi une dizaine pliée dans une pochette). Un peu fastidieux, certes, mais (beaucoup) plus économique et plus écologique.
/€

Mouchoirs en tissu à usage unique

Inutile, bien sûr, d'en revenir aux vieux mouchoirs en tissu d'autrefois, conservés sales (et plein de germes) dans sa poche des jours durant. La solution (méconnue) : les paquets de mouchoirs en tissu, lesquels comportent une poche pour les mouchoirs usagés, que l'on passe ensuite à la machine (à faire bouillir cinq minutes avant de les passer au lave-linge).
Prix : env. 30 euros (pour 10 mouchoirs, réutilisables durant 10 ans/ contre 15 euros par an, en moyenne, pour un utilisateur de mouchoirs en papier jetable).
/€€

PRÉSERVATIFS 100 % NATURELS

Pas question, bien sûr, sous prétexte qu'ils ne sont pas recyclables, de s'en passer lorsque c'est nécessaire ! Plutôt que des préservatifs classiques fabriqués avec des dérivés du pétrole et contenant conservateurs, arômes et produits chimiques, il est cependant possible (même s'ils sont plus chers et plus difficiles à trouver) d'opter pour des préservatifs naturels (végans) et issus du commerce équitable.
Ex : Fair Squared (fairesquared.com) ou Green Condom Club (greencondom.club).
/€€

22
Mieux s'habiller

Nous achetons aujourd'hui en France 60 % de vêtements en plus qu'il y a 20 ans (44 par an). Or, chacun n'est porté en moyenne que 5 à 10 fois. Et alors même que l'industrie textile est déjà le deuxième secteur le plus polluant après l'industrie pétrolière, et que 70 % de nos déchets textiles sont incinérés ou partent à la décharge au lieu d'être recyclés…
Objectif : vous démontrer qu'il est possible de moins gaspiller de vêtements et de mieux consommer, tout en continuant à se faire plaisir !

TRIER SES VÊTEMENTS : QUE DES AVANTAGES !

Une fois par an je me l'impose, et c'est finalement un moment très sympa : la journée du grand tri. Je sors tous mes vêtements (et tout le monde dans la maison aussi) et je les classe en 5 catégories : « je conserve », « je répare », « je donne », « je vends », « je jette ».
N.B. : pour faire ce tri, je porte une tenue facile à enlever ; on peut ainsi essayer aisément ce qui nous va encore ou ce qui ne nous va plus.
Les 3 avantages de ce tri :

Plaisir : en retrouvant des habits oubliés.
Économie : en sachant exactement ce que l'on possède, donc en évitant de racheter inutilement.
Pratique : lorsque nos vêtements sont bien triés et rangés (de manière visible), il est plus aisé de choisir comment s'habiller chaque matin.
/€

LES 5 BONS RÉFLEXES POUR SES VÊTEMENTS (TRÈS) USAGÉS

La poubelle n'est pas forcément le dernier recours. Dès lors que le vêtement est dans un état trop dégradé pour être donné à une association, on peut…

■ **Les conserver comme « vêtements de travail ».** Pour ses travaux de peinture, de bricolage, de jardinage…
💪/€

■ **Les réparer.** Recoudre un bouton, ajouter un patch sur un trou.
💪💪/€

DÉCOINCER (FACILEMENT) UNE FERMETURE-ÉCLAIR

Si votre fermeture-éclair est coincée et avant, le cas échéant, d'en changer, savonner les rails et la fermeture avec un savon.
Autre solution : passer la mine d'un crayon gras dans les rails et la glissière.
💪/€

■ **Les transformer.** Un pantalon qui devient un short, etc. Ou les utiliser pour fabriquer des coussins.
💪💪💪/€

■ **En faire des chiffons, des lingettes**
💪/€

■ **Les faire recycler.** En les déposant dans une borne de collecte. Pour connaître leur emplacement, se renseigner auprès de sa mairie ou sur *refashion.fr*. Les vêtements doivent être placés dans des sacs fermés (chaussures attachées par paire).
💪💪/€

« BONUS RÉPARATION » : COMMENT EN PROFITER ?

Pour faire réparer un beau vêtement abîmé (vestes, manteaux, etc./ valable aussi pour les chaussures), il est possible de bénéficier du « bonus réparation » (aide de l'État déduite de votre facture) : de 6 à 25 euros (cumulables).
Seule condition : faire appel à un retoucheur (ou cordonnier) agréé.
Liste disponible sur : bonusreperation.fr.
💪💪/€

LA GARDE-ROBE IDÉALE DE LA « REINE » DU ZÉRO DÉCHET

Pionnière mondiale du mode de vie zéro déchet, la franco-américaine Béa Johnson a dressé la liste de ce que doit, selon elle, contenir une garde-robe. En l'occurrence, la sienne. Avec un double objectif : gagner de la place et dépenser moins. L'idée n'est pas de la suivre à la lettre (un seul soutien-gorge !), bien sûr, mais, comme moi, de m'en inspirer : nous surconsommons vraiment certains types de vêtements (tee-shirts, sous-vêtements…) et n'utilisons pas, ou peu, certains que nous avons pourtant acheté (tenues de soirées, matières très fragiles…).
N.B. : la « méthode Johnson » nécessite des placards et tiroirs extrêmement bien triés et rangés ainsi que des lavages quotidiens.

Hauts. 1 chemisier ; 1 tee-shirt à manche longue rayé ; 1 tee-shirt à manche longue basique ; 1 bustier ; 1 débardeur ivoire ; 1 débardeur noir ; 1 pull épais ; 1 pull léger ; 1 cardigan.
Robes. 1 petite robe noire ; 1 robe de couleur.
Vestes. 1 blazer ; 1 veste en cuir ; 1 pardessus.
Bas. 1 jean ; 1 pantalon ; 1 jupe noire ; 1 jupe de couleur ; 1 short.
Sous-vêtements. 1 soutien-gorge à bretelle amovible ; 7 culottes assorties ; 2 paires de chaussettes légères (1 moyenne + 1 épaisse) ; 1 paire de collants ; 1 pyjama ; 1 maillot de bain ; 2 mouchoirs.
Chaussures. 6 paires : sandales à talons hauts et plats ; bottes plates ; escarpins ; bottines à talons ; chaussons.

À chacune et chacun d'adapter cette garde-robe minimaliste à ses activités, son âge, son lieu de résidence, etc.
Renseignements (blog Béa Johnson): *zerowastehome.com*
💪💪💪/€

S'HABILLER EN SECONDE MAIN

Quand on connaît les chiffres, cela fait quand même froid dans le dos: la fabrication d'un simple tee-shirt en coton nécessite 2 700 l d'eau (+ pesticides et engrais), celle d'un jean 49 kg de matières premières! Rentrant de plus en plus dans les usages, mieux vaut donc là encore privilégier l'occasion dans le domaine de l'habillement: acheter un manteau de seconde main plutôt que neuf, c'est en moyenne 110 kg de déchets évités. Et (beaucoup) d'économies à la clé...

■ Dans les friperies, ressourceries et associations...

Emmaüs, etc. (autre avantage: évite les emballages): *voir liste en annexe.*
💪💪/€

■... ou sur Internet

Acheter et aussi revendre sur Internet.
💪💪/€

■ Échanger ses vêtements

Avec des proches, bien sûr, mais aussi sur Internet.
💪💪💪/€

■ Pour les grandes occasions: la location

On n'y pense pas assez: pour un mariage, une soirée à thème, etc. opter pour la location plutôt que pour l'achat de vêtements souvent hors de prix (déguisements, robes de soirée, smokings...) que nous réutiliserons peu (ou pas).

Il faut certes trouver le magasin et se déplacer, la location est aussi loin d'être donnée, mais c'est la solution la plus écologique et surtout la plus économique.
💪💪💪/€€

LA RÈGLE D'OR DU « UN VÊTEMENT QUI SORT, UN AUTRE QUI RENTRE »

Appliquer cette petite règle toute simple (mais il est vrai un peu contraignante) permet de ne pas céder (ou moins) à une envie d'acheter si nous disposons déjà du ou des vêtements.
💪💪/€

QUAND ON ACHÈTE : LES 3 BONS RÉFLEXES (PAS TOUJOURS FACILES !)

Je ne vais pas vous prodiguer des conseils de mode mais, pas facile quand même, tenter de vous encourager à ne pas acheter un tee-shirt neuf à 50 centimes qui vient de l'autre bout du monde.

■ **Ne pas (trop) céder à l'achat d'impulsion (fast fashion).** En matière d'achat neuf comme de seconde main, se reporter au réflexe BISOU : « En ai-je vraiment besoin ? », etc. *(lire chapitre 9).*
💪💪/€

■ **Quand les vêtements viennent de loin : privilégier la mode éthique.** Outre certains labels *(lire p. 240)*, on peut se référer aux étiquettes garantissant cette éthique : matières premières et processus de fabrication à faible impact environnemental ; des ouvriers traités dignement ; des étapes de production transparentes, garantissant la traçabilité du produit.
💪💪/€€€

■ **Préférer le made in France.** Ne pas hésiter non plus, par exemple, si on habite en région parisienne, à se rendre au salon du « *made in France* » (chaque année à la Porte de Versailles) : 100 000 visiteurs, plus de 1 000 exposants, dont 200 fabricants de vêtements, chaussures et accessoires de mode.
/€€

LES 10 ANTIMITES NATURELS

Plutôt que de l'antimite chimique, on peut utiliser des ingrédients naturels à entreposer dans des petits sachets de tissu, collants usagers ou coupelles. En plus, ça sent bon !

Bois de cèdre ;
Clou de girofle ;
Écorce de citron ;
Essence de serpolet ;
Laurier-sauce ;
Lavande ;
Marrons, châtaignes ;
Menthe (ou huile essentielle de menthe) ;
Romarin ;
Thym séché ;
/€

PRIVILÉGIER LES TEXTILES MOINS POLLUANTS

Pour cela, un seul moyen : bien lire les étiquettes. Et savoir que toutes les matières synthétiques (polyester, nylon, élasthanne, etc.) sont produites à partir de pétrole avec des procédés très polluants...

■ **Éviter le polyester.** Ce dérivé du textile (et tissu le plus produit dans le monde) relâche à chaque lavage des microfibres de plastique (finissant leurs courses dans les océans).

À noter : en cas d'achat d'un vêtement en polyester, l'Écolabel européen textile impose au moins une teneur minimale en fibres recyclées *(lire p. 240)*.
/€€

DES COLLANTS QUI NE FILENT PAS !

Certes plus chers à l'achat et pas faciles à trouver, ces collants ultrarésistants peuvent être portés jusqu'à 50 fois.
La marque Cygnes fabrique en France différents types de ces collants.
Prix : 34 euros sur cygnes.co
/€€

■ **Bien choisir son coton :** sa culture est parmi les plus polluantes (1 kg de coton = 10 000 l d'eau + 75 g d'insecticides + 2 kg d'engrais chimiques). Le mieux : opter pour le bio en achetant des vêtements en coton fabriqués sans pesticide ni engrais chimique garantis par plusieurs labels : Écolabel européen, Oeko-Tex, BCI, Organic Content, Standard 100, Organic Content Standard (OCS) Blended, et Nordic Ecolabel *(lire p. 240)*.
/€€

■ **Penser aux textiles naturels (chanvre, lin…) :** certaines matières nécessitent moins d'eau et d'engrais. C'est le cas du chanvre (pas de pesticides, très peu, voire pas d'engrais) et surtout du lin, dont la France est le premier producteur mondial (pas besoin d'irrigation, 5 fois moins d'engrais et de pesticides que le coton non-bio). Sa culture ravive même les sols !
Les deux sont idéals en période de chaleur.
Penser aussi au plus méconnu lyocell, une fibre produite à partir de pulpe de bois ou encore de fibres recyclées. 100 % biodégradable, il est de plus hypoallergénique et antibactérien. Il est aussi plus cher.
/€€

■ Pour les enfants : veiller à la matière et… la provenance

Privilégier les matières les plus douces, non-irritantes et absorbant le mieux la sueur, comme le coton bio et le lin, voire, plus difficile à trouver, le bambou.

Veiller aussi, si possible, à la provenance (près de… 90 % des vêtements portés par les ados sont importés, majoritairement de Chine).

/€€

TEXTILE : LES MEILLEURS LABELS

Certes plus chers, ils garantissent une production et une fabrication plus écologiques. Pour les plus motivés, c'est un pas de géant que d'acheter la plupart de ses vêtements labellisés !

Pour en savoir plus : ecolabels.fr.

« GOTS » (Global organic textile standard) : certifie l'origine biologique des matières et un processus de fabrication responsable et respectueux de l'environnement. Atteste aussi de la qualité du produit : durée de vie, résistance au lavage, etc. *(délivré par Ecocert).*

« Oeko-tex, standard 100 » : interdit notamment l'usage des métaux lourds, des colorants allergènes et du benzène. Limite aussi l'utilisation des pesticides.

« OCS » (Organic content standard) : garantit la traçabilité des textiles en fibres biologiques.

« Textiles écologiques et recyclés » : garantit la qualité écologique du vêtement.

« Écolabel européen textile » : impose une teneur minimale en fibres recyclées pour les textiles à base de polyester. Interdit aussi l'utilisation de la plupart des pesticides.

« Origine France garantie » : garantit une production réalisée intégralement en France. Indique aussi une origine française des matières utilisées (à hauteur de 50 % minimum du coût de production).

FLOCERT + « World Fair Trade Organization » : garantissent des vêtements issus du commerce équitable (rémunérations et conditions de travail).
💪💪/€€

CHAUSSURES, LES 4 BONS RÉFLEXES

Comment prolonger par deux la durée de vie de nos chaussures, quelle que soit leur qualité :

■ **Éviter de les porter deux jours de suite :** alterner avec une autre paire.
💪/€

■ **Utiliser des embauchoirs :** tous les jours et immédiatement après avoir retiré ses chaussures.
💪/€€

■ **Cirer une fois par semaine :** si possible avec une brosse (permettant au cirage de mieux pénétrer le cuir).
💪💪/€€

■ **Faire vite réparer chez le cordonnier :** dès que les semelles et les talons sont usés.
N.B. : possibilité de bénéficier du « bonus réparation » chez un cordonnier agréé *(lire p. 235)*.
💪💪/€€€

DU BICARBONATE POUR DÉSODORISER SES CHAUSSURES

Pour désodoriser ses chaussures, notamment de sports, disposer une poignée de bicarbonate de soude dans chaque chaussure. Laisser agir toute la nuit, puis vider le bicarbonate. Enlever si besoin les résidus à l'aide d'un aspirateur.
Autre solution : 2 sachets de thé ou d'infusion séchés toute la nuit.
💪/€

23
Mieux nettoyer ses vêtements

Nombre de lavages en machine par an pour une famille de 4 personnes : 230 ! Lesquels consomment 21 % de notre électricité (7 % pour le lave-linge, 14 % pour le sèche-linge) et 90 % de l'énergie utilisée pour le chauffage de l'eau.
Je vais vous montrer qu'avec quelques conseils tout simples, on peut réduire sa facture d'eau et d'électricité jusqu'à 40 %. Et notre gaspillage d'autant.

LAVE-LINGE : MIEUX LE CHOISIR, MIEUX L'ENTRETENIR, MIEUX L'UTILISER

Voici quelques conseils pratiques et astuces permettant de baisser ses factures d'eau et d'électricité. Tout en préservant mieux son linge.

LE PLUS ÉCONOME : LAVE-LINGE DE CLASSE « A »

Les lave-linges vendus en magasin sont classés de A à G. Opter pour les premiers, certes plus chers à l'achat, mais très exigeants, permet d'économiser jusqu'à 30 % d'eau *(lire tableau ci-après).*
N.B. : à partir de cette année, les lave-linge neufs vendus en France ont l'obligation d'être équipés de dispositifs capables de filtrer les microparticules de plastique (s'échappant de nos vêtements à chaque lavage). Une bonne initiative : celles-ci sont en effet la 3e source de pollution au plastique des océans.
Prix : env. 380 euros (contre env. 300 pour un lave-linge de classe C).
/€€

Classe énergétique de la plus économe à la plus énergivore	Exemple de consommation d'énergie pour 100 cycles de lavage - en kWh	Coût en électricité en € pour 100 cycles (avec 1 kWh = 0,2516 € - tarif bleu EDF en juin 2024)
A	47	11,83
B	55	13,84
C	63	15,85
D	73	18,37
E	83	20,88
F	91	22,90
G	93	23,40

BIEN UTILISER SON LAVE-LINGE : LES 5 BONS RÉFLEXES

C'est très facile et valable pour tous vos lavages.

■ **Trier son linge.** Laver son linge par couleur, nature du textile, ou degré de saleté protège la qualité et prolonge la vie des vêtements.
💪💪/€

■ **Ne pas tasser le linge.** Permet à la lessive de se diffuser convenablement.
💪/€

■ **Ne pas surdoser la lessive :** quel que soit le produit utilisé, son surdosage risque de réduire l'efficacité du rinçage sur le linge, ce qui peut par ailleurs entraîner allergies cutanées, rougeurs, ou irritations de la peau.
💪/€

■ **Bien remplir son lave-linge**

Qu'il soit à moitié vide ou rempli, un lave-linge consommera la même électricité. Pourquoi, dès lors, le faire tourner à vide ? Mieux vaut donc attendre un peu, qu'il soit entièrement rempli, pour le faire fonctionner.

N.B. : si votre lave-linge n'est cependant pas entièrement rempli, il est possible de réduire (un peu) la dose de lessive.
💪💪/€

■ **Baisser la température du lavage**
80 % de l'énergie de la machine sert à faire chauffer l'eau (à 60 °C). La régler à 40 °C (et même à 30, si le linge n'est pas très sale) suffit pour nettoyer en profondeur tout en froissant moins le linge et préservant mieux ses couleurs. Les économies réalisées sont en outre (très) importantes : de 25 à 30 %.
Réserver les lavages à 50 ou 60 °C aux lessives les plus sales et/ou ayant besoin d'être désinfectées (vêtements après le sport, torchons, serviettes...).
💪/€

BIEN ENTRETENIR SON LAVE-LINGE : LES 7 INCONTOURNABLES

Quelques petites (bonnes) habitudes à prendre. Le secret d'un bon entretien : sa régularité.

Tous les 2/3 lessives :
■ **Alterner lessive liquide et en poudre.** Aide à nettoyer le tambour, donc à conserver son lave-linge plus longtemps.
💪/€

■ **Détartrer avec du vinaigre blanc.** Ajouter une tasse de vinaigre blanc à la lessive prévient la machine à laver du tartre (peut se pratiquer à chaque lavage).
En plus, tous les mois : mettre du vinaigre blanc dans la cuve et nettoyer à vide à très haute température (60 à 90 °C).
💪/€

Tous les 15 jours :
■ **Nettoyer les filtres.** Mélange eau chaude et liquide vaisselle.
💪💪/€

■ **Nettoyer les bacs à lessive et à adoucissants d'eau.** Mélange eau chaude et liquide vaisselle.
💪💪/€

Tous les mois :

■ **Lancer un lavage à 60 °C.** À vide ou chargé. Évacue les résidus de lessive et bactéries, permettant à la machine de moins s'encrasser.
💪/€

■ **Nettoyer les filtres d'arrivée d'eau et de vidange.**
💪💪/€

■ **Nettoyer les joints de porte.**
💪💪/€

LESSIVE POUR LAVE-LINGE

Fabriquée soi-même ou achetée dans le commerce, attention en premier lieu à ne pas surdoser la lessive.

FABRIQUER SA LESSIVE LIQUIDE POUR LAVE-LINGE

S'utilise comme une lessive liquide « toute prête » : l'équivalent d'un verre dans le compartiment lessive.

■ **Au savon noir :** dans un saladier ou une bouteille en verre, verser 50 g de savon noir liquide, éventuellement 1 c. à s. de cristaux de soude pour le linge très sale, ajouter 1 l d'eau bouillante, puis mélanger jusqu'à totale dissolution du produit.
💪/€

■ **Au savon de Marseille et bicarbonate :** dans une casserole, verser 30 g de savon de Marseille râpé dans un litre d'eau chaude et mélanger à feu doux jusqu'à ce que le mélange soit homogène. Ajouter et faire dissoudre 1 c. à s. de bicarbonate et 1 c. à s. de cristaux de soude.
💪💪/€

■ **À la cendre de bois :** dans un contenant, mélanger 50 g de cendres (tamisées) et 1 l d'eau. Laisser décanter 2 à 3 jours en remusant de temps en temps, puis filtrer et mettre en bidon ou bocal.
💪💪💪/€

■ **Au lierre :** dans une casserole, verser 50 g de feuilles de lierre rincées et découpées dans 1 l d'eau. Faire bouillir 15 min puis arrêter la cuisson. Laisser reposer toute la nuit.
Filtrer le liquide à travers une passoire fine pour éliminer les débris de feuilles.
💪💪💪/€

LESSIVES POUR LAVE-LINGE ACHETÉES EN MAGASIN : LESQUELLES CHOISIR ?

Même si l'on préfère continuer d'acheter tout ou partie de sa lessive sur les rayons, on peut agir : mieux connaître sa lessive, c'est mieux l'utiliser. Donc moins gâcher et moins user.

POUR LE LINGE TRÈS SALE...

Faire tremper au préalable votre linge dans de l'eau bouillante avec 1 c. à s. de percarbonate pendant une nuit.
Autre possibilité : prélaver les taches au savon de Marseille ou au savon noir.
💪/€

... TRÈS PEU SALE...

Si l'une de vos lessives est constituée dans sa totalité de linge très peu sale (vêtements non-tachés portés une seule fois), ne pas hésiter à réduire (un peu) la dose de lessive.
💪/€

... OU DONT LE BLANC TERNIT

Verser 1 c. à s. de percarbonate directement sur le linge.

/€

Lessives liquides : recommandées pour le linge de tous les jours, lavé à basse température (certaines poudres peuvent laisser des résidus sur le linge en cas de rinçage insuffisant ou lors de lavage à moins de 30 °C).

Lessives en poudre : recommandée pour le blanc (action anti-grisaillement de son oxygène actif) et le linge de maison (se dissout mieux à des températures plus élevées). Pensez, si vous le pouvez, à l'acheter en vrac (magasins bio et vrac).

Lessives en feuille : À placer directement dans le tambour, elles lavent aussi bien à basse qu'à haute température. 100 % solubles dans l'eau, elles nécessitent moins d'emballage que les lessives liquides ou en poudre. Quelques marques : Natulim, FLOC.

Lessives « écolo » : les indications « lessive naturelle » ou « lessive verte » ne garantissent pas des lessives écologiques. Le mieux : se fier aux labels Ecocert, Écolabel, Nature & Progrès et surtout Écolabel européen, qui impose des critères sur toute la durée de vie du produit (matières premières utilisées, emballage, rejet dans l'environnement). Ce label est le seul à garantir une lessive 100 % écologique.

LAVAGE À LA MAIN : RIEN DE MIEUX QUE LE SAVON DE MARSEILLE

Tout aussi efficace (voire plus) que les produits pour lavage à la main achetés en magasin : le pain de savon de Marseille, avec lequel on frotte son linge, comme autrefois au lavoir. Le savon de Marseille est en outre plus économique, sans aucun dommage pour l'environnement, et nécessite moins d'eau pour le rinçage. Comment le choisir : *lire p. 63.*

N.B. : s'utilise aussi pour les taches tenaces avant le passage en machine.

/€

ADOUCISSANT 100 % NATUREL POUR LE LAVE-LINGE

En plus d'être assez chers (env. 120 euros/l), nombre d'adoucissants vendus dans le commerce peuvent être source de pollution de l'eau. Leurs parfums, contenant des allergènes, peuvent de plus provoquer des allergies cutanées (notamment pour les bébés). Le mieux est donc d'utiliser des adoucissants naturels, très faciles à se procurer et à utiliser. Une fois que l'habitude est prise, ça devient tout naturel.

■ Vinaigre blanc

Verser un demi-verre de vinaigre blanc dans le bac spécifique de votre lave-linge (ou la même dose d'un mélange d'1 l d'eau et 1 c. à s. d'acide citrique)

N.B. : attention cependant, le vinaigre altère les élastiques (ex. : lingerie).

💪/€

■ Percarbonate de soude

Pour le linge blanc principalement : versez 1 c. à s. de percarbonate de soude directement dans la machine à laver avec le linge.

💪/€

SÈCHE-LINGE : LES 6 BONS RÉFLEXES

Pas de doute, c'est pratique. Mais le sèche-linge a deux écueils : il est ultra gourmand en électricité (2 fois plus que le lave-linge) et il a tendance à abîmer le linge.
Si l'on a un jardin, ou un grand balcon, il est facile de s'en passer : rien ne vaut le séchage en plein air, avec le soleil, désinfectant, au passage, tous vos habits...
Difficile en revanche de s'en priver pour les familles nombreuses vivant en appartement. Mais on peut réduire son coût et son fonctionnement.

■ **Préférer le sèche-linge à condensation.** Équipés d'une pompe à chaleur et d'une sonde d'humidité (veille ou arrêt automatique quand le séchage est terminé), les plus efficaces sont classés A+++ : plus

chers à l'achat, ils font économiser 30 euros par an par rapport aux moins bien classés.
Prix : à partir de 250 euros (contre 200 euros pour un classé C).
💪/€€

■ **Attendre qu'il soit totalement rempli.** Le sèche-linge consomme autant d'électricité plein qu'en partie vide.
💪/€

■ **Sortir rapidement le linge de la machine**
Après avoir retiré le linge dès l'arrêt du programme, le secouer et l'étendre bien à plat en tirant un peu : le linge séchera plus vite, et le repassage sera facilité.
💪/€

■ **Pour un linge plus sec, augmenter la vitesse d'essorage du lave-linge**
Pour ceux qui habitent en appartement, ne pas hésiter, en fin de cycle d'essorage, à pousser celui-ci au maximum. Un (tout petit) peu plus énergivore, ce geste apparemment pas très écolo permet en réalité de mieux sécher son linge, donc de réduire sa durée de séchage en intérieur (et de diminuer l'humidité, facteur de pollution et refroidissement de l'air, *lire chapitre* 2).
💪/€

■ **Alterner, une à deux fois par semaine, avec un séchage en intérieur**
Fenêtres ouvertes si possible. Le mieux : un étendoir pliable. En hiver, placer celui-ci non loin d'un radiateur.
Prix : à partir de 20 euros.
💪💪💪/€€

■ **Pour les plus motivés : conserver l'eau pour d'autres utilisations**
À savoir : une fois le programme achevé, un sèche-linge offre la possibilité de récupérer son eau essorée (déminéralisée), que l'on peut utiliser pour d'autres usages : remplir son fer à repasser vapeur, détartrer sa machine à café, arroser ou vaporiser ses plantes d'intérieur…

/€

BOULOCHE, POILS D'ANIMAUX… COMMENT S'EN DÉBARRASSER ?

Pour remplacer les rouleaux adhésifs anti-peluche

■ **Pour éviter les bouloches**
Laver les pulls, bonnets et gants à l'envers et à 30 °C maximum.
Privilégier le séchage à l'air libre plutôt qu'au sèche-linge.

/€

■ **Pour enlever les bouloches, cheveux, poils sur vos vêtements**, quatre solutions maison : faire rouler des bigoudis, ou frotter doucement avec la surface grattante d'une éponge propre, ou utiliser une bande velcro ou utiliser un rasoir à lames usées.

/€

24
Mieux au travail

Nous passons en moyenne 200 jours par an au travail. Objectif : continuer à appliquer nos bonnes nouvelles habitudes sur le chemin et au boulot.

SUR LE TRAJET : 4 BONS RÉFLEXES

Bonnes habitudes à adopter lorsqu'on quitte son domicile pour se rendre au travail, et inversement.

■ **À pied :** avoir toujours sur soi un ou deux sacs en tissu (ou vieux sac plastique) pour vos courses du déjeuner ou du soir en rentrant *(lire chapitre 9).*
💪/€

■ **En voiture :** à défaut de pouvoir utiliser les transports en commun, penser à covoiturer entre collègues *(lire chapitre 27).*
💪💪/€

■ **À vélo :** se motiver et motiver ses collègues en faisant le Challenge « Mai à vélo » dont l'objectif est d'effectuer le plus de kilomètres à vélo afin de faire gagner votre collectivité, entreprise, association, club, etc. Renseignement : *maiavelo.fr*
💪💪/€

■ **En métro :** préférer les escaliers aux escaliers mécaniques (le top pour la santé).
Aux bouches de métro, refuser (poliment) les *flyers*, excepté, bien sûr, s'ils vous intéressent.
💪💪/€

POUR SE DÉSALTÉRER ET À LA PAUSE DÉJEUNER

Des pauses oui, et bienvenues, mais sans oublier là encore de suivre quelques bons conseils.

■ **À la place des gobelets à café, son propre mug :** remplacer les gobelets (en plastique ou en carton) utilisés à la machine à café du bureau par son propre mug, ou tasse, emprunté chez soi et restant au travail. À raison de 3 cafés par jour, cela représente une soixantaine de gobelets économisés par mois, soit près de 700 par an !
💪/€

■ **Boissons :** préférer une gourde (en inox c'est encore mieux) aux bouteilles en plastique.
💪/€

■ **Repas :** plutôt qu'acheter un sandwich ou un plat « tout fait » avec emballages en plastique, penser à apporter son repas et ses couverts réutilisables.
En cas d'achat de plat à emporter, penser à apporter ses propres contenants : boîte repas (*lunchbox*), sacs en tissu, etc.
💪💪/€

LES « ÉCOTAFEURS » – MODE D'EMPLOI

Ce terme désigne les salariés qui importent leurs bons réflexes environnementaux entre domicile et travail et inversement. Cela consiste à échanger ses bonnes idées pour économiser en matière de chauffage, climatisation, éclairage, eau, numérique, etc. Exemples : fermer les lumières en sortant d'une pièce, trier ses déchets, ne pas imprimer inutilement, se déplacer à vélo ou en transport en commun, etc.
Une initiative en pleine progression : créer un petit groupe de collègues volontaires, puis élargir ce cercle via de petites affiches sur le tri, des journées trocs, etc.
💪💪/€

SUR SON LIEU DE TRAVAIL, LES 5 INCONTOURNABLES

On y passe 8 heures par jours en moyenne : l'occasion, comme chez soi, d'être attentif à un certain nombre de bonnes pratiques toutes simples.

■ **Choisir de préférence les escaliers à l'ascenseur :** comme dans le métro avec les escaliers mécaniques (sauf si c'est un gratte-ciel !).
💪💪/€

■ **Se laver les mains à l'eau froide :** c'est aussi efficace qu'à l'eau chaude. Si vous utilisez cependant l'eau chaude, penser à bien repositionner le robinet à droite pour éviter de lancer inutilement le chauffe-eau.
💪/€

■ **Chauffer et climatiser à la bonne température :** au boulot comme à la maison, 19 °C pour le chauffage, 26 °C pour la climatisation. Et quand ils sont en marche, la porte de la pièce doit être fermée afin de ne pas surconsommer.
💪/€

■ **Penser à éteindre sa lumière en partant :** lorsqu'on quitte son bureau le soir, mais aussi lorsque nous partons déjeuner, ou même quittons une salle de réunion, ne pas oublier d'éteindre ses lumières (et même, si possible, celles de ses collègues du bureau d'à côté ayant oublié de le faire).
💪/€

■ **Faire acheter des stylos recyclables :** depuis sa création, le plus célèbre modèle de stylo-bille cristal s'est écoulé à plus de 140 milliards d'unités dans le monde, dont... 99,99 % ne sont pas recyclées. L'alternative : les « stylos écolos » en papier, carton recyclés ou fabriqués à partir de paille de blé. Un peu plus chers, mais désormais disponibles dans toutes les papeteries, ceux-ci durent aussi longtemps que les stylos billes classiques.
Prix : de 80 centimes à 1 euro l'unité.
💪/€€

SOUTENEZ LA RECHERCHE SUR LES MALADIES RARES AVEC VOS VIEUX STYLOS ♥

L'Association Neurofibromatoses et Recklinghausen récupère des stylos usagés qui sont ensuite revendus à une société de recyclage. L'argent récolté permet de financer la recherche sur les neurofibromatoses (maladies génétiques). Tous les matériels d'écriture peuvent être collectés : stylos à bille, à plume, feutres, porte-mines, effaceurs, marqueurs, surligneurs, tipex... (sauf les crayons de bois, crayons de couleur et tubes de colle).

Au travail, installer une boîte avec étiquette à télécharger sur le site de l'asso. Les frais d'envoi sont pris en charge à partir de la collecte de deux à trois cartons de 20 kg.

Renseignements : *anrfrance.fr*

💪💪/€

25
Mieux utiliser le numérique

Nous en possédons aussi de plus en plus : en Europe, chaque personne détient en moyenne... 9 équipements numériques. Or, la fabrication d'un ordinateur de 2 kg ne nécessite pas moins de 588 kg de matériaux : 300 fois sa masse !
Objectif : une utilisation plus raisonnée de nos matériels, nous permettant d'être à la fois utile à la planète et de faire des économies.
La méthode : privilégier le reconditionné (voir chap. 5) et prolonger la durée de vie de ses équipements.

MIEUX UTILISER SON SMARTPHONE

C'est devenu l'un de nos gaspillages numéro un : 113 millions de nos vieux smartphones dorment encore dans nos tiroirs, moins de 5 % sont collectés pour être recyclés, 88 % sont renouvelés alors qu'ils fonctionnent encore... Or 80 % de l'empreinte carbone d'un smartphone, c'est sa fabrication. Petit effort pour vous, énorme bienfait pour l'environnement.

LE TOP 5 POUR CONSERVER VOTRE TÉLÉPHONE LE PLUS LONGTEMPS POSSIBLE

70 kg de ressources naturelles sont nécessaires pour produire un smartphone et 80 % de son impact environnemental est liée à sa fabrication.
Pour déjouer les pièges de l'obsolescence programmée, voilà quelques conseils pour mieux utiliser, donc plus longtemps, votre smartphone, dont 40 % des pannes pourraient être évitées s'ils étaient mieux entretenus.

■ **Inutile de le changer tant qu'il fonctionne.** Puis le faire réparer dans la mesure du possible.
Si l'on garde son *smartphone* 4 ans au lieu de 2 ans, on économise 40 % des émissions de CO_2 liées à son cycle de vie.
💪/€

■ **Choisir un mobile réparable :** Au moment de votre achat, vous renseigner sur l'indice de durabilité du mobile que vous envisagez d'acheter : *indicereparabilite.fr*. À titre d'exemple, Fairphone propose des smartphones évolutifs et réparables. Ils sont composés de matériaux recyclés et équitables.
À noter : L'étiquetage énergie pour les tablettes et *smartphones* est obligatoire à partir de 2025. Il note 5 critères : l'autonomie de la batterie, la résistance aux chutes, la réparabilité, la durée de vie de la batterie et la résistance à l'eau et aux poussières.
💪💪/€

■ **Le protéger contre les chocs.** Équiper son smartphone d'une coque et/ou d'un film de protection d'écran
Prix : à partir de 8 euros (coques de protection); de 2 euros (film de protection d'écran)
💪/€€

■ **Ne pas le décharger ni le surcharger.** L'idéal pour l'user le moins possible : maintenir sa batterie chargée entre 20 % et 80 % (ne le laissez donc pas recharger toute la nuit).
💪/€

■ **Au moment de se coucher, le mettre sur « mode avion ».** Il s'usera moins vite.
💪/€

MATÉRIEL NEUF : SUIVRE LES LABELS ENVIRONNEMENTAUX

Ordinateurs, écrans, imprimantes, téléphones mobiles, ... quels sont les principaux labels ?

Écolabel européen : garantit des produits ayant une incidence moindre sur l'environnement pendant tout leur cycle de vie.
Blue Angel : porte sur des critères de recyclabilité, de réduction des consommations d'énergie et des pollutions.
EPEAT : mêmes critères que Blue Angel, avec en plus des critères sur l'emballage.
Certification TCO (Total Cost of Ownership) : porte sur l'ergonomie, le bruit, la recyclabilité et les dimensions sociales et sociétales.
Energy Star : porte uniquement sur l'efficacité énergétique des appareils informatiques en phase d'usage.
/€

LES 10 BONNES PRATIQUES D'UTILISATION

Comment alléger votre smartphone pour économiser la batterie et vos dépenses d'énergie.

- **Réduire son forfait**

C'est possible chez tous les opérateurs. Rendez-vous sur Télécoop : cette coopérative télécom propose des forfaits mobiles aux particuliers et professionnels avec des volumes volontairement restreints de données (exemple pour le forfait « Sobriété » – 100 Mo inclus : à partir de 10 euros/mois, appels et SMS inclus en France Métropolitaine).
/€

- **Supprimer des éléments gardés en mémoire.** À faire notamment si vous donnez ou revendez votre appareil.
/€

■ **Désactiver les données mobiles.** C'est une solution très simple pour moins en consommer, éviter les frais d'itinérance hors Europe et limiter la consommation de données mobiles si aucun réseau wifi n'est accessible. En revanche, il est toujours possible d'effectuer et de recevoir des appels, d'échanger des textos et d'utiliser Internet sur un réseau wifi.
💪/€

■ **Adopter le réflexe wifi**
Les mises à jour nécessitent une quantité importante de donnée. Pensez à effectuer ces mises à jour (téléchargements) ainsi que l'installation des applications en *wifi* : l'ADSL consomme en effet trois fois moins que la 4G ; la fibre, 10 fois moins !
De même, privilégier la connexion *wifi* chez soi ou au travail.
💪/€

■ **Désactiver wifi et Bluetooth quand on ne s'en sert pas.**
💪/€

■ **Réduire le visionnage de vidéos en ligne**
1 % des émissions de CO_2 mondiales proviennent du visionnage de vidéos en *streaming*. L'idéal : réduire le temps qu'on y passe. À défaut, utiliser le *wifi (lire ci-dessus)*, ou privilégier le *streaming* son à la vidéo.
💪💪/€

■ **Réduire la définition de la vidéo**
Plus la qualité et la taille des images sont importantes, plus la bande passante mobilisée l'est à son tour. Diminuer la résolution des images réduit donc l'énergie nécessaire pour les diffuser (sans que vous vous en rendiez compte à la diffusion).
Comment procéder : se rendre dans les paramètres du lecteur de vidéo (habituellement accessibles via un onglet du lecteur vidéo) et réduire la définition des vidéos.
💪💪💪/€

■ Télécharger les contenus audio et vidéo en avance

En plus de réduire votre impact environnemental, cela vous permettra de profiter de vos contenus sans dépendre de la qualité du réseau mobile (adieu temps de chargement trop longs et coupures éventuelles !).
💪💪/€

■ Désactiver les mises à jour automatiques d'application et les notifications

En plus de consommer de l'énergie, elles attirent votre attention et poussent à la surconsommation.
Étape 1 : Allez dans votre store d'applications (Google play, App store...).
Étape 2 : Désactivez la possibilité de mettre à jour vos applications via les données mobiles.
Étape 3 : Désactivez les notifications des applications qui ne vous sont pas nécessaires.
💪💪/€

■ Sur les réseaux sociaux : stopper la lecture automatique des vidéos

Sur les réseaux sociaux (Facebook, Instagram etc.), la lecture des vidéos est automatique, ce qui entraîne une surconsommation de données mobiles, qui peut être importante.
La solution : arrêter la lecture automatique des vidéos dans les paramètres de l'application.
Étape 1 : Rendez-vous dans les paramètres et confidentialité sur l'application.
Étape 2 : Choisissez « préférences » puis « contenu multimédia ».
Étape 3 : Sélectionnez l'option de votre choix : « en *wifi* uniquement » ou « ne jamais lire automatiquement ».
💪💪/€

ATTENTION, NOS ENFANTS REGARDENT (TROP) !

En France, les enfants de 3 à 6 ans passent en moyenne chaque jour près de 3 heures sur leurs écrans (essentiellement téléphone). En fin de primaire ou début de collège, ils en passent 5. Quant aux ados, ils consomment chaque jour 7 heures d'écran récréatif par jour.

Or, les écrans empiètent sur des activités pourtant essentielles telles que le sommeil, les devoirs, les échanges humains, les activités manuelles, sportives, artistiques ou d'imagination.

Autre conséquence négative : sur la santé, car cette surexposition conduit les enfants à être beaucoup plus sédentaires.

Mais, en moyenne, les Français passent 3h30 par jour sur leur téléphone, adultes compris donc ! À nous de donner l'exemple si on veut leur imposer des limites et leur proposer des solutions alternatives. Pas facile, mais vraiment nécessaire.

/€

ÉTEINDRE SA BOX

Le savez-vous ? Une box consomme à l'année autant qu'un petit réfrigérateur !

■ **L'idéal pour réduire sa facture (et prolonger la durée de vie de son matériel) :** la débrancher, notamment la nuit, au moment d'aller se coucher. Économies réalisées : 50 % de la facture électrique de l'appareil.

/€

■ **Éteindre :** ne pas hésiter, en plus, à l'éteindre lorsqu'on s'absente pour partir travailler.

/€

APPAREILS EN VEILLE : MULTIPRISES, LA SOLUTION MIRACLE !

Téléviseur, *box*, chaîne *hi-fi*, lecteur de CD et de DVD, console de jeux, etc. : 15 à 20 équipements par foyer sont dotés de veilles, qui continuent à utiliser de l'électricité, même lorsqu'ils sont éteints. Cela représente, en moyenne, 11 % de nos factures d'électricité !
Coût estimé : env. 80 euros par an, ce qui équivaut à laisser 7 ou 8 ampoules classiques allumées chez soi 24 h/24 toute l'année.
Un conseil tout simple pour y remédier : branchez tous vos appareils sur des multiprises dotées d'un interrupteur : le soir avant d'aller vous coucher, et en un seul clic, vous débrancherez ainsi d'un coup 4 à 5 de vos appareils, qui ne consommeront plus d'électricité. Un investissement au départ, certes, mais une solution aussi rapide, efficace, qu'ultra-rentable.
N.B. : il existe aussi désormais des prises télécommandées (dans toutes merceries et magasins de bricolage).
Prix : à partir de 5 euros (multiprises avec interrupteur) et à partir de 30 euros (multiprises télécommandées).
/€€

MIEUX UTILISER SON ORDINATEUR

Naviguer sur internet et envoyer des courriels, c'est aussi indispensable qu'énergivore et lourd de conséquences pour l'environnement : une seule recherche sur la Toile consomme autant qu'une ampoule de 100 watts allumée pendant une heure.
Objectif : raisonner l'utilisation, sans se priver.

ACHETER EN SECONDE MAIN OU RECONDITIONNÉ

La fabrication d'un ordinateur est très polluante : elle nécessite 240 kg de combustibles fossiles, 22 kg de produits chimiques et 1,5 tonne d'eau. Pour acheter un matériel d'occasion ou reconditionné, rendez-vous chez la plupart des grandes enseignes d'électroménager ou spécialisées, mais aussi dans les dépôts-vente.

💪💪/€

ORDIS PORTABLES, TABLETTES : LES 8 BONS RÉFLEXES PROLONGER LEUR DURÉE DE VIE ?

La durée de vie d'un ordinateur est aujourd'hui d'un peu plus de trois ans, soit… trois fois moins qu'en 1985 (10,7 ans) ! Or, on peut faire réparer notre matériel, c'est même l'un de ceux qui se réparent le mieux. On peut aussi lui offrir une seconde vie, aux mains d'associations.

■ **Nettoyer régulièrement le système de ventilation** (entrées et sorties)
💪/€

■ **Ne les laisser pas branchés** quand ils sont suffisamment pleins.
💪/€

■ **Idem pour les chargeurs quand ils ne sont pas utilisés,** ils consomment encore.
💪/€

■ **S'ils commencent à chauffer : faire une pause**
💪/€

■ **Éviter de les utiliser au soleil,** ou dehors en période de forte chaleur.
💪/€

■ **Toujours les poser sur une surface rigide,** afin de ne pas boucher les entrées d'air des ventilateurs.
💪/€

■ **Réparer soi-même, c'est possible !** Les pannes les plus courantes sont facilement identifiables et réparables. Pour se lancer : se renseigner en ligne sur des plates-formes dédiées et s'appuyer sur des tutos et/ou des forums : *ifixit.com, sosav.fr*.
On peut se rendre aussi dans le *Repair café* de son quartier pour se faire aider *(lire chapitre 5)*.
/€

■ **Les faire réparer par un réparateur indépendant.** Pour trouver l'artisan spécialiste le plus proche de chez soi : *reparateurs.artisanat.fr*
/€

INTERNET, COURRIELS : LES 20 GESTES À ADOPTER

Un an d'activité sur Internet pour un seul internaute, c'est l'équivalent de 200 kg de gaz à effet de serre et 3 000 l d'eau consommés ! Or, une somme de petits gestes tout simples permet de se montrer ultra-efficace dans l'économie d'énergie et de CO_2.

■ **Ordis portables, tablettes : ne pas les décharger ni les surcharger.** Niveau de recharge idéal (comme pour les smartphones) : entre 20 et 80 % (ne les laissez donc pas recharger toute la nuit).
/€

■ **Choisir des navigateurs moins énergivores.** Les plus gourmands : Chrome, Microsoft Edge et Firefox. Le moins énergivore : Brave. Bien classés également et bons pour la planète : Ecosia qui finance des plantations d'arbres et Lilo qui finance des projets sociaux ou environnementaux.
/€

■ **Configurer le mode « veille » automatique dans votre ordinateur.** *Et l'éteindre quand vous ne l'utilisez pas pendant longtemps.*
/€

■ **Contrôler ses courriels.** N'en envoyer que si nécessaire (le téléphone est beaucoup moins énergivore).
💪💪/€

■ **Éviter de « répondre à tous »,** sauf lorsque, là aussi, c'est nécessaire.
💪/€

■ **Taper l'adresse d'un site sans passer par un moteur de recherche** (utiliser les favoris). Cela permet de diviser jusqu'à 4 nos émissions de gaz à effet de serre liées à l'accès au site.
💪/€

■ **En réponse : ne laisser les pièces jointes que si nécessaire.**
💪/€

■ **Supprimer régulièrement les pièces jointes.**
💪/€

■ **Vider régulièrement les boîtes aux lettres** (boîtes de réception et d'envoi) : chaque Français a entre 10 000 et 50 000 emails souvent gardés inutilement et qui nécessitent ensuite d'être stockés dans des datacenters.
💪/€

■ **Fermer les onglets et les fenêtres au fur et à mesure.**
💪/€

■ **Supprimer les économiseurs d'écran animé qui empêchent la mise en veille.**
💪💪/€

■ **Régler la luminosité** de façon « raisonnable ».
💪💪/€

- **Créer des pièces jointes légères** type fichiers compressés, PDF basse définition, fichiers TXT.
/€

- **Ne pas multiplier les destinataires.**
/€

- **Supprimer les courriels lourds en priorité.**
/€

- **Désabonnez-vous de vos courriels publicitaires,** plutôt que de les supprimer constamment. Un bon conseil : l'outil Cleanfox qui vous permet de vous désabonner (gratuitement) de vos pubs et infolettres en un clic.
/€

- **Désinstaller proprement les applications qui ne vous servent plus ou celles qui sont obsolètes.** (Il ne suffit pas de les jeter à la corbeille.). Des logiciels gratuits d'aide sont disponibles pour vous aider.
/€

- **Vider les messages envoyés, spams et brouillons.**
/€

- **Vider régulièrement la corbeille.**
/€

- **Stocker un maximum de données sur clé USB ou disque externe** (attention au *cloud* qui est très énergivore). La durée d'écriture d'une clé USB étant de 25 à 30 ans, il faut donc penser à la changer si nécessaire.
/€

MIEUX UTILISER SON IMPRIMANTE

Chaque jour, un employé de bureau imprime en moyenne 28 pages, dont 5 ne seront jamais lues. Or, nous travaillons 47 semaines par an...

IMPRIMANTE, PAPIER... LES 6 GESTES À RETENIR

Objectif : consommer moins de papier.

■ **Imprimante à jet d'encre : ne l'allumer qu'au moment de son utilisation.** Elle n'a pas besoin de préchauffage. Or, un photocopieur consomme 80 % de son énergie en mode attente.
💪/€

■ **Opter pour des cartouches d'imprimante rechargeables :** jusqu'à 70 % d'économies par rapport aux cartouches jetables, tout en diminuant les déchets électroniques et plastiques.
💪💪/€

■ **Limiter les impressions de papier.** N'imprimer que si cela est vraiment nécessaire et inciter les destinataires à ces bons gestes en ajoutant dans votre signature automatique une phrase du type : « N'imprimer que si c'est nécessaire ».
💪/€

■ **Imprimer le plus possible en noir et blanc.**
💪/€

■ **Imprimer en recto-verso.** Cela nous viendrait-il à l'idée de lire un livre ou un journal qui ne soit pas imprimé *recto-verso* ? Alors, pourquoi le faire avec nos notes de bureau ?
💪/€

■ **Utiliser les versos non-utilisés comme papier brouillon.**
💪/€

FACTURES : COMMENT SE PASSER DE COURRIERS EN PAPIER

Connectez-vous à internet dans les espaces clients de vos fournisseurs (EDF, banque, abonnement téléphonique...), afin de demander la suppression des relevés ou factures envoyés par courrier. Le format électronique suffit amplement.

💪💪/€

4 ASTUCES POUR UTILISER MOINS DE PAGES

Objectif là encore : réduire sa consommation de papier.

■ Changer de polices de caractère

Si vous n'avez pas l'obligation (au travail, par ex.) d'utiliser une police de caractère particulière pour vos courriels internes, n'hésitez pas à en changer. Plusieurs polices, plus fines, prennent en effet moins de place.

Passer du Calibri au Garamond fait gagner de nombreuses lignes, donc de nombreuses pages : env. 10 %. C'est loin d'être anodin.

Les polices Ryman Eco, Ecofont et Century Gothic permettent d'économiser de 25 à 33 % d'encre à l'impression.

💪/€

■ Réduire les tailles de caractère et l'interlignage

Diminuer la taille de la police de caractère de 12 à 11 passera inaperçu à la lecture. En revanche, c'est un gain formidable en termes d'économie de papier : – 15 % de pages imprimées !

Avec un interlignage à 1,15, restant très lisible, au lieu du classique 1,5, c'est encore 15 % de feuilles supplémentaires qui se voient épargnées.

30 % de feuilles non-utilisées – près d'un tiers – grâce à la conjugaison des deux, qui dit mieux ?

💪/€

■ Diminuer (légèrement) les marges

En diminuant les marges, sur les côtés, de 0,75 graduation (Microsoft Word, notamment), ainsi que de 0,5 en haut et en bas, cela se remarquera à peine, ou pas du tout, mais là encore vous pouvez gagner des pages supplémentaires.

💪/€

■ Imprimer les « slides » par six.

Certains ordinateurs n'impriment par défaut qu'un *slide* (ou diapo) par page. Il suffit d'aller dans les options de votre ordinateur (ou de demander à un plus trapu de le faire), pour imprimer 3, voire 6 *slides* par page. De quoi consommer jusqu'à 6 fois moins de papier !

💪/€

OÙ ET COMMENT S'INFORMER POUR ALLER ENCORE PLUS LOIN ?

Sur internet, au travail auprès de son service informatique et dans les livres.

■ Sur des sites spécialisés

ADEME : *agirpourlatransition.ademe.fr/particuliers/bureau/numérique.*
Les Enovateurs : *les-enovateurs.com.*
Institut du numérique responsable : *academie-nr.org.*

💪/€

■ En participant à un défi numérique

Participer au Digital Cleanup Day, une journée de sensibilisation à la sobriété numérique qui a lieu chaque année en mars : bien utiliser ses appareils, savoir nettoyer ses données, etc. On peut y participer en tant que particulier, entreprise, collectivité, ou à l'école.
Renseignements : *digital-cleanup-day.fr.*

💪💪/€

■ En faisant une bonne action ♥

Retrouvez nombre de conseils sur la sobriété numérique dans le *Petit Manuel pour l'entreprise : comment agir pour le climat ?* et *Agir pour le climat en famille* de Pascale Baussant qui reverse 100 % de ses droits d'auteur à des associations environnementales.

💪/€€

26
Mieux circuler sans voiture

S'il n'est pas question, bien sûr, de supprimer la voiture (38 millions au total en France), irremplaçable pour nombre d'entre nous – en particulier en zone rurale –, son omniprésence ne manque cependant pas de poser de gros problèmes, notamment de pollution (30 % des émissions de gaz à effets de serre, le premier poste), de nuisance sonore et de coût : 17 % du budget d'un ménage.
Objectifs : réduire, lorsque c'est possible, son utilisation (58 % des actifs dont le lieu de travail est situé à moins de 1 km s'y rendent en voiture), proposer des alternatives (transports en commun et véhicules propres, mais pas seulement), et aussi adopter au volant une conduite et des comportements qui permettent de réduire considérablement ses effets néfastes et son coût. En route pour de nouvelles pratiques !

ÉMISSION DE CO_2 : DES PLUS SOBRES AUX PLUS POLLUANTS*

Marche à pied, vélo	0
TGV, trains grandes lignes	4-6
TER	14
Autobus (40 passagers)	42
Voiture moyenne (4 passagers)	68
Scooter	72
Petite voiture (1 passager)	231
Voiture moyenne (1 passager)	253
Voiture puissante (SUV/1 passager)	345

** dioxyde de carbone en gramme par km et par passager (en moyenne)*

MARCHE À PIED : DES TRÉSORS DE BIENFAITS

Lorsque notre lieu de travail est situé à moins d'un km de chez soi (ce qui est le cas de 58 % des actifs), il est possible d'effectuer ce trajet à pied, si ce n'est tous les jours (notamment lorsqu'il pleut !), au moins plusieurs fois par semaine.

Cela tombe bien : l'organisation mondiale de la Santé (OMS) recommande 5 000 à 10 000 pas par jour (de 3 à 7 km environ). Et pour cause : marcher est la fois un véritable bienfait pour la santé (cardio, muscles), mais favorise aussi la mémoire, la concentration, la créativité et le bien-être, tout en étant (c'est démontré) une activité anti-déprime.

N.B. 1 : excellent pour la santé aussi : prendre les escaliers plutôt que l'ascenseur ou l'escalator (le top : monter les marches deux par deux).

N.B. 2 : Ne pas oublier, si on marche régulièrement, de porter des chaussures adaptées (ses chaussures de ville dans un sac).

💪💪/€

EN VILLE : LES TRANSPORTS EN COMMUN, PLUS ÉCOLOS, PLUS RAPIDES ET MOINS CHERS

Si on ne peut pas, tout le temps, remplacer la voiture par les transports en commun, ceux-ci n'ont que des avantages :

Plus écolos : une voiture en ville émet 62 fois plus de gaz à effet de serre par km parcouru qu'un tramway ou un métro. En moyenne par passager, un bus consomme 40 % moins d'énergie que la voiture ; le métro 14 fois moins.

Plus rapides : aux heures de pointe, le métro et le tramway, évitant les embouteillages, sont les moyens de transport les plus rapide (jusqu'à 6 km de distance).

Moins chers : Un abonnement à l'année pour les transports en commun (type carte Navigo à Paris) revient en moyenne 17 fois moins cher que la voiture.

Autre économie réalisée : celle sur le véhicule lui-même. Une voiture moins utilisée, c'est une voiture qui se déprécie moins vite.

💪💪/€

VÉLO (NON ÉLECTRIQUE) : BIEN LE CHOISIR, BIEN L'ENTRETENIR

Si en France seuls 2 % des déplacements se font à vélo, c'est pourtant l'idéal pour un petit trajet : détente + exercice physique + économie de carburant.
En ville, le vélo est aussi plus rapide que la voiture : 15 km/h (1/4 d'heure pour faire 3 km) contre 14 km/h pour la voiture – sans compter le temps perdu pour trouver où se garer (en ville, près d'une voiture en circulation sur 3 !).

■ **Bien le choisir :** idéal pour les trajets urbains et sur route bitumée, le vélo classique ; le mieux pour un usage entre ville et chemins forestiers, le VTC. Attention dans les deux cas à la masse du vélo : pas plus de 15 kg.
N.B.1 : en ville, les vélos pliants, que l'on peut monter à son travail et chez soi, sont plus pratiques (et ne risquent pas d'être volés), mais ils sont plus chers (jusqu'à 2 000 euros pour un modèle neuf). Il existe cependant désormais des premiers prix accessibles (moins de 300 euros). On peut aussi les acheter en seconde main reconditionné.
N.B.2 : avant de se lancer, ne pas hésiter à prendre conseil auprès de la fédération des usagers de la bicyclette : *fub.fr*
Prix : à partir de 350 euros pour un vélo neuf (100 euros pour un vélo d'occasion).
💪/€€

■ **Bien l'entretenir (et le faire réparer) :** ne pas oublier notamment d'huiler régulièrement la chaîne : votre vélo durera beaucoup plus longtemps.
N.B. 1 : sauf cas exceptionnels, les vélos sont facilement réparables. Il existe de plus en plus d'ateliers de réparations de vélo participatifs. Pour trouver l'atelier vélos le plus près de chez soi : *heureux-cyclage.org.*
N.B. 2 : Pour bénéficier des aides de l'État (à l'achat et à la réparation) : *lire ci-dessous.*
💪💪/€€

ACHAT ET RÉPARATIONS DE VÉLOS : COMMENT BÉNÉFICIER DES AIDES DE L'ÉTAT ?

Beaucoup l'ignorent, mais il est possible de se faire rembourser une partie de ses dépenses.

Achat (neuf ou occasion/en magasin)

Vélo classique : remboursement jusqu'à 150 euros. Condition : disposer d'un revenu fiscal (par part) inférieur ou égal à 7 100 euros ou être en situation de handicap.

Vélo à assistance électrique : remboursement jusqu'à 400 euros (mêmes conditions que pour un vélo classique) ou 300 euros (revenus fiscal inférieur ou égal à 15 400 euros).

Vélo cargo, allongé, adapté à une situation de handicap ou pliant (électrique) : remboursement jusqu'à 2 000 euros (mêmes conditions que pour un vélo classique) ou 1 000 euros (revenu fiscal inférieur à 15 400 euros).

Remorque électrique : remboursement jusqu'à 2 000 euros ou 1 000 euros (mêmes conditions que pour les vélos cargos).

Renseignements : *service-public.fr/particuliers/vosdroits/F36828*

💪/€

Réparation

Vélo classique (uniquement) : 50 euros. Seule condition pour bénéficier de ce « coup de pouce réparation » (hors customisation et une seule fois par vélo), qui sera directement défalqué de votre facture : faire appel à un réparateur labellisé QualiRépar. Pour trouver le plus proche de chez soi : *label-qualirepar.fr*

💪/€

ROULER EN SÉCURITÉ, LES 5 ACCESSOIRES INDISPENSABLES

Très important : penser à bien s'équiper pour rouler en toute sécurité et confort. En plus des éventuels vêtements de pluie, tour de cou, porte-bagages, sacoche ou kit de réparation...

■ **Casque.** Non obligatoire, mais fortement recommandé. Option possible : avec une visière pour protéger les yeux.
Prix : env. 80 euros (pour un casque de qualité).
💪/€€

■ **Gilet fluo.** Il n'est obligatoire que la nuit hors agglomération. Mais recommandé de le porter le plus possible, voire en permanence, afin d'être le plus visible possible.
Prix : à partir de 2,50 euros.
💪/€

■ **Antivol.** Le mieux, 2 antivols : en U pour le cadre, sous forme de câble pour la roue de devant.
Prix : à partir de 10 euros (câble) et de 35 euros (en U).
💪/€€

■ **Pompe à air.** À main ou à pied (rouler avec un vélo sous-gonflé est non seulement plus difficile mais peut être aussi dangereux).
Prix : à partir de 10 euros (pompe à pied portable).
💪/€

■ **Kit d'éclairage mobile.** Indispensable la nuit et même par temps sombre.
Autre possibilité : une lampe frontale (env. 15 euros).
Prix : à partir de 15 euros.
💪/€

LOUER SON VÉLO

Vélib (Paris), Vélov (Lyon), Yélo (La Rochelle), etc. : la plupart des communes de relative importance possèdent des services de location de vélos classiques et électriques très pratiques à utiliser. Et le phénomène s'étend aux plus petites villes.

Renseignements et inscription : offices du tourisme, agences de la mobilité, mairies.

Prix : en fonction de la durée et de la fréquence d'utilisation.

💪/€€

■ Vélo électrique : rouler sans se fatiguer

Si la fabrication des batteries et chargeurs nécessitent évidemment nombre de ressources, métaux et énergie, l'impact carbone du vélo électrique est quasi-nul : 0,02 g de CO_2 par km parcouru. Et son utilisation, plus douce que le vélo classique (jusqu'à 25 km/h sans se fatiguer), permet notamment d'éviter de trop transpirer l'été en allant au travail.

N.B. : son prix, élevé, varie essentiellement en fonction de la durée d'autonomie de la batterie (de 40 à 200 km pour les plus hauts de gamme).

Pour bénéficier des aides de l'État : *lire p. 274*.

Prix : à partir de 600 euros.

💪/€€€

VÉLO CARGO : LES + ET LES -

On en croise de plus en plus, mais les écueils ne manquent pas.

Les +

Pour promener ses enfants.

Pour faire ses courses.

Pour transporter des charges lourdes : de 80 kg (2 roues) à 150 kg (3 roues).

Les -

Très cher

Peu maniable (de 190 à 215 cm, selon les modèles).

Prend beaucoup de place (difficile à garer).

Pour bénéficier des aides de l'État : *lire p. 274.*

Prix : entre 3 500 et 7 000 euros (vélo classique) et de 4 000 à 10 000 euros (vélo électrique).

/€€€

LIVRAISON, DÉMÉNAGEMENTS, ETC. : LES PROS DU VÉLO

À noter, pour les fans, qu'il existe désormais la possibilité de faire effectuer ses (petits) déménagements par vélo cargo. Exemple : la plateforme Toutenvélo.

Liste des professionnels (de tous les secteurs/France entière) utilisant le vélo : *lesboitesavelo.org*

/€

■ Trottinettes électriques : à condition de rouler cool

Elles n'ont pas toujours bonne presse. Pour autant, bien utilisées, elles n'en sont pas moins extrêmement pratiques. Rapides (jusqu'à 25 km/h), pliables, moins lourdes (moins de 15 kg pour certaines) et moins encombrantes que les vélos électriques, elles peuvent être emportées partout : train, métro, bus, bureau... C'est la solution idéale pour remplacer la voiture sur son trajet domicile-gare (à condition qu'il soit bref et emprunte des voies de circulation non-rapides).

Pour rouler en sécurité, mêmes conseils que pour le vélo.

Autres avantages : les prix ont baissé et l'autonomie a augmenté (jusqu'à 15 h).

Prix : à partir de 250 euros (neuf).

/€€

27
Mieux circuler en voiture

Que cela nous plaise ou non, 63 % des trajets sont effectués en voitures individuelles ou en deux-roues motorisés. C'est ainsi : la voiture reste incontournable dans les secteurs mal desservis par les transports en commun ou en zone rurale. Mais je vais tâcher de vous en convaincre : il est parfaitement possible de réduire (presque) sans contrainte son impact sur l'environnement… et nos dépenses. Avec quatre pistes : bien la choisir, l'utiliser aussi sous forme de location ou de covoiturage, bien l'entretenir, et adopter un mode de conduite moins polluant et plus économique.

BIEN CHOISIR SA VOITURE

Première question à se poser : en ai-je vraiment besoin ? (ou : ai-je vraiment besoin d'une nouvelle ?). En fonction de son travail et du lieu où l'on habite, on optera pour l'achat, la location, le covoiturage, etc. Cette dernière piste, favorisant de plus les contacts humains, devenus si distendus, est vraiment à creuser : 8 conducteurs sur 10 circulent seuls le matin dans leur voiture…
Deuxième question à se poser : quel type de voiture est le mieux adapté à mon usage et à mon souci de l'environnement ? Les SUV, par exemple, représentent 40 % des ventes de voitures neuves en France, mais par rapport à une voiture standard c'est 200 kg, 25 cm de longueur et 15 % de consommation en plus.

ACHETER UN VEHICULE : 3 CONSEILS

Choisir un modèle en fonction de ses besoins (travail et/ou famille)

29 % des déplacements en voiture sont effectués avec au moins trois personnes à bord, alors que 41 % le sont avec un conducteur seul. Dans ce cas, même si ce n'est pas toujours facile, privilégier les petits modèles, plus légers et plus économes en carburant.
À découvrir aussi : les véhicules intermédiaires (inférieur à 600 kg), dont les mini-voitures (avec ou sans permis), moins consommatrices de ressources et moins émettrices de gaz à effet de serre que les voitures classiques.
/€

À savoir : les carburants qui émettent le moins de CO_2

Les moins polluants : éthanol E85 (1,6 kg de CO2/litre de carburant) et GPL (1,7 kg/l.).
Le très polluant : essence sans plomb 95 E5 (2,2 kg/l.).
Le plus polluant : Gazole B7 (2,7 kg/l.).
/€ €

Se fier aux étiquettes « énergie-voiture »

Renseignant sur l'empreinte carbone du véhicule, l'étiquette « énergie-voiture » est divisée en 7 catégories, chacune représentée par une lettre, correspondant au niveau d'émissions de CO_2 pour 100 km parcourus.
Ce sont ces lettres qui servent de référence au calcul des bonus (émissions inférieures à 20 g) et malus (émissions supérieures à 128 g) automobiles.
Étiquettes verte (A, B, C) : émissions faibles (100-140 g).
Étiquettes jaunes et oranges (D, E) : émissions modérées (141-200 g).
Étiquettes rouges (F, G) : émissions élevées (+201 g/km).
/€ €

MOTEUR HYBRIDE : LES + ET LES -

Un moteur hybride dispose d'une double motorisation : essence + électrique ou, plus rarement, diesel + électrique, alimenté par des batteries ou une pile à combustible.

Les +

Plus autonome : jusqu'à 1 000 km sans avoir besoin de se ravitailler (contre 400 km pour l'électrique).
Plus propre : son impact sur l'environnement (pollution) est nettement moindre que les véhicules exclusivement thermiques.

Les -

Plus lourd : la masse du véhicule est plus élevée à cause de l'ajout d'un second moteur.
Plus cher : environ 20 % plus cher que leurs équivalents thermiques.
/€€€

VOITURE ÉLECTRIQUE : LES + ET LES -

Si le calendrier de la législation européenne est respecté, la vente de véhicules thermiques neufs sera interdite à partir de 2035. Passer à l'électrique offre de nombreux atouts en termes d'écologie, d'économie et de performances par rapport à un véhicule thermique. Mais cette solution n'est pas, non plus, sans inconvénients : faible autonomie, temps de recharge...

Les + :

Pollution : plus propre. Zéro émission de gaz à effet de serre directe.
Consommation : beaucoup moins cher. 10 euros en moyenne pour charger sa voiture à domicile (30 euros pour une charge rapide) : un prix nettement moins élevé que pour un plein de carburant.
Entretien (au quotidien) : moins cher aussi. Par exemple : ne nécessite pas de vidange.

Conduite plus souple. Le véhicule électrique ne fait presque pas de bruit, ne vibre pas, tandis que l'accélération se fait sans à-coup, de manière fluide (une voiture électrique est dépourvue de boîte de vitesse).

Les - :
Fabrication : plus énergivore. Il faut 3 à 4 fois plus d'énergie pour fabriquer une voiture électrique qu'une voiture thermique. L'utilisation, pour sa batterie, de cuivre ou de lithium entraîne un coût environnemental extrêmement élevé.
Achat : plus cher. Plus chère à l'achat, elle se rentabilise néanmoins sur le long terme et bénéficie de nombreuses aides publiques *(lire p. 283)*.
Autonomie : encore trop faible. 400 km en moyenne (300 sur autoroute, mais les modèles s'améliorent d'année en année).
Temps de recharge de la batterie : beaucoup plus long que la durée d'un plein d'essence. Actuellement, au minimum 30 min avec un superchargeur et jusqu'à 24 heures.
Bornes de recharges : en nombre insuffisant *à l'heure actuelle.*

Conclusion
La voiture électrique est donc loin d'être la solution miracle. Inutile alors, sans doute, de se presser de changer : si elle n'est pas trop énergivore et garantit une bonne sécurité, mieux vaut conserver sa voiture à moteur essence (ou en acheter en seconde main, ou en louer une), le temps que l'électricité progresse encore.
/€€€

TRANSFORMER SA VOITURE EN VÉHICULE ÉLECTRIQUE

Ce qu'on appelle « rétrofit » consiste à transformer un véhicule à moteur thermique en véhicule à moteur électrique ou hybride rechargeable. L'intervention doit être effectuée par un professionnel agréé.

Pour quels types de véhicules ? Concerne tous les véhicules essence ou diesel de plus de 5 ans.
Quels avantages ? Tous les + des véhicules électriques : *lire ci-dessus.*
Quels inconvénients ? Tous les – des véhicules électriques : *lire ci-dessus.* Mais aussi le prix, très cher, de cette installation d'un nouveau moteur. À noter encore : la prise de masse de votre ancien véhicule : jusqu'à + 20 %.
Quel prix : à partir de 15 000 euros (kit et installation). Le rétrofit est éligible à des aides publiques (prime de l'État à la conversion et aides régionales et locales, *lire p. 283*).
💪💪💪/€€€

FAIRE PASSER SON MOTEUR À L'ÉTHANOL ?

Moins développé que l'électrique, l'éthanol permet lui aussi de réduire la pollution par rapport à un moteur thermique, de même pour le prix de son plein. Mais « l'opération » coûte cher...
Tout ce qu'il faut savoir :

L'éthanol c'est quoi ? L'E85 est un carburant composé de 85 % d'éthanol, un alcool produit à partir de betteraves et céréales, et de 15 % d'essence sans plomb.
Pour quel type de véhicule ? Il peut être utilisé pour tous les véhicules essence mis en circulation à partir de janvier 2001, après installation par un professionnel agréé d'un boîtier de conversion.
Avantages Il réduit de 90 % les émissions de particules fines et de 70 % environ celles des gaz à effet de serre par rapport à l'essence. Considéré comme un produit agricole, il est moins taxé que ses homologues pétroliers : il coûte moitié moins cher que l'essence sans plomb 95.
Inconvénients Il n'est rentabilisé qu'au bout de 20 000 km. Moins calorique qu'un carburant classique, il entraîne aussi une surconsommation de 15 à 25 %.
Prix : de 800 à 1 600 euros (éligible à des aides régionales).
💪💪💪/€€€

PRIMES, BONUS, AIDES FINANCIÈRES… COMMENT EN PROFITER ?

Vous pouvez bénéficier d'aides financières de l'État ou des collectivités si vous changez pour un véhicule moins polluant, qu'il soit neuf ou d'occasion. Ces aides peuvent être cumulées.

Prime au rétrofit

Aide financière pour la conversion du moteur thermique en moteur électrique ou hybride rechargeable.
Le rétrofit doit être effectué par un professionnel homologué pour donner lieu à la prime.
Pour un rétrofit électrique, la prime peut aller jusqu'à 5 000 euros.
Pour un rétrofit hybride rechargeable, la prime peut aller jusqu'à 3 000 euros.
Ces montants s'appliquent depuis décembre 2024.
À noter que la prime à la conversion (aide financière pour l'achat d'un véhicule neuf ou d'occasion, en échange de la mise au rebut d'un vieux véhicule) a été supprimée à la même date.
Renseignements : *economie.gouv.fr.*

Bonus écologique

Aide financière pour l'achat d'un véhicule neuf à empreinte carbone peu élevée (électrique ou hydrogène) conditionnée à plusieurs critères, dont le score écologique du véhicule et les revenus fiscaux de l'acheteur.
Pour l'acquisition d'une voiture neuve, le montant du bonus peut s'élever jusqu'à 7 000 euros pour les véhicules dont le contrat a été signé avant le 2 décembre 2024 et jusqu'à 4 000 euros ensuite.
Un bonus de 1 000 euros est également accessible pour l'acquisition d'une voiture d'occasion.
Important : le bonus écologique est cumulable avec la prime à la conversion *(lire ci-dessus).*
Renseignements : *economie.gouv.fr.*

Aides régionales et locales

De nombreuses collectivités (régions, départements, villes) proposent différentes aides pour l'achat de véhicules plus propres, mais aussi l'installation d'infrastructures de recharge. Leurs montants varient selon les collectivités.
Important : ces aides sont cumulables avec les aides de l'État *(lire ci-dessus).*
Renseignements : *mieuxrespirerenville.gouv.fr.*

Micro-crédit véhicules propres ♥

Destiné aux personnes exclues du système bancaire classique, à faibles revenus ou en situation professionnelle fragile, qui souhaitent acquérir un véhicule neuf ou d'occasion peu polluant en location longue durée (LLD) ou en location avec option d'achat (LOA).
Les véhicules éligibles sont définis par les mêmes critères que ceux pour bénéficier de la prime à la conversion *(lire plus haut).* Montant du micro-crédit, calculé selon les revenus du demandeur : jusqu'à 8 000 euros. Garanti à 50 % par le fonds de cohésion sociale géré par BPI France, dans la limite des dotations disponibles, le remboursement peut être étalé sur une durée maximale de 7 ans.
Important : ce crédit gratuit est cumulable avec toutes les autres aides.
Renseignements : *ecologie.gouv.fr*

COVOITURER

2 000 euros par an : c'est ce qu'économise en moyenne un salarié habitant à 30 km de son lieu de travail s'il covoiture chaque jour en alternance avec un voisin ou collègue !
De plus en plus répandus (près d'un million de trajets quotidiens), les sites de covoiturage, mettent en relation conducteurs effectuant un trajet et passagers (payants) profitant de celui-ci. L'objectif de 3 millions de trajets quotidiens à l'horizon 2030 permettrait d'éviter de rejeter dans l'atmosphère jusqu'à 4,5 millions de tonnes de CO_2 par an. Que des avantages, donc. Et un mode de fonctionnement ultra-pratique.

COVOITURAGE : COMMENT ÇA MARCHE

Pour ceux qui n'en sont pas (encore) adeptes, voici le mode d'emploi.

Comment ça marche pour les conducteurs :
Étape 1 : on s'inscrit gratuitement sur le site (fiche personnelle et de véhicule : carte grise, assurance) + RIB (pour être payé).
Étape 2 : une fois que tout est OK, on indique son projet de déplacement (lieux et heures de départ et d'arrivée, prix demandé par passager, villes intermédiaires traversées s'il y en a).
Étape 3 : le site s'occupe de tout : trouver les passagers et payer la « course » une fois le trajet effectué.
Comment ça marche pour les passagers :
Étape 1 : on s'inscrit gratuitement sur le site (itinéraire recherché : jour, lieux de départ et d'arrivée demandés).
Étape 2 : on choisit entre les différentes propositions du site.
Étape 3 : on règle la « course », que le site rétrocède au conducteur une fois que vous êtes arrivé à bon port (moins sa commission : env. 10 à 20 % selon la course).
Principaux sites de covoiturage :
blablacar.fr (90 % du marché) ; *citygo.io* ; *gkaros.fr* ; *klaxit.com* ; *covoiturage.fr* ; *laroueverte.com* ; *vadrouille-covoiturage.com* ; *roulezmalin.com* ; *covoiturage-libre.fr* ; *ldvroom.com* ; *mobicoop.fr* (sans commission).
Prix : selon la distance à parcourir et le modèle du véhicule. Plus cher en période de grands départs.
/€

INSCRIPTION « SPÉCIAL FEMMES SEULES »

Le covoiturage a beau être sans risque (le site de covoiturage dispose des identifiants complets des conducteurs), les passagères ont désormais la possibilité de faire appel, sur Blablacar, au service gratuit « Ladies Only » : le trajet sera composé exclusivement de femmes.
Renseignements et inscriptions : *blablacar.fr*.
/€

Une prime pour les nouveaux covoitureurs

Depuis 2023, une prime de 100 euros est attribuée par l'État aux nouveaux covoitureurs. Conditions pour l'obtenir : 1° Ne pas avoir effectué de covoiturage en tant que conducteur l'année précédente ; 2° En réaliser ensuite 9 autres dans un délai de 3 mois (soit 10 trajets en tout) ; 3° Valables pour des covoiturages exclusivement en France, et dans un rayon de 80 km au maximum ; 4° Utiliser les applications éligibles à cette prime.
Renseignements : *ecologie.gouv.fr.*
💪💪💪/€

Prise en charge (en partie) par les employeurs

Grâce au « Forfait mobilités durables », qui encourage l'utilisation de transports moins polluantes, les déplacements domicile-travail effectués en covoiturage peuvent être en partie pris en charge par l'employeur.
Employés du secteur privé : jusqu'à 800 euros/an, exonéré d'impôts sur le revenu (cette prise en charge facultative, versée par votre employeur, est exonérée de cotisations et de charges sociales pour lui).
Agents de la fonction publique : forfait mobilités durables de 300 euros cumulables avec le remboursement de l'abonnement pour les transports en commun.
💪💪💪/€

REZO POUCE, L'AUTOSTOP ORGANISÉ

Pour améliorer la mobilité en zones rurales et périurbaines, ce réseau solidaire, qui mérite d'être signalé, partage les trajets du quotidien grâce à ses nombreux arrêts, où les utilisateurs sont invités à attendre. Les automobilistes membres de Rezo Pouce circulant à proximité sont prévenus. Temps moyen d'arrivée d'un conducteur : 6 minutes.
Via l'application, et pour se déplacer de façon plus organisée, les utilisateurs peuvent indiquer leurs trajets recherchés ou consulter les trajets proposés. Ceux-ci peuvent avoir un départ immédiat, être

programmés pour plus tard ou être réguliers (trajets domicile-travail notamment).
Renseignements : *rezopouce.fr*.
💪💪/€

LOCATION : IDÉAL POUR DES OCCASIONS PARTICULIÈRES

Louer un véhicule adapté pour un déménagement, un déplacement professionnel ou privé : les prix varient en fonction de la durée de location, des modèles, mais aussi des périodes : week-ends, vacances.

■ En agences :

Les principales agences : *eurocpcar.fr*, *enterprise.fr*, *sixt.fr*, *ada.fr*, *hertz.fr*, *avis.fr*, *rentacar.fr*, etc.
💪💪/€€

■ Entre particuliers :

Renseignements et inscriptions : *turo.com*, *dicovercars.com*, *getaround.com*, *roadstr.fr*, etc.
💪💪/€

■ En libre-service :

Aussi proposé par les opérateurs ci-dessus.
💪💪/€

AUTOPARTAGE ENTRE PARTICULIERS

La différence entre covoiturage et autopartage : le covoiturage consiste à payer un conducteur pour participer à son trajet ; dans le cas de l'autopartage entre particuliers, il s'agit de louer une voiture sans conducteur en libre-service. Cette location est faite à l'heure, à la journée ou plus.

Ces services d'autopartage peuvent être gérés par une municipalité, une coopérative, une entreprise ou un particulier.
Les principaux opérateurs de véhicules partagés en libre-service : citiz.coop, getaround.com, paris.communauto.com, sharenow.com, etc.
💪💪💪/€

BIEN ENTRETENIR SON VÉHICULE

Un véhicule mal entretenu entraîne son érosion, pollue davantage et peut provoquer une surconsommation de carburant : jusqu'à + 25 %. Objectif, donc : prendre soin de sa voiture.

■ Écouter sa voiture

Cela paraît une évidence, mais on oublie généralement de le faire : penser à inspecter de temps en temps son véhicule, comme si nous étions notre propre expert. Objectif : prévenir les éventuelles dégradations, souvent constatées trop tard.
💪/€

■ Décrasser son moteur

L'encrassement du moteur est un phénomène normal, mais il augmente les émissions de gaz polluants ainsi que des fumées d'échappement. Pour les diminuer, il suffit de verser un additif aux propriétés détergentes dans le réservoir lorsque vous faites le plein tous les 2 000 kilomètres si vous roulez en zone urbaine ou tous les 5 000 kilomètres si vous roulez en zone rurale. Ce produit va permettre une purge du moteur lors de la conduite. Décrasser son moteur fait aussi durer les pièces plus longtemps.
Prix : de 30 à 40 euros le litre.
💪💪/€€

■ Éviter de multiplier les petits trajets

40 % des trajets effectués en voiture sont des trajets de moins de 2 km. Or, ces petits trajets usent et polluent beaucoup plus, car le moteur est encore froid : le premier kilomètre en voiture consomme 30 à 35 % de carburant en plus que les suivants.

/€

■ Nettoyer le pot d'échappement

On n'y pense jamais, ou presque, excepté en dernier ressort : une fois par an, faire vérifier (en plus de votre contrôle technique/intervention payante) la combustion du pot d'échappement par votre garagiste. On peut aussi le nettoyer soi-même à l'eau savonneuse ou au vinaigre blanc. Pour déloger la crasse tenace : la paille de fer ou le nettoyage vapeur.

/€

■ Vérifier le filtre à air...

Le filtre à air empêche les impuretés atmosphériques de pénétrer dans le moteur. S'il est obstrué, il peut réduire l'efficacité du carburant jusqu'à 10 %. Pour examiner son filtre à air : ouvrir le capot et chercher la boîte à air, généralement positionnée en haut et au centre du compartiment moteur. Retirez le filtre et examinez-le à la lumière. Si la lumière ne le traverse pas, il est temps d'en changer.

Pour l'installation d'un nouveau filtre : faire appel à un garagiste. Pour les plus bricoleurs, ça ne prend généralement pas plus de 10 minutes (nombreux tutos sur Internet).

Prix : 25 euros (1 filtre).

/€€

■... et le filtre à huile

Le filtre à huile capte les particules métalliques et autres résidus nocifs pour le moteur. Une mauvaise maintenance de ces filtres peut diminuer la durée de vie du moteur de 50 %.

Comment vérifier : commencer par faire chauffer son moteur, puis l'éteindre et le laisser un peu refroidir. Chercher le filtre à huile,

généralement placé sous le moteur. En cas de présence d'huile autour du filtre (signe de fuite) ou si l'huile est noire et épaisse (encrassement) il est temps d'en changer.
Pour l'installation d'un nouveau filtre : faire appel à un garagiste. Sinon par soi-même (pas simple, voir les tutos sur Internet).
Prix : de 10 à 15 euros (1 filtre, sans compter l'huile moteur).
/€€

■ Bien choisir ses pneus

Les pneumatiques représentent 20 % de la consommation d'un véhicule, en raison de la résistance au roulement (le frottement des pneus sur la route). Tous les pneus ne se valent pas : quand on les choisit, et même s'ils sont plus chers, privilégier des pneus basse consommation. Comme pour les appareils électroménagers, les pneus sont classés de A à G. En diminuant la résistance au roulement, les pneus les plus « verts » (classe A) sont aussi les plus chers à l'achat, mais ils permettent d'économiser jusqu'à 5 % de carburant, tout en améliorant la sécurité, notamment le freinage sur sol mouillé.
/€€

PLUTÔT QUE CHANGER SES PNEUS : LES FAIRE RECHAPER

Le rechapage permet de recycler un pneu en faisant remplacer certaines parties comme la bande de roulement ou les flancs.
Double avantage : Les pneus recyclés sont beaucoup moins chers que les pneus neufs (tout en ayant la même durée d'utilisation) + permet d'agir pour l'environnement (– 70 % de matière première utilisée que pour la fabrication d'un pneu neuf).
Dans un domaine où la sécurité doit être totale, préférer les marques professionnelles et reconnues. Ex. : Pneu Laurent, Insa Turbo, Black Star.
Prix : environ 40 % moins cher qu'un pneu neuf.
/€

■ Vérifier tous les mois la pression des pneus

78 % des voitures circulant en France ont des pneus sous-gonflés, et pour cause : on ne vérifie pas assez la pression de ses pneus, qui perdent jusqu'à 20 % de leur air par an. Or, les pneus sous-gonflés, outre qu'ils rendent la conduite moins fiable, s'usent plus vite et entraînent une surconsommation de carburant : sous-gonflage de 0,5 bar = 2,4 % de consommation en plus.

Penser donc à vérifier cette pression au moins une fois par mois (sa valeur est inscrite sur une étiquette à l'intérieur de la portière du véhicule ainsi que dans sa notice d'utilisation). Cela est assez contraignant, mais c'est gratuit.

N.B. 1 : contrôler la pression à froid (si possible en ayant roulé moins de 5 km à 50 km/h).

N.B. 2 : pour les vacances (longs trajets sur autoroute, voiture chargée), appliquer la pression de gonflage « en charge » (surcharge de 0,2 à 0,3 bar).

/€

POUR LES RÉPARATIONS : LA SOLUTION GARAGE PARTAGÉ (OU SOLIDAIRE)

Encore peu connus, les garages partagés (dits aussi solidaires) ne sont pas des entreprises à but lucratif, mais à statut associatif. Sur place, deux possibilités : 1° réparer soi-même son véhicule en profitant des conseils (et des outils) d'un professionnel solidaire ; 2° le faire entièrement réparer par ce dernier, mais à moindre coût : en moyenne 40 % inférieur à celui d'un garage classique.

Même s'ils sont en plein essor, il n'en existe encore que 250 environ en France.

Pour trouver le plus proche de chez vous (annuaire des garages solidaires) : mes-aides.francetravail.fr.

/€

ÉCOCONDUITE : ROULER MIEUX POUR DÉPENSER MOINS

Adopter une conduite plus adaptée et plus souple permet d'économiser 15 % de carburant par rapport à une conduite normale et jusqu'à 40 % par rapport à une conduite « sportive » ou en ville. Les meilleurs conseils pour conduire mieux et moins cher.

AU VOLANT, LES 9 CONSEILS ANTIGASPI

Rouler éco-malin ne coûte rien et peut (vraiment) rapporter gros.

■ Réduire (un peu) sa vitesse

La consommation de carburant varie considérablement selon que l'on roule à 110 km/h ou 130 km/h : on peut par exemple économiser jusqu'à 25 % de carburant sur un trajet de 500 km.
Certes, cela peut être un peu frustrant, mais pourquoi foncer si c'est pour griller plus de carburant, risquer le dépassement de vitesse et une amende, et tout ça pour arriver à peine plus vite : pour un trajet de 100 km effectué à 110 ou 130 km/h : 8,5 min d'écart seulement !
/€

■ Utiliser le régulateur de vitesse

Afin de conduire de manière uniforme, sans à-coups.
/€

■ Ne pas laisser le moteur tourner inutilement

Même à l'arrêt, un moteur allumé rejette du CO_2 et consomme (certes très peu) du carburant. Le mieux : arrêter son moteur pour tout arrêt à partir de 15/20 secondes (feu rouge, notamment).
/€

■ Observer la circulation et anticiper sur le trafic

Le fait d'accélérer et de freiner brutalement augmente la consommation en carburant du véhicule.
/€

■ **Accélérer doucement et passer rapidement à la vitesse supérieure**
💪/€

■ **Utiliser le frein moteur**
💪💪/€

■ **Rouler les vitres fermées (sur route)**
Ouvertes, elles font consommer jusqu'à 10 % de carburant en plus.
💪/€

■ **Utiliser la force d'inertie.** Anticiper notamment les feux rouges et les panneaux « Stop » en relâchant l'accélérateur. La force d'inertie continuera à faire avancer le véhicule sans utiliser une goutte de carburant. Cette nouvelle habitude à prendre est aussi bénéfique pour les plaquettes de freins.
N.B. : c'est possible aussi sur autoroute : 1 km avant l'arrivée au péage, se laisser glisser jusqu'au guichet.
💪💪/€

■ **Ne pas coller le conducteur qui nous précède.** Cela augmente les risques d'accidents ainsi que la consommation de carburant (impossibilité d'anticiper lorsqu'on est calé sur la conduite de son devancier). Maintenir une distance de sécurité de 5 à 6 m permet d'être maître de sa conduite, et de pouvoir la lisser.
💪/€

VOITURE MOINS CHARGÉE = CARBURANT ÉCONOMISÉ

La masse d'un véhicule impacte (très) fortement sur sa consommation de carburant, comme sur l'érosion du moteur et des pneus. Plus le véhicule est lourd, plus il gaspille et vieillit.

■ **Alléger le véhicule.** Retirer de l'habitacle et du coffre tout ce dont on n'a pas besoin (il n'y a pas qu'à la maison que l'on entasse, dans sa voiture

aussi !). Penser également à retirer ses coffres de toit, galeries et porte-vélos. Installés mais non utilisés, ces accessoires peuvent engendrer des surconsommations allant de 10 à 15 %.
💪💪/€

■ **Faire le plein alourdit !** Faire le plein de carburant alourdit la voiture, donc lui fait consommer plus. Le mieux : ne remplir son réservoir à la pompe qu'à 80 %.
💪💪/€

2 ASTUCES ANTI-SURRÉGIME

Rouler en surrégime entraîne une surconsommation de carburant. Idem pour le sous-régime (obligeant à enfoncer la pédale d'accélérateur pour accélérer). Voici 2 conseils.

■ **En vitesse stabilisée et à plat :** ne pas hésiter à passer à la vitesse supérieure (par ex : rouler en 4e en ville).
💪/€

■ **En vitesse de croisière (nationales, autoroutes...) :** penser à rouler avec le plus grand rapport possible (5e ou 6e vitesse selon les modèles), sauf en cas de nécessité de reprises (forte montée, dépassement de véhicules, etc.).
💪/€

CHAUFFAGE : LES 2 BONS RÉFLEXES

■ **Réduire (un peu) le chauffage.** Il a un impact important dans la consommation du véhicule. + 8 °C de température dans l'habitacle = entre + 15 % de carburant (moteur à essence) et + 20 % (diesel).
N.B. : le GPS et l'autoradio consomment aussi du carburant ; penser aussi, si cela est possible, à les éteindre lorsqu'on ne s'en sert pas.
💪💪💪/€

■ **Sièges chauffants (si on en a) plutôt que chauffage.** Quand la température extérieure est inférieure à 0 °C, penser, si on en est équipé, à utiliser le pouvoir chauffant du siège chauffant, plutôt que d'allumer le chauffage. Il vous chauffera le corps aussi bien (au moins pendant une à deux heures), tout en consommant… 5 fois moins que le chauffage.
/€

REFROIDIR SA VOITURE SANS CLIMATISATION

Quand elle est garée en plein soleil à 35-40 °C, l'habitacle d'une voiture peut atteindre les 70 °C. Lorsque l'on retrouve son véhicule bouillant, il existe une technique dite « japonaise » qui permet de perdre une dizaine de degrés en quelques secondes.
Mode d'emploi : en ouvrant le véhicule, commencer par baisser complètement la fenêtre côté passager, puis ouvrir et refermer la portière côté conducteur cinq fois de suite. De l'air chaud est évacué par le mouvement d'ouverture et de fermeture de la portière, tandis que de l'air plus frais entre par la fenêtre ouverte. Répéter l'opération de l'autre côté.
/€

CLIMATISATION : 5 CONSEILS POUR LA RÉDUIRE SANS BOUILLIR

Bien sûr que la clim, selon l'endroit où l'on se trouve, est parfois indispensable, mais on peut souvent en limiter l'utilisation.

■ **Bien régler la clim :** La climatisation est devenue indispensable pour supporter un long trajet en cas de forte de chaleur. Attention toutefois au bon réglage : une climatisation mal utilisée peut engendrer une surconsommation de 7 % d'énergie (en l'occurrence le carburant). Autre recommandation : régler sa climatisation à 26 °C au lieu de 22 °C, cela permet de consommer deux fois moins d'énergie.
/€

■ **Désactiver l'option « climatisation automatique ».** Si vous en êtes équipés, inutile qu'elle se déclenche sans nécessité.
💪/€

■ **Lorsque la voiture est garée : utiliser un pare-soleil.** À défaut de pouvoir placer sa voiture à l'ombre en été, un pare-soleil placé devant son pare-brise permet de la protéger des effets du soleil et de la montée en température (pas éternellement, pendant 2 à 3 h seulement).
Les pare-soleil dits « athermiques » contiennent une légère quantité de particules métalliques encore plus efficaces contre les UV. En revanche, c'est bon à savoir : les vitres teintées ne servent à rien, ou presque, contre la chaleur.
Prix : à partir de 10 euros (en vente dans tous les supermarchés, où ils sont moins chers que dans les stations-service).
💪/€€

■ **Au moment de démarrer, lorsque sa voiture est bouillante : ouvrir grand les fenêtres.** À un niveau élevé de température, il est plus rapide pour commencer à refroidir l'habitacle d'évacuer l'air chaud en ouvrant grand les fenêtres que d'utiliser directement sa climatisation. Après quoi, on allume sa clim (mais moins fort). Et ne pas oublier de la baisser, voire de l'éteindre, dès que la chaleur est (re)devenue supportable.
💪💪/€

■ **Bien entretenir sa clim.** Conseil pour la conserver la plus efficace possible : la faire fonctionner (eh oui !) au moins 10 min par semaine, même en hiver ; cela permet d'éviter les fuites de fluide frigorifère.
N.B. : lorsque le système arrive en fin de vie, faire récupérer le fluide restant (très polluant) par un garagiste.
💪💪/€€

RÉDUIRE LA QUANTITÉ D'EAU POUR LAVER SA VOITURE, C'EST POSSIBLE !

Le lavage des voitures représente 6 % de la consommation moyenne d'eau potable en France. Le plus gourmand en eau : le lavage au jet à domicile (jusqu'à 500 l !)

■ **Éviter le lavage au jet d'eau.** On peut vraiment les réduire, voire passer à autre chose (*lire ci-dessous*). Inutile, aussi, de laver trop souvent son véhicule. Et puis, lorsqu'il pleut, penser à la garer dehors...
💪💪/€

■ **Les alternatives possibles.** À défaut d'utiliser les bonnes vieilles bassines et éponges (de loin les plus économes en eau), préférer le pistolet d'arrosage à faible débit (50 à 60 l d'eau, soit 10 fois moins qu'au jet !).
Prix : de 8 à 10 euros.
💪💪/€

■ **Opter pour des produits nettoyants sans rinçage.** Certes un peu plus chers, il en existe de nombreux qui sont très efficaces.
Prix : de 15 à 20 euros/l.
💪/€€

■ **Préférer les centres de lavage (rouleaux) au lavage chez soi.** C'est évidemment plus cher, mais ils consomment moins d'eau (100 à 350 l) qu'un lavage au jet chez soi et l'eau usée est collectée et recyclée.
Prix : env. 10 euros.
💪💪/€€

LAVE-VITRES ÉCOLO

Facile à trouver mais un peu plus cher, il en existe désormais sans allergènes cutanés : solvant pétrolier et méthanol (directement rejeté dans l'air, ce dernier est un solvant très toxique, irritant pour la peau, les yeux et les voies respiratoires).

Autre avantage : les lave-vitres écologiques permettent de prolonger la durée de vie des caoutchoucs des essuie-glaces et préviennent l'accumulation de calcaire pouvant boucher le gicleur, le tuyau et la pompe du lave-glace.

■ En magasin

Choisissez de préférence un produit biodégradable et concentré à diluer dans l'eau et avec un emballage recyclable.

Prix : env. 15 euros le litre à diluer (1 euro/l une fois mélangé avec l'eau).

/€€

■ À fabriquer soi-même

Il existe plusieurs recettes, en voici une : mélanger 1 l d'eau (déminéralisée de préférence), 10 cl de vinaigre blanc, 10 cl d'alcool ménager, 1 c. à s. de liquide vaisselle, 1 c. à s. de savon noir.

/€

28
Mieux à l'école

La rentrée des classes, c'est le moment – et comment ne pas le comprendre ? – où l'on cède le plus à nos enfants, toujours en quête de « dernier cri » et de nouveautés (éphémères). Je vais vous montrer que sans frustrer, et à pas comptés, on peut déjà faire beaucoup.

PRÉPARER LA RENTRÉE : LES INCONTOURNABLES

Avoir ces réflexes en tête ne veut pas dire tous les adopter, et tous en même temps, mais en adopter certains : déjà un grand pas de franchi !

Avant d'acheter

Dresser l'inventaire (avec les enfants) de ce qui reste : cartables, stylos, cahiers, classeurs, feuilles, etc. : bien sûr qu'il faut de la nouveauté, mais beaucoup est à récupérer de l'année précédente.

/€

Au moment d'acheter

Cahiers, couvre-cahiers : privilégier le papier ou le carton (si possible recyclés) au plastique. Éviter vraiment les couvertures vernies (produits chimiques + non-recyclable).

Autres matériels : préférer les produits durables (règles et taille-crayons en métal, stylos rechargeables, crayons en bois, etc.), ainsi que ceux vendus sans emballage (en vrac), et si possible « *made in France* ».

N.B. : plutôt qu'un gobelet neuf ou d'occasion pour les stylos, décorez des boîtes de conserve ou des bocaux usagés avec vos enfants.

/€€

FOURNITURES SCOLAIRES : LES 7 LABELS À SUIVRE

Les 7 labels qui suivent sont les seuls qui certifient l'utilisation de matériaux recyclés, recyclables et/ou issus de productions durables : EU Ecolabel / Blue Angel / Nordic Ecolabel / NF Environnement / Paper by nature / FSB / PEFC
💪💪/€€

■ Livres scolaires : penser à l'occasion

C'est déjà le cas d'une famille sur deux. Liste des sites et points de vente : *lire en annexe.*
💪💪/€

■ Bourses d'échange de fournitures scolaires

Cartables, livres, matériels scolaires de seconde main... : tout peut aussi s'échanger.
Pour trouver les écoles les plus proches de chez vous organisant ces journées d'échange (et les dates) : *scoleo.fr*
Autres possibilités : *Troc.com, Recupe.net, Donnons.org*, etc.
N.B. : Les Maisons du zéro déchet organise chaque année une bourse aux fournitures scolaires. Renseignements : *lamaisonduzerodechet.org*
💪💪💪/€

BOISSONS ET GOÛTERS ÉCOLOS

Plutôt que des biscuits industriels et des bouteilles en plastique, le fait maison et les emballages réutilisables, c'est écolo et surtout bon pour le porte-monnaie.

Une gourde remplie avec de l'eau du robinet, un smoothie ou un sirop maison.
Une part de gâteau ou du pain et des carrés de chocolat dans une boîte à goûter ou une pochette en tissu.
Une compote dans une gourde réutilisable.

💪💪/€

POUR ACCOMPAGNER LES ENFANTS À L'ÉCOLE : 3 ALTERNATIVES SOLIDAIRES À LA VOITURE

La voiture reste le principal mode de transport entre l'école et le domicile familial : 31 % des parents utilisent en effet la voiture individuelle comme « mode de transport privilégié » pour les trajets entre le domicile et l'école (primaire, collège et lycée compris) alors que ces trajets font souvent moins de 1 km. Penser à la marche à pied (pédibus), au vélo accompagné et au covoiturage, surtout pour les petits trajets.

■ **Ramassage scolaire à pied (pédibus).** Ce « bus scolaire pédestre » mobilise des parents qui accompagnent en toute sécurité les enfants tout le long d'un trajet défini vers l'école. Les élèves peuvent rejoindre le pédibus à des points d'arrêt tout le long du trajet.
N.B. : vous pouvez aussi lancer votre propre bus scolaire pédestre !
Renseignements : auprès de l'établissement scolaire, réseaux Mille-pattes (*reseaumillepattes.org*) ou Carapattes (*cara-pattes.fr*).
💪💪/€

■ **Ramassage scolaire à vélo.** Même principe que le pédibus. Suivant un tracé défini, comprenant des arrêts de ramassage à horaires fixes, des adultes volontaires accompagnent à vélo des groupes d'enfants, eux-mêmes à vélo, du domicile jusqu'à l'école (et pour le retour).
Renseignements : auprès de l'établissement scolaire et réseau Caracycles (*cara-pattes.fr*).
💪💪/€

■ **Covoiturage.** En vous mettant en relation avec des parents rattachés à la même école ou en passant par l'application Cmabulle (*cmabulle.fr*).
💪💪💪/€

29
Vacances et loisirs : rêver mieux

Un vol aller-retour Paris-New-York, c'est une tonne de CO_2 par passager, soit l'équivalent de la production d'une tonne de déchets ou de la consommation de 380 l de mazout, en quelques heures, pour chacun ! Mais impossible, évidemment, pour certaines destinations, de nous en passer... Objectif, donc : non pas voyager moins, ou en tout cas rêver moins, mais mieux. Et une fois sur place, profiter de ses vacances le mieux possible. Mieux pour soi, mieux pour notre environnement.

Y ALLER

VOYAGER SANS (TROP) POLLUER, NI DÉPENSER

Budget, durée, émissions de gaz à effet de serre... : ce qu'il faut absolument savoir avant de décider de son mode de transport pour se rendre en vacances.

■ Plutôt que l'avion (pour les courtes et moyennes distances) : le train...

Le train (malheureusement devenu souvent plus cher que l'avion) produit 60 fois moins de gaz à effet de serre que l'avion. S'il n'est pas possible de se passer de ce dernier pour les très longues distances, on peut en revanche lui préférer le train pour tous les trajets en France, et même en Europe.

N.B. : pour acheter des billets de train moins chers, outre les cartes de réductions, le mieux est d'effectuer sa réservation le plus tôt possible, si possible dès l'ouverture de la période de réservation.

Autre possibilité : acheter (ou revendre) votre billet sur plusieurs sites : *ouigo.com* avec l'option gratuite ouigoswap, *trocdestrains.com*, *passetonbillet.fr*, *ticketswap.fr*, *lecoindesvoyageurs.fr*, *kelbillet.com*.
💪💪/€€

■... ou le covoiturage...
lire chapitre 27.
💪💪/€

■... et pourquoi pas le bus ?
Moins rapide et moins confortable, certes, mais tellement moins cher ! Prix : 30 euros en moyenne pour un Paris-Barcelone en bus (27 kg de CO_2 par personne), contre 103 euros pour l'avion (223 kg de CO2) et 130 euros pour le train (5 kg de CO2).
💪💪💪/€

■ En voiture : savoir prendre (enfin) son temps
La route des vacances, c'est déjà (un peu) les vacances. Pourquoi ne pas sortir pendant un moment, voire plus, de l'autoroute pour faire une partie du trajet, certes moins rapide, par la route nationale ? Villages pittoresques, jolis paysages... : l'occasion de lever le pied (dans tous les sens du terme) tout en continuant d'avancer.
💪💪/€

CROISIÈRES EN BATEAU, LA PALME DE L'ÉNERGIVORE
Beaucoup en sont fans, et même de plus en plus, d'autant que les prix sont souvent attractifs (330 000 croisiéristes français par an).
Il n'empêche : un paquebot en stationnement pollue autant (particules fines et dioxyde d'azote), sur la même durée, que... 1 million de voitures ! Pour les plus « croisiérôlatres », l'argument sera sans doute insuffisant, mais peut-être que pour d'autres...
💪💪/€€€

■ **Touriste... à côté de chez soi**
Et pourquoi pas le tourisme local ? On connaît souvent peu sa propre région qui regorge de spécialités culinaires, points de vue inoubliables, monuments historiques, expos et musées, itinéraires de randonnées ou balades fluviales : la liste est riche, demandez donc à votre office de tourisme !
💪💪/€

> ## 3 CONSEILS POUR VOYAGER PLUS LÉGER
> *Objectif, notamment en voiture (où la masse est vectrice de surconsommation de carburant, lire chapitre 27), et aussi pour être plus libre de ses mouvements : diminuer les charges transportées. Voyager plus léger, c'est aussi moins acheter.*

■ **Une (plus) petite valise.** Plus on a de place dans sa valise, plus on la remplit. Pour se contenter de l'essentiel, opter, si on doit en acheter une, pour une valise ou un sac à dos de taille inférieure à celle utilisée précédemment (quitte à acheter les quelques bricoles manquantes sur place). Pas évident, certes, mais chacun le sait : sans cela, on continue toujours à bourrer sa valise, quelle qu'en soit la taille...
💪💪/€

■ **Des objets et contenant adaptés.** Privilégier des contenants et objets plus modestes, moins lourds et prenant moins de place (trousse de toilette allégée, serviettes microfibres, etc.).
💪/€

■ **Des livres moins gros.** Évidemment, pas de bonnes vacances sans bons livres. Il n'empêche : sans doute porté par la bonne idée de se rattraper de notre fainéantise de l'année, on en emporte toujours trop, ou presque. Si l'on a le choix entre deux livres nous tentant pareillement, opter donc pour le plus léger. D'une manière générale, emporter prioritairement des livres format poche.
💪/€

SE LOGER

Petits hôtels et chambres d'hôtes

Hormis, c'est vrai, les atouts du luxe (espace, services, etc.), préférer de petits hôtels à taille humaine (ou chambres d'hôtes) présente tous les avantages : ils sont moins chers, soutiennent l'économie locale (parfois des familles entières), et sont surtout beaucoup moins énergivores et consommateurs d'eau que les grands complexes hôteliers (jusqu'à 1 m^3 d'eau utilisées par touriste et par jour dans ces derniers).
Dans les pays pauvres en eau, les eaux usées de ces grands hôtels contribuent de plus à polluer et assécher les nappes phréatiques.
Si la chambre est dotée d'une climatisation *(lire chapitre 3)*, et à défaut de pouvoir s'en passer, ce qui est parfois impossible, tâcher, au moins, d'en avoir une utilisation raisonnée : 26 °C pour la clim (19 °C pour le chauffage). Et bien penser à l'éteindre (comme la lumière) lorsqu'on quitte sa chambre.
Liste d'hébergements conseillés : *greengo.voyage*
💪💪/€

HÔTELS : LES LABELS ÉCORESPONSABLES

Des critères liés aux économies d'énergie et d'eau, à la réduction des déchets, aux achats responsables, à la sensibilisation des employés et des clients, etc. composent le cahier des charges des hébergements touristiques responsables. Trois labels à suivre :

Hôtels au naturel : concerne seulement les hôtels situés dans les parcs naturels régionaux et parcs nationaux. Renseignements : *hotels-au-naturel.com*.

Clef Verte : pour les hôtels, restaurants, gîtes, chambres d'hôtes, camping, centres de vacances, auberges de jeunesse (présent dans plus de 60 pays). Renseignements : *laclefverte.org*.

Écolabel européen pour les hébergements touristiques : le seul label couvrant tous les pays d'Europe.
Renseignements : *afnor.org*
/€

CHEZ L'HABITANT, GRATUITEMENT

Comment passer gratuitement ses vacances chez l'habitant (en France ou à l'étranger) en échanges de quelques heures de travail bénévole.

■ **Le wwoofing :** en échange du gîte et du couvert, c'est l'occasion d'apprendre tout en participant à des activités agricoles ou d'écoconstruction dans des fermes bio.
Renseignements sur le site en français du World Wide Opportunities on Organic Farms : *wwoof.fr.*
/€

■ **Le couchsurfing :** logement gratuit chez l'habitant en échange de services également partout dans le monde.
Renseignements : *couchsurfing.com.*
/€

EN CAMPING : LES 4 PRÉCAUTIONS À PRENDRE

Bien sûr que le camping sauvage est plus excitant et dépaysant, mais s'il est interdit ce n'est pas pour rien. Plutôt que de braver cette interdiction, préférer vraiment les campings aménagés (ou les chambres d'hôte) : la nature vous dira merci.
En cas, cependant, de camping sauvage, il faut toujours demander au propriétaire du terrain si vous pouvez vous installer. En plus des bon réflexes randonnées (lire p. 308), penser à respecter ces quatre précautions :

Ne pas allumer de feu, ni fumer (surtout à proximité d'arbres ou de broussailles). Au cas où : conserver toujours de l'eau en quantité suffisante à côté.
Ne faire aucun bruit la nuit, afin de ne pas perturber la faune nocturne.
Pour le papier-toilette : à récupérer dans un sac poubelle, le papier toilette met jusqu'à 1 mois pour se décomposer dans la nature.
Pour les toilettes : creuser un trou à distance des points d'eau, puis recouvrir de feuilles après utilisation.
💪💪/€

PROFITER

SUR PLACE : LE TOURISME COOL

En France ou à l'étranger, pour des vacances sportives, culturelles ou farniente, adopter l'attitude « slow tourism ».

■ **Se déplacer autrement.** Profiter de ses vacances pour changer de rythme et prendre le temps de vivre. Privilégier la marche à pied, le vélo, les transports en commun et les autres mobilités douces pour vos déplacements.
💪/€

■ **Manger local.** Dans les restaurants ou les marchés, privilégier les produits frais, de saison et locaux.
💪/€

■ **Se détendre autrement.** À l'écart des enclos à touristes et autres parcs de loisirs, parcourir des parcs naturels régionaux ou nationaux, visiter des fermes, aller à la rencontre de la population locale (artisans, agriculteurs, restaurateurs, etc.), prendre le temps de s'imprégner pleinement de la nature et de la richesse du patrimoine.
💪/€

EN BALADE OU EN RANDO : LES 7 INCONTOURNABLES POUR PROTÉGER LA NATURE

Près d'1 million de tonnes de déchets sont jetés chaque année dans la nature en France. Et ce n'est pas le seul domaine où nous pouvons essayer d'améliorer nos comportements. Loin de là...

■ **Ne pas jeter de déchets.** Penser à emporter un vieux sac plastique pour les collecter (à trier au retour le soir).
N.B. : pour les fumeurs, ne pas oublier une petite boîte pour les mégots (un mégot met de 1 à 5 ans à se dissoudre dans la nature).
💪/€

■ **Rester dans les sentiers balisés.** Ils sont déjà magnifiques et cela protège l'écosystème.
💪/€

■ **Éviter de cueillir des fleurs (ou couper des branches, cueillir des fruits aux arbres, etc.).** Pas toujours évident, bien sûr, mais si tout le monde agissait ainsi, il n'y en aurait plus.
💪💪/€

■ **Veiller à ne pas faire trop de bruit.** Afin de ne pas déranger la faune, notamment en période de reproduction.
💪/€

■ **Champignons : à retirer au couteau.** Si on les arrache, cela retire le mycélium, empêchant le champignon de repousser. Penser donc à avoir un petit couteau sur soi.
💪/€

■ **Ne pas nourrir les animaux sauvages.** Cela peut leur amener des maladies, et développer chez certains des comportements agressifs. De même, ne pas toucher les bébés animaux (leurs parents pourraient s'en détourner).
💪/€

■ **En plongée, respecter les coraux.** Se contenter de les admirer sans les toucher : ils sont extrêmement fragiles et repoussent (très) difficilement.
💪/€

OBJETS SOUVENIR : PRÉSERVER LES ESPÈCES PROTÉGÉES

Même s'ils peuvent être tentants, ou si des amis vous en réclament, éviter de céder à la tentation d'acheter en magasin des objets souvenir fabriqués avec des espèces animales ou végétales en danger, de type corail.
💪💪/€

■ **En promenade : sensibiliser ses enfants à la nature**

Plutôt que les grandes théories ou les livres, le mieux, pour apprendre à ses enfants à aimer et respecter la nature, est encore de les y emmener et de faire appel à tous leurs sens de manière ludique : toucher les arbres, caresser les végétaux, écouter les bruits de la forêt, sentir les odeurs de la forêt, ramasser des feuilles et des châtaignes…
💪/€

LE TOP : PARTICIPER AU NETTOYAGE DE LA NATURE ♥

Une canette en alu met de 100 à 150 ans à se décomposer dans la nature, un sac en plastique 450 ans… Étape supplémentaire possible pour tous, donc : participer à des journées citoyennes de nettoyage (berges de rivières, parc, plages, etc.).
Renseignements : *jagispourlanature.org*.
💪/€

SE PROTÉGER DU SOLEIL ET DES TROP FORTES CHALEURS

Toutes les crèmes solaires, notamment, n'ont pas le même impact sur l'environnement… et notre peau.

■ **Bien choisir sa crème solaire.** Nombre de crèmes solaires contiennent du parabène et des filtres chimiques pouvant être nocifs pour la santé, mais surtout néfastes pour la nature, en particulier la vie sous-marine (plantes et coraux notamment). Au point que certains parcs naturels, aujourd'hui, interdisent les crèmes solaires traditionnelles…
Préférer donc des crèmes solaires biodégradables (dites minérales), protégeant aussi bien que les crèmes classiques et que l'on trouve partout.
Si elles sont un peu plus chères (de 5 à 10 %), les crèmes sans filtres chimiques ont de plus deux autres avantages :
1° elles sont efficaces plus rapidement : dès leur application sur la peau, contre 20 à 30 min après pour les crèmes classiques (donc pas de coups de soleil sitôt arrivé à la plage) ;
2° elles résistent mieux à l'eau (moins d'applications, donc moins de produit utilisé).
/€€

■ **Les bons réflexes en cas de canicule.** En plus de ne pas sortir pendant les heures les plus chaudes et d'éviter les efforts physiques, se renseigner auprès de la mairie ou de l'office de tourisme de votre lieu de vacances sur l'emplacement des points d'eau, lieux frais, fontaines à eau et équipements publics climatisés. Avec les températures qui augmentent de plus en plus, de nombreuses collectivités ont pris l'initiative de réaliser des cartes des points d'eau et de ces « abris climatiques » qu'elles mettent à disposition des habitants et des touristes.
/€

EN PIQUE-NIQUE : PAR QUOI REMPLACER LES MATÉRIAUX JETABLES ?

Aucun besoin, vous allez le voir, d'acheter des assiettes, couverts, verres et serviettes jetables (chaque famille jette déjà en moyenne 5 kg de de vaisselle jetable plastique par an)...

Assiettes : par de petites assiettes (même ébréchées) dont on ne se sert plus.
Verres, gobelets : par des verres sans valeur (type anciens pots de moutarde).
Couverts : par des couverts en inox (ou en argent pour un pique-nique chic !).
Nappes, serviettes : par des nappes et des serviettes en tissus.
Papier alu, films plastique : par des torchons, des boîtes repas.
Bouteilles d'eau : par des gourdes (avec eau du robinet).
Sandwichs et salades achetés sous emballages : par des sandwichs et salades faits maison.
N.B. 1 : Assiettes et gobelets en cartons, couverts en bois : même s'ils sont biodégradables, inutile d'en acheter puisqu'on a déjà tout ce qu'il faut chez soi.
N.B. 2 : Penser au sac poubelle pour emporter ses déchets avec soi. Les trognons et pelures de fruits mettent 5 mois pour se décomposer dans la nature, une bouteille en plastique de 100 à 1 000 ans !
/€

BOUGER

LE GRAND FRISSON... SANS MOTEURS

Quad, scooter des mers, motoneige... : évidemment qu'ils procurent plaisir et sensations fortes, mais ceux-ci peuvent être remplacés par d'autres activités sportives moins polluantes (et moins bruyantes), procurant tout autant de frissons. Voire plus... Quelques exemples :

Montgolfière, planeur, parapente : remplace ULM et baptême de l'air.
Kayak, bateau électrique, voile, char à voile, plongée sous-marine : remplace jet-ski et bateau à moteur.
Karting électrique, vélocross : remplace karting à moteur, quad et moto-cross.

VÉLO-TOURISME

En plein essor en France et en Europe, c'est une activité idéale à pratiquer en famille.
Pour préparer son itinéraire : *consulter le site de l'association française des véloroutes et voies vertes (AF3V) qui répertorie les itinéraires et propose une carte interactive pour les visualiser : af3v.org.*
Pour trouver des hébergements spécialement adaptés (label Accueil Vélo) : *francevelotourisme.com.*
💪💪/€

Accrobranche, canyoning, rafting, escalade, saut à l'élastique : remplace les sports mécaniques de plein air.
Raquettes, ski de fond, véloneige, luge sur circuit, bobsleigh : remplace les motoneiges.
💪💪/€€

AU SKI, LOUER PLUTÔT QU'ACHETER

On considère que, en dessous de 3 semaines d'utilisation par an, il n'est pas rentable d'acheter ses propres skis et chaussures de ski. Or, les skieurs ne dévalent les pentes que 8 jours par an en moyenne.
Pour tout ce qui est « matériel lourd » (skis, chaussures, casques...), préférer donc la location (comme déjà 60 % des skieurs) : à la fois plus pratique, plus à la pointe et revenant moins cher. Idem pour les luges, voire les raquettes.
💪/€

Sports : donner une seconde vie à vos articles…

En France, les activités de sport et de loisirs engendrent près de 100 000 tonnes de déchets par an. Tous les magasins de sports (de plus de 100 m^2) ont donc désormais l'obligation de disposer de points de dépôts pour les articles sportifs usagés ou abîmés (même achetés ailleurs), afin d'être réparés ou recyclés. Cela est vrai pour tous les articles, des plus volumineux (tables de ping-pong, skis…) au plus petits (balles de golf), en passant par les ballons, raquettes, etc.
Il existe aujourd'hui près de 2 500 points de collecte.
/€

… et penser à la seconde main

Présente dans certaines régions, et à plusieurs endroits en Île-de-France, la Recyclerie Sportive (créée en 2015) propose du matériel sportif recyclé et fabriqué de manière durable.
Pour se renseigner et trouver le point de vente le plus proche de chez soi : *recyclerie-sportive.org*.
/€

30
Plaisir d'offrir

Pas question évidemment de renoncer à faire plaisir (et se faire plaisir par la même occasion). Mais 55 % des Français déclarent avoir déjà revendu un cadeau de Noël ou envisagé de le faire, c'est dire si ceux-ci ne font pas toujours aussi plaisir qu'on le croit.
Comptant parmi les plus forts taux de gaspillage (faible ou non-utilisation), les cadeaux et leurs emballages, notamment pour les plus petits, sont aussi le plus souvent très énergivores (matières plastiques), polluants (produits chimiques présents dans 45 % des jouets) et importés de loin (80 % des jouets vendus en Europe sont « made in China »).
Vous allez voir qu'avec un soupçon d'attention, mais toujours autant d'amour, il est possible d'offrir le même plaisir, mais cette fois partagé par l'environnement… et notre porte-monnaie.

CHOISIR LES CADEAUX : LES 4 INCONTOURNABLES

Un petit effort d'imagination et la (bonne) volonté d'acheter mieux, notamment en seconde main, peuvent permettre nombre d'économies pour soi-même et notre environnement. Mais, promis ! surtout pas pour ceux que l'on aime et veut gâter :

■ **Privilégier le « made in France »**

C'est l'un des plus exigeants au monde en matière de sécurité de l'enfant (peluches, notamment).
💪💪/€€

■ Éviter les objets à piles ou à batterie

Réservé au plus motivés, tant celles-ci sont omniprésentes dans les cadeaux offerts (1,3 milliard de piles vendues en France chaque année !).
L'idéal : les « jeux intelligents », permettant de partager avec ses enfants (jeux de société, cartes, peinture, dessin, lecture...)
💪💪💪/€

JOUETS EN BOIS : LES LABELS À SUIVRE

Beaucoup l'ignorent, tant les jeux en bois ont « bonne réputation » : ceux-ci contiennent trop souvent des substances chimiques nocives (métaux lourds, plomb, chrome, etc.).
Le mieux, et même s'ils sont un peu plus chers : se fier aux écolabels spécifiques « jouets en bois ».
NF / NF environnement / GS / PEFC / SpielGut / FSC / Oeko-Tex
💪💪/€€

■ Penser à la seconde main...

Non seulement cela contribue à réduire les impacts sur l'environnement, mais comme ils sont (beaucoup) moins chers, on peut aussi en acheter plus !
À acheter dans les ressourceries, vide-greniers, associations (type Emmaüs) et sur Internet (*leboncoin.fr*, etc.).
💪💪/€

■... et à la location

Notamment, pour les jeux de société, sur les sites de location entre particulier (AlloVoisins, etc.).
💪💪💪/€

LIVRES : LES 5 BONS RÉFLEXES

Avant d'acheter un livre neuf ou de se débarrasser d'un ancien, plusieurs pistes à suivre :

■ **Se fournir gratuitement.** Par exemple dans les « boîtes à lire » ou « bibliothèques partagées » près de chez soi. Mais, reconnaissons-le : le choix est très réduit.
Pour trouver les plus proches de chez soi : *boite-a-lire.com* (plus de 5 000 répertoriés).
💪💪💪/€

■ **Acheter d'occasion.** En ressourcerie, vide-greniers, associations (type Emmaüs) ou sur les sites de vente en ligne.
💪/€

■ **Emprunter.** En bibliothèque (moyenne : 5 nouveaux livres par semaine) ou ludothèques. L'abonnement annuel est toujours modique et souvent même gratuit.
Renseignements : sur le site internet de votre municipalité.
💪💪/€

■ **Revendre.** Soit directement en librairie (contre des bons d'achats/ par ex. Gibert Jeune, à Paris), soit sur les sites de vente en ligne (Le Bon Coin, etc.).
💪💪/€

■ **Donner ❤.** En plus de ses proches, bien sûr, dans les ressourceries et associations, les « boîtes à lire » *(lire plus haut : « se fournir gratuitement »)*, ainsi que les sites et applications de dons (Geev, *donnons.org.*, etc.).
💪💪/€

PAPIERS CADEAUX NON RECYCLABLES : COMMENT LES REMPLACER ?

20 000 tonnes d'emballage cadeau sont vendus en France chaque année. Or, la plupart de ces papiers (recouverts d'une couche de vernis) ne sont pas recyclables. Les alternatives possibles :

- **Par du papier Kraft.** Que l'on peut faire décorer par ses enfants.
💪/€

- **Par du papier réutilisé.** Anciennes cartes routières, papier peint, vieux journaux, etc.
💪💪/€

- **Par des papiers cadeaux recyclables.**
💪/€€

CADEAUX « IMMATÉRIELS » POUR ADOS...

On y pense moins et, pourtant, que de possibilités :

- **Cours ou stages :** sport, piscine, karting, cuisine, peinture, poterie, danse...
💪/€€

- **Billets pour un spectacle :** concert, comédie musicale, théâtre, spectacle humoristique...
💪/€€

- **Tickets d'entrée pour parc de loisir ou d'attraction** (dont zoo, acrobranche, *paint-ball*, etc.).
💪/€€

- **Abonnement au cinéma.**
💪/€

- **Abonnement à un site de musique en streaming.**
💪/€

- **Session d'escape game ou de laser game.**
💪/€€

... ET POUR ADULTES

En plus des activités prisées aussi par les ados (voir ci-dessus : cours de sport, abonnements au cinéma, etc.) :

- **Cours ou stages spécial adulte :** gym, cuisine, sport, yoga.
💪/€€

- **Journée de randonnée accompagnée** (proche de chez soi).
💪💪/€

- **Bon pour un dîner au restaurant à deux.**
💪/€€

- **Bon pour un week-end à l'hôtel à deux.**
💪/€€€

- **Séances de massage.**
💪/€€€

31
Trier et recycler

4 repas en moyenne sont jetés chaque mois par les Français. Sur une année ce gaspillage alimentaire atteint 30 kg par personne (dont 40 % de fruits et légumes) et représente jusqu'à 20 % des dépenses de nourriture d'une famille (environ 100 euros par personne). Or, nous pouvons éviter... 95 % de ces déchets !
Outre les courses et la cuisine zéro déchet, voici les règles d'or du bien-trier. Quelques gestes tout simples, pour une montagne de bienfaits. Sans oublier que le meilleur déchet est encore celui que l'on ne produit pas...

4 POUBELLES, 4 DESTINATIONS

Un conseil pour ceux qui ne sont pas (encore) familiarisés avec le tri sélectif, mais aussi pour vos enfants : n'hésitez pas coller un post-it (ou un dessin d'enfant) sur chacune de vos quatre poubelles, indiquant leurs « spécialités ».
N.B. : les consignes de tri et les couleurs des poubelles peuvent être différentes selon les agglomérations. En cas de doute, vérifier sur le site internet de votre mairie.

Poubelle jaune : le « recyclable » (sauf verre)
Tous les emballages, bouteilles et flacons en plastique (avec leurs bouchons) + papier (non souillé, non coupé en petits morceaux) + métaux (conserve, canettes, aérosols...).
Poubelle verte : le verre
Tous les bocaux (sauf les couvercles, à jeter dans la poubelle jaune) et bouteilles en verre (qui se recyclent à l'infini).

Poubelle grise : le non-recyclable (« tout venant »)
Verre cassé, papier sulfurisé, papier cuisson, papier alu (dont opercules des yaourts, beurre ou moutarde), plastique fin (*blister*), mégots, bouchons de liège, déchets de moins de 7 cm (taille de la paume d'une main). Mais aussi lingettes, cotons et cotons-tiges, ou encore bois léger (type boîtes à camembert) dont le volume est insuffisant pour créer une filière (mais son empreinte carbone est réduite).
Poubelle marron (depuis 2024)
Tous les biodéchets (restes alimentaires) et les déchets verts.
💪/€

QUE PEUT-ON METTRE DANS LE BAC À COMPOST ?
Bac perso ou collectif, voilà ce que l'on peut y déposer :

Déchets alimentaires :
Épluchures et restes de fruits et légumes (éviter les peaux de tomates ; pour les épluchures d'agrumes : pas de trop gros morceaux) ;
pâtes et riz ;
croûtes de fromage (avec modération) ;
marc et filtre à café ;
thé, verveine, etc., y compris en sachet (mais sans agrafes) ;
coquilles d'œuf ;
pain rassis.
Déchets non-alimentaires :
Serviettes et mouchoirs en papier ;
essuie-tout (dont cylindre en carton du milieu) ;
cendres de bois ;
papier journal ;
rouleaux vides de papier toilettes.
N.B. : ces déchets doivent être évidemment vierges de toutes traces de produits ménagers ou toxiques.

LE COMPOST, ÇA S'ENTRETIENT !

Important : si vous possédez votre propre bac à compost, n'oubliez pas de le mélanger régulièrement avec une fourche, une griffe ou un brasse-compost : cela évitera les mauvaises odeurs et les peaux se dégraderont 3 fois plus vite. Surveiller aussi son degré d'humidité : le compost ne doit être ni trop sec ni trop humide. En raison de ces « contraintes », si vous possédez un compost partagé avec vos voisins au pied de votre immeuble, mieux vaut un référent (à la semaine ou au mois).

/€

SI ON NE L'UTILISE PAS SOI-MÊME, QUE FAIRE DE SON COMPOST ?

Dans le cas où vous n'en avez pas l'usage pour vos propres plantations, vous pouvez en faire profiter les autres.

■ **Le déposer dans un bac à compost collectif :** on en trouve désormais à disposition dans toutes les villes (obligation légale).
Pour connaître l'emplacement le plus proche : votre mairie.

/€

■ **Le donner :** en le déposant, notamment, dans un jardin partagé de votre commune *(lire chapitre 8)*.

/€

QUE FAIRE DE SES BOUCHONS EN LIÈGE ?

On ne peut, curieusement, les déposer dans aucune de nos poubelles de tri. Mais on peut les réutiliser ou les faire recycler par d'autres.

■ **Les réutiliser :** les bouchons en liège peuvent être notamment réutilisés comme allume-feu ou poignées de couvercle de casseroles (le liège ne laisse pas passer la chaleur).

/€

■ **Les donner :** l'association « Bouchons d'amour » collecte les bouchons de liège (et couvercles en plastique) pour les revendre à des recycleurs ; leur revente permet l'acquisition de matériels pour handicapés. Renseignements : *bouchonsdamour.com*.
/€

■ **Quelle poubelle pour mes ampoules ?**
C'est très simple : aucune de celles que vous avez chez vous. Pas même la poubelle pour le verre, où en raison de leurs composants électriques, les ampoules, quelles qu'elles soient, n'ont pas leur place. Comme les piles *(lire chapitre 5)*, les ampoules sont une catégorie à part, ayant droit à un bac spécifique dans la plupart des supérettes et supermarchés. Un conseil : réserver chez vous une boîte, de type boîte à chaussures, pour vos ampoules usagées, puis quand elle sera remplie (ça prendra plusieurs années !), allez les déposer en faisant vos courses.
/€

DÉCHETS D'HYGIÈNE ET DE BEAUTÉ

Vous pouvez les déposer dans votre poubelle jaune, mais aussi les donner afin qu'ils soient recyclés et puissent même, parfois, financer des projets solidaires.

■ **Produits de salle de bains.** Depuis quelques années, on peut rapporter dans certains Monoprix ses tubes de dentifrice, brosses à dents, pots de crèmes, etc., afin qu'ils soient recyclés en équipements de jardin pour le réseau Jardins de Cocagne (exploitations maraîchères biologiques à vocation d'insertion professionnelle et sociale, favorisant le retour à l'emploi).
/€

■ **Cosmétiques.** De nombreuses enseignes récupèrent les flacons de parfum et emballages de produits de maquillage vides (même achetés ailleurs) pour les recycler. Exemples : chaînes de parfumerie telles que Marionnaud ou Sephora.
/€

SE DÉBARRASSER DE SES VIEUX MÉDICAMENTS

Avant de les jeter, s'assurer d'abord qu'il s'agit bien de produits considérés comme médicaments (vérifier sur *cyclamed.org*). Si c'est le cas, ils doivent être rapportés en pharmacie (sauf emballages et notice : dans la poubelle « produits recyclables »).

N.B. : les radiographies aussi sont à déposer en pharmacie.

/€

■ Plutôt que de les conserver pour rien ou les jeter, une nouvelle vie pour ses vêtements… ♥

Les donner à une association caritative : Emmaüs, Croix-Rouge, Secours Populaire…

/€

■ … ses chaussettes orphelines (ou trouées)… ♥

Pour les plus motivés : ces chaussettes seules ou trouées peuvent être récupérées, en vue d'être recyclées, par des associations qui recyclent les anciennes chaussettes en les transformant en nouveau fil pour faire des vêtements neufs. À envoyer aux assos ou à déposer dans les points de collecte.

Renseignements : Chaussettes Orphelines (*chaussettesorphelines.com*) ou Chaussettes solidaires (*chaussettessolidaires.org*).

/€

■ … ses lunettes… ♥

Elles peuvent être données à l'association Lunettes sans frontières en envoyant les lunettes à l'asso ou en les déposant chez certains opticiens associés.

Renseignements : *lunettes-sans-frontiere.fr*

/€

■ **... et ses brosses à dents usagées**

Un bon réflexe ignoré et pourtant fort utile : conserver ses brosses à dents usagés classiques (à changer tous les 3 mois) pour une utilisation, chez soi, comme brosse à récurer (autour des robinets, sur les joints, etc.).

💪/€

CADEAUX DONT ON NE SE SERT PLUS : REVENDRE, ÉCHANGER, DONNER

Double objectif : jeter le moins possible, et donner une seconde vie à un objet.

■ **Revendre :** dans des vide-greniers avec vos enfants ou sur Internet.

💪💪/€

■ **Échanger :** notamment sur le site *mytroc.fr*.

Autre idée : organiser chez soi avec ses enfants et ses amis une « après-midi troc » (chacun venant avec ses jouets non-utilisés).

💪💪💪/€

■ **Donner :** ♥ associations caritatives et/ou sur Internet.

💪💪/€

OÙ JETER SES APPAREILS ÉLECTRIQUES ET ÉLECTRONIQUES ?

Surtout pas dans nos propres poubelles de tri...

■ **Dans les magasins.** Déposer en magasin les appareils fonctionnant à piles ou à batteries (sans oublier les câbles), même si vous avez acheté votre produit dans une autre enseigne. Pour trouver le point de collecte le plus proche de chez soi : *ecosystem. eco*.

💪💪/€

Dans les points de collecte solidaires éphémères ♥. Les collectes solidaires de quartier d'appareils électriques permettent de déposer ses petits appareils électriques encore en état de marche ou non (mixeur, aspirateur, téléphone…). S'applique aussi aux matériels informatiques (ordinateur, imprimante…), gros électroménager (réfrigérateur, cuisinière…), ou téléviseurs. Ceux-ci sont ensuite remis à Emmaüs, Envie et autres acteurs de l'économie sociale et solidaire.
N.B. : ce système fonctionne principalement en Île-de-France, dans le Rhône et à Toulouse. Renseignements : *ecosystem. eco*.
💪💪/€

TÉLÉPHONE : EN CAS DE CASSE, LE DONNER ♥

Donner une seconde vie à son portable et le remettre sur le marché de manière solidaire, c'est possible, via les Ateliers du Bocage (membres du mouvement Emmaüs).
Si votre mobile est jugé irréparable (pièce inchangeable, défaut trop important, téléphone en fin de vie, etc.), il sera confié à des sociétés locales spécialisées dans le démantèlement et le recyclage des appareils électroniques. Ce don vous permet en outre de contribuer à la création d'emplois solidaires au sein du réseau. Valable aussi pour l'équipement informatique.
Renseignements : *jedonnemontelephone.fr*.
💪💪/€

Encombrants et produits dangereux : direction déchetterie
Ce que l'on entend par produits encombrants ou dangereux : huile de vidange, produits nocifs, solvants, appareils de réfrigération et de congélation (contenant des gaz de réfrigération très polluants), mais aussi meubles ou matelas, déchets verts, soit… à peu près tout.
Il existe 4 500 déchetteries en France, donc forcément une non loin de chez vous.

N.B. : certaines communes proposent aussi un service de ramassage des encombrants.
Renseignements et inscription à la déchetterie : via votre mairie ou votre intercommunalité.
/€

■ Voiture : pneus hors d'usage, retour au garage…

Lorsqu'on change soi-même ses pneus ailleurs que dans un garage, ne pas les pas jeter dans une déchetterie, mais les déposer dans un garage, qui ont l'obligation de les récupérer et de les faire recycler. Aucune urgence : il suffit juste d'y penser lorsqu'on prévoit d'aller faire son plein d'essence.
/€

■ … liquides et pièces usagées : à la déchetterie ou au recyclage

Pour ceux qui effectuent eux-mêmes leurs petites réparations et/ou vidanges de voiture, ne surtout pas jeter tout ce qui est liquides et pièces automobiles usagés dans une poubelle classique (c'est même formellement interdit) : ils sont à récupérer et à apporter à la déchetterie ou dans un dépôt de recyclage spécialisé (toutes les déchetteries ne les acceptent pas : se renseigner au préalable).
Renseignement : sa mairie.
/€€

32
Chiens et chats : mieux les nourrir et mieux les soigner

Un Français sur deux possède un chat ou un chien. Pas facile, devant les tentations de plus en plus grandes (nourritures, jouets, accessoires) de ne pas céder (ou moins). C'est pourtant ce que je vous propose. Mais sans, je vous l'assure, que votre animal de compagnie ne vous aime moins. Et réciproquement.

■ Adopter plutôt qu'acheter

Deux associations incontournables : la SPA (Société protectrice des animaux), et la Fondation 30 millions d'amis, où les animaux proposés, le plus souvent abandonnés par leurs maîtres, ont été jaugés, soignés et suivis par un vétérinaire.
Renseignements (et adresse du centre le plus proche de chez vous) : *la-spa.fr, 30millionsdamis.fr, et aussi secondechance.org et adoption.fondationbrigittebardot.fr.*
💪/€

LES NOURRIR : CROQUETTES, LES 5 SIGNES QUI DOIVENT ALERTER

Je n'ai pas d'avis tranché sur l'abandon de la pâtée pour chiens et chats, ou sur sa réduction (2/3 fois par semaine). Une certitude : sauf si vous cuisinez vous-mêmes leurs petits plats, l'essentiel de ceux-ci peut être constitué de croquettes. Mais pas n'importe lesquelles. Voici, lorsqu'on fait ses courses, les 5 signaux qui doivent alerter. Dans ce cas, préférer vraiment un autre paquet.

Un prix trop bas *(moins de 3 euros/kg).*
Une liste d'ingrédients peu claire *(avec la présence d'additifs artificiels, de colorants et de conservateurs chimiques et de produits d'origine végétale).*
Une proportion élevée de céréales *(et affichés en premier ingrédient).*
Une proportion trop faible en protéines *(moins de 25 %).*
Un fort taux de cendres brutes *(plus de 9 %).*
💪/€

CROQUETTES RESPONSABLES : LES 3 BONS RÉFLEXES

Une fois les « mauvaises » croquettes évitées, comment bien les choisir : qualité du produit, le moins de déchets possible...
N.B. : les prix indiqués sont pour les croquettes pour chats. Les croquettes pour chiens sont en moyenne 10 à 15 % moins chères.

■ Croquettes de « qualité » ...

Choisir des croquettes qui ne soient pas trop riches en glucide (- 30 %) et en minéraux (phosphore, calcium) qui peuvent être néfastes aux chats, notamment ceux atteints de problèmes urinaires.
À tester, au moins une fois : les croquettes à base de farine d'insectes, très riches en protéines (env. 12 euros/kg).
Prix : 7 à 10 euros/kg (50 % plus cher que les croquettes de base).
💪/€€

■... achetées en vrac...

On en trouve dans certaines animaleries ou magasins en vrac (mais pas simple).
Prix : env. 5 euros/kg
💪💪💪/€

■... ou en grands sachets

À défaut du vrac, privilégier les grands contenants, qui permettent d'économiser sur les emballages (et qui sont moins chers au kg).
Prix : env. 2 euro/kg (paquet de 10 kg).
💪💪/€

PROTÉINES VÉGÉTALES : AJOUTER DU MARC DE CAFÉ DANS SA PÂTÉE

Un geste tout simple pour ajouter des protéines végétales à la pâtée des chiens et chats : la mélanger avec 1 c. à c. de marc de café séché. Il ne sentira pas la différence ; son corps, oui.
💪/€

■ Pour les peigner, les brosser...

Opter de préférence pour des peignes et des brosses en matériaux naturels (bois, poils non-synthétiques) plutôt qu'en plastique.
Prix : à partir de 15 euros (contre 5 euros en plastique).
💪/€€

■ ... et retirer ses poils de nos vêtements (et canapés)

Une solution 100 % récup : placer une vieille éponge avec coté grattant dans une veille chaussette en nylon, puis la passer sur les vêtements (ou fauteuil ou canapé), comme une brosse classique.
💪/€

POILS ET GRIFFES : DIRECTION COMPOST !

Après les avoir peigné ou brossé, les poils (et griffes) peuvent être jetés dans le compost *(lire chapitre 31)*.
Autre possibilité : en hiver, jeter les poils dans son jardin : les oiseaux en raffolent pour fabriquer leur nid.
💪/€

LA TOILETTE DU CHIEN : LES 3 BONS RÉFLEXES

Inutile de trop les laver ! Les chiens se lèchent, se frottent, se grattent : ils n'ont pas besoin d'une douche par jour. Ni des mêmes produits que nous. Surtout pas, d'ailleurs.

■ **Espacer la toilette :** des bains trop fréquents peuvent altérer le sébum et provoquer des maladies cutanées. La bonne fréquence : une fois par mois.
💪/€

■ **Ne pas utiliser nos shampoings :** ceux-ci peuvent se révéler inadaptés (trop de parfums, ce qui heurte leur odorat) et entraîner des allergies. Privilégier des shampoings doux pour animaux à base d'ingrédients d'origine naturelle (le chien se lèche et est caressé par les enfants).
Prix : 6 à 10 euros (contenant de 300 ml), moins cher, donc, que nos shampoings.
💪/€

■ **Pour les yeux et les oreilles, une lotion nettoyante :** plus efficace que l'eau et mieux supportée que le savon pour enlever croûtes, grains de pollen et sécrétions. Mais il est cher. En supermarché, dans les animaleries, et sur Internet.
Prix : 8 à 10 euros (contenant de 200 ml)
💪/€€

FABRIQUER SES JOUETS

Plutôt que des jouets en plastique, penser à un simple bouchon attaché au bout d'un lacet ou d'un ruban, une boule de papier recouverte de scotch, ou encore à un arbre à chat minimaliste : de la ficelle enroulée très serrée autour d'un rondin de bois...

Pour un griffoir à chat, du carton ondulé : découper plusieurs carrés ou rectangles de la même longueur, mais de largeur différente, les coller les uns sur les autres, en plaçant les pièces les plus grandes en bas. Quel que soit l'endroit, votre chat s'y fera joyeusement les griffes.
/€

4 ANTIPUCES 100 % NATURELS

L'antipuce pour animaux est LE produit chimique dont on peut se passer le plus facilement. L'idéal, surtout lorsqu'on habite à la campagne, est de répéter l'opération toutes les semaines. 4 possibilités :

■ **Bicarbonate de soude :** verser 1 c. à c. de bicarbonate de soude dans un verre d'eau, puis frictionner l'animal et laisser agir un quart d'heure avant de se laver comme d'habitude. Brosser quelques heures après.
/€

■ **Romarin + thym :** plonger 100 grammes de romarin et 30 grammes de thym (ou lavande ou menthe) dans une casserole d'eau bouillante. Couvrez et laissez bouillir 30 minutes. Filtrer et laisser tiédir. Appliquer sur le corps de l'animal (en évitant la tête) avec un spray ou une serviette humidifiée.
/€

■ **Lavande ou menthe :** cf. infusion de romarin et de thym.
/€

■ **Vinaigre de cidre :** mélangez une tasse de vinaigre de cidre et une tasse d'eau. Vaporiser sur le pelage à l'aide d'un (vieux) spray ou appliquer avec un linge imbibé ou un peigne.
/€

POUR ÉLIMINER LES TIQUES...

Mélanger à part égale de l'alcool à 70 °C et de l'huile végétale. Imbiber un coton puis le passer sur la tique en le laissant appuyé jusqu'à ce qu'elle se décroche toute seule.
En cas de difficultés, plutôt que des produits chimiques, opter pour un « tire-tique » (env. 5 euros les 3).

💪💪/€

... ET SOIGNER SES PETITES BLESSURES

Comme pour nous, appliquer sur la petite blessure une goutte d'huile essentielle d'arbre à thé (tea tree) mélangée à un peu d'huile végétale ou d'aloe vera.

💪/€

LITIÈRE POUR CHATS : MODE D'ACHAT ET MODE D'EMPLOI

13,5 millions de chats domestiques en France à multiplier par 35 kg de litière par an et par chat. D'autant plus colossal que toutes les litières ne sont pas biodégradables ou recyclables. De plus, afin d'être plus attrayantes, elles sont souvent parfumées et blanchies, mais aussi traitées avec des fongicides et des insecticides : pas terrible pour la santé... y compris celle des maîtres. Préférez les produits qui suivent. Prix : de 10 à 20 % plus chers que les litières de base.

■ Préférer les litières hydrophiles...

Très absorbantes et sans additif.

💪/€

■... ou végétales...

À base de bois compressé ou de carton recyclé et anti-odeurs (ce qui ne signifie pas parfumé).

💪💪/€€

■... ou minérales...

Le plus souvent à base d'argile.

💪💪/€

■... les plus écolo possible...

Privilégier, même si elles sont plus chères à l'achat, les litières écologiques (sans produits chimiques ni colorant) et compostables.
Prix : environ 1 euro/kg (contre à partir 0,30 euros pour une litière classique).

💪💪/€€

■... en tout cas labellisées...

Mieux vaut, dans tous les cas, pencher pour une litière issue de composants labellisés NF, garantissant la traçabilité du produit ainsi que des composants recyclés à 95 %.

💪/€€

■... et si possible en vrac

On en trouve dans certaines animaleries. Sinon opter, comme pour les croquettes, pour les plus gros contenants possibles afin d'éviter l'excès d'emballages.

💪💪💪/€

ASTUCE ANTI-ODEURS

Pour nettoyer sa litière, rien de mieux qu'un nettoyant multi-surfaces fait maison (élimine les mauvaises odeurs, nettoie et dégraisse, tout en respectant la santé, recette chapitre 7). Pour encore plus d'efficacité contre les odeurs, saupoudrer 3 c. à s. de bicarbonate de soude dans le fond de la litière (ou mélanger avec). Un excellent anti-odeurs et antibactérien, sans aucun danger pour les chats.
Autre possibilité : de la cendre de bois (tamisée).

💪/€

Annexes

SE FAIRE ACCOMPAGNER, SE FAIRE AIDER

ALEC agences locales de l'énergie et du climat

Une Agence Locale de l'Énergie et du Climat est présidée par les élus d'une collectivité. C'est un organisme d'ingénierie territoriale qui conduit des activités d'intérêt général afin de favoriser au niveau local la mise en œuvre de la transition énergétique et la réduction des émissions de gaz à effet de serre.

Entre autres missions, elle est là pour informer, sensibiliser et conseiller de manière indépendante et objective, les consommateurs, les acteurs publics et privés.

Formes d'intervention :

Portage du dispositif « Espaces Conseil France Rénov' » de l'ANAH.

Portage et/ou opération de Plateformes Territoriales de Rénovation Énergétique (PTRE) des logements pour le compte des collectivités locales.

Organisation de manifestations d'information et de sensibilisation (conférences/ateliers techniques/visites de sites/interventions en milieu scolaire…).

Renseignements pour trouver l'ALEC la plus proche de chez vous : *federation-flame.org/*

Mon Accompagnateur Renov

Mon Accompagnateur Rénov' est l'interlocuteur de confiance pour votre rénovation énergétique d'ampleur. Il propose un accompagnement personnalisé, de la conception du projet jusqu'à la fin des travaux.

Avant de vous lancer dans des travaux de rénovation énergétique, consultez un conseiller France Rénov'. Il pourra répondre à vos questions, vous aider à préciser votre projet et, si besoin, vous orienter vers Mon Accompagnateur Rénov'. Le cas échéant, votre conseiller

France Rénov' pourra vous orienter vers un accompagnateur financé par votre collectivité.
Renseignements : *france-renov.gouv.fr/preparer-projet/trouver-conseiller*
Ou au 0 808 800 700 (service gratuit + prix d'un appel) du lundi au vendredi de 9h à 18h (heure métropolitaine).
Ou auprès de votre ADIL.

ADIL

Créées à l'initiative du département et de l'État, les ADIL (Agence Départementale pour l'Information sur le Logement), associations loi 1901, ont pour mission d'« informer gratuitement les usagers sur leurs droits et obligations, sur les solutions de logement qui leur sont adaptées, notamment sur les conditions d'accès au parc locatif et sur les aspects juridiques et financiers de leur projet d'accession à la propriété, ceci à l'exclusion de tout acte administratif, contentieux ou commercial » (extrait de l'article L.366-1 du CCH).
Elles assurent un rôle de prévention, notamment en direction des publics fragilisés, en sécurisant le cadre décisionnel des ménages, en particulier sur le plan juridique et financier.
Les missions des ADIL couvrent notamment les services au public, le conseil juridique, financier, fiscal, l'aide au logement des ménages en difficultés, la présentation de l'offre de logements disponibles, un rôle de sensibilisation et de formation.
Renseignements : *anil.org/lanil-et-les-adil/votre-adil/*

CCAS

Les CCAS (centres communaux d'action sociale) ont la charge de l'action sociale dans les communes. Lorsqu'il n'y a pas de CCAS, notamment dans les communes de moins de 1 500 habitants, c'est directement à la mairie qu'il convient de s'adresser ou à l'intercommunalité si elle dispose d'un centre intercommunal d'action sociale (CICAS).
Le CCAS a pour mission de soutenir les habitants de la commune, notamment les personnes âgées et leurs proches aidants.

Il attribue des aides financières : secours d'urgence, aide en nature, prêts sans intérêt, aide alimentaire, chèques d'accompagnement personnalisé...
Renseignements : en mairie.

Appartements pédagogiques

Les appartements pédagogiques sont de véritables appartements aménagés pour comprendre et apprendre à mieux consommer et moins dépenser. La plupart du temps, il suffit de s'inscrire pour bénéficier d'une visite.
Ils se visitent pièce par pièce et cela permet d'explorer des thématiques en situation : gestion du chauffage, maîtrise des consommations d'électricité, maîtrise des consommations d'eau, gestion du budget, gestion des conflits de voisinage, prévention des accidents domestiques, parcours de demande de logement social, techniques d'entretien du logement, etc.
Les animations proposées permettent de faire passer les messages par le jeu et par la facilitation.

Liste des appartements pédagogiques en France

Ile-de-France

Pontoise, Le Trèfle géré par ARS95 (association Agir pour la Réinsertion Sociale)
Argenteuil, Lud'appart, géré par l'ARS95 avec le bailleur AB.Habitat.
Site : *ars95.fr*
Meaux, géré par l'ARILE *asso-arile.com*

Hauts de France

Compiègne, Eco'logis *clesence.fr/actualite/appartement-pedagogique-a-compiegne*
Nogent-sur-Oise, géré par l'OPAC de l'Oise *opacoise.fr/eco-geste/2444/nogent-sur-oise-visitez-lappartement-pedagogique-pour-realiser-des-economies*

Grand Est

En Alsace *appartement-pedagogique.face-alsace.org/*

- Strasbourg *appartement-pedagogique.face-alsace.org/faceilevivre/*
- Colmar *appartement-pedagogique.face-alsace.org/ecohabitat/*
- Saint-Louis *appartement-pedagogique.face-alsace.org/ludologis-saint-louis/*
- Schiltigheim, géré par Alsace Alter Energie *ville-schiltigheim.fr/vie-quotidienne/habitat-environnement/energie/appartement-pedagogique/*
- En Meurthe et Moselle *caf.fr/allocataires/caf-de-meurthe-et-moselle/offre-de-service/logement/des-appartements-pedagogiques-pour-vous-informer-et-vous-conseiller*
- Lunéville, géré par la CAF, le CCAS et ses partenaires
- Homécourt, géré par l'association Ville Plurielle
- Frouard, géré par la mission locale du Val de Lorraine *mlvdl.org/accueil.html*
- Chaumont *chaumonthabitat.fr/logement-eco-responsable.htm*
- Dans les Vosges *senior.vosgelis.fr/economies-denergie/*
- Golbey
- Vittel
- Saint-Dié-les-Vosges

Nouvelle Aquitaine

Brive, géré par Face Corrèze brivehabitat.fr/lappart-pedagogique/

Centre Val de Loire

Châteauroux, géré par l'OPAC 36 *opac36.fr/lopac/ecopac-lappartement-pedagogique/*

Orléans *ahu45.org/appartement-pedagogique/*

Pays de la Loire

Montval sur Loire *montvalsurloir.fr/au-quotidien/social/lappartement-pedagogique/*

Provence-Alpes-Côte d'Azur

Vitrolles

Marseille *1001vieshabitat.fr/logis-mediterranee-inaugure-un-appartement-pedagogique-a-marseille/*

Bourgogne Franche-Comté

Dijon, géré par Habitat et Humanisme *federationsolidarite.org/wp-content/uploads/2023/02/20221216_Extrait_Actes-webinaire-regional_Logement_Focus-HH_VD.pdf*

Semur-en-Auxois *ville-semur-en-auxois.fr/medias/2023/11/Nouvelle-plaquette-31-08-2023.pdf*

Défis DECLICS

Il s'agit d'un ensemble de défis proposés au grand public pour agir concrètement et de façon ludique pour le climat : énergie, modes de consommation, alimentation, déchets, mobilité, etc.

Ce sont des ateliers et des formations qui permettent de bénéficier de conseils et de défis proposés aux participants pour progresser et notamment diminuer ses consommations, d'énergie et d'eau, produire moins de déchets, mieux s'alimenter chez soi. Souvent portés par les ALEC, ces défis se nomment Défi énergie, défis zéro déchets, etc.

Renseignements : en mairie.

Aides financières

Attention à bien se renseigner : ces aides évoluent tous les ans

Aides de l'Etat

Les travaux de rénovation énergétique, qui peuvent être en partie financés par des aides de l'Etat offrent un triple bénéfice : plus de confort, moins de dépenses et un patrimoine valorisé. Elles concernent :

MaPrimeRénov'

Les certificats d'économie d'énergie (CEE)

La prime « Coup de pouce chauffage »

- La prime Coup de pouce chauffage est une aide pour financer le remplacement d'une chaudière au charbon ou au fioul ou au gaz ou à condensation par l'une des installations suivantes :
- Chaudière biomasse performante (chaudière qui utilise un combustible organique comme le bois et ses dérivés)

- Pompe à chaleur air/eau
- Pompe à chaleur eau/eau (pompe à chaleur géothermique)
- Pompe à chaleur hybride (système combinant la technologie d'une pompe à chaleur air/eau et d'une chaudière à condensation)
- Système solaire combiné (système combinant un panneau solaire et un ballon de stockage)
- Raccordement à un réseau de chaleur alimenté par des énergies renouvelables (ENR&R)
- Chauffage au bois très performant.

L'aide du fonds Air bois
L'éco-prêt à taux zéro
Le prêt avance mutation
La TVA à taux réduit pour vos travaux
La réduction d'impôt « Denormandie »
Le déficit foncier
L'exonération de la taxe foncière pour les travaux d'économie d'énergie
Renseignements : *economie.gouv.fr/particuliers/aides-renovation-energetique*
Aides des collectivités territoriales
Ces aides de l'Etat sont parfois complétées par celles des régions, départements, agglomération ou ville.
Vous pouvez notamment les retrouver sur le site *anil.org/aides-locales-travaux/*

Aides pour le solaire

Attention à bien se renseigner : ces aides évoluent tous les ans
Les aides au solaire chauffant
L'installation d'un système de chauffage ou d'un chauffe-eau utilisant l'énergie solaire, en remplacement d'équipements anciens, permet de bénéficier d'aides dans le cadre du financement de la rénovation énergétique des logements.

– MaPrimeRénov' : attribuée sous conditions de ressources et modulée selon les revenus du foyer, MaPrimeRénov' est une aide publique à la rénovation énergétique. Elle permet de financer les équipements solaires suivant :

- chauffage fonctionnant à l'énergie solaire ;
- fourniture d'eau chaude sanitaire fonctionnant à l'énergie solaire thermique ;
- chauffage ou fourniture d'eau chaude sanitaire fonctionnant avec des capteurs solaires hybrides thermiques et électriques à circulation de liquide.

Renseignements : *economie.gouv.fr/cedef/maprimerenov*

La prime « coup de pouce chauffage » : les primes « coup de pouce énergie », accessibles à tous les ménages, mais modulées selon les revenus, sont des aides attribuées par certaines entreprises ayant signé une charte avec les pouvoirs publics. Dans ce cadre, la prime « coup de pouce chauffage » permet de financer l'installation d'un système solaire combiné, destiné au chauffage et à la production d'eau chaude sanitaire.

Les aides au solaire photovoltaïque

L'électricité produite par les panneaux solaires photovoltaïque peut, au choix, être seulement destinée à la consommation du logement, être revendue partiellement, ou totalement. Selon le cas, les particuliers qui équipent leur maison de panneaux photovoltaïques peuvent bénéficier des avantages suivants :

- une prime d'investissement en cas d'autoconsommation ;
- une obligation d'achat par EDF à des tarifs fixés par arrêté ;
- des exonérations fiscales sur la revente, selon le type d'installation.

Renseignements : *economie.gouv.fr/cedef/aides-energie-solaire*

Aides pour le bois

Attention à bien se renseigner : ces aides évoluent tous les ans

Outre le coup de pouce chauffage, il existe également un « Chèque bois » à destination des 2,6 millions de ménages éligibles se chauffant principalement au bois.

Le chèque bois est cumulable avec les :

- chèque énergie exceptionnel de 100 à 200 euros pour 12 millions de ménages
- chèque énergie annuel dont bénéficient 20 % des Français.

RGE

Pour obtenir une aide financière, il est nécessaire de confier ses travaux à un professionnel Reconnu Garant de l'Environnement (RGE), compétent pour réaliser des travaux et / ou un audit énergétique ou un architecte référencé (compétent pour réaliser un audit énergétique). Renseignements : *france-renov.gouv.fr/annuaires-professionnels/artisan-rge-architecte*

Qualit'EnR

C'est l'association pour la qualité d'installation des systèmes à énergies renouvelables en France, reconnue par l'État.
Elle promeut les différentes qualifications : Qualisol (solaire thermique), QualiPV (solaire photovoltaïque), QualiPAC (pompes à chaleur), Qualibois (chauffage au bois), Qualiforage (forage géothermique), Chauffage +, Ventilation + (ventilation mécanique) et Recharge Elec + (bornes de recharge des véhicules électriques).
Pour trouver l'un des 19 000 professionnels agréés RGE : qualit-enr.org/

Flamme Verte

C'est le label dédié au chauffage au bois domestique performant et durable.
Il promeut les appareils de chauffage au bois domestiques les plus performants d'un point de vue énergétique et environnemental : poêles à bois, cheminées fermées (inserts), cuisinières et chaudières.
Pour obtenir le label Flamme Verte, les performances énergétiques et environnementales de chaque équipement sont contrôlées dans des laboratoires, accrédités selon la norme ISO/CEI 17025 et notifiés par la Commission Européenne, dont les essais donnent par ailleurs, accès au marquage CE. Il garantit l'accès à toutes les aides disponibles (MaPrimeRénov, Prime CEE, Fonds Air Bois, Eco-PTZ, TVA à taux réduit...)

Renseignements : *flammeverte.org/les-aides-financieres/comprendre-toutes-les-aides*

DONNER ET ACHETER

Acheter électroménager, multimédia, téléphonie en reconditionné

Dans l'un des 110 magasins du réseau ENVIE, entreprise d'insertion par l'activité économique : collecte du matériel, tri des appareils, rénovation des équipements, vente et location *envie.org*
Dans les boutiques solidaires du label Emmaüs (qui regroupe structures d'insertion professionnelle, ressourceries, recycleries, boutiques) avec notamment la boutique Répare Seb pour les appareils électroménagers reconditionnés *label-emmaus.co*

Alimentation : Circuits courts, vrac, bio, producteurs locaux

Les magasins en régions et sur internet
Epiceries Day by Day : plus de 100 magasins de vrac dans toute la France *daybyday-shop.com/nos-magasins/*
La table des producteurs locaux en Nouvelle Aquitaine : 39 magasins Point Vert proposent une sélection de produits La Table des Producteurs *latabledesproducteurs.fr/*
Satoriz, un réseau de magasins bio présents en Auvergne Rhône-Alpes et Provence Alpes Côte d'Azur *satoriz.fr/*
Biocoop : plus de 700 magasins dans toute la France *biocoop.fr/*
Naturalia : 137 magasins en Île-de-France *naturalia.fr/*
Biomonde : groupement coopératif de145 magasins bio indépendants dans toute la France *biomonde.fr/home*
Bio C Bon : en Île-de-France, Nouvelle Aquitaine, Auvergne Rhône Alpes *bio-c-bon.eu/*
Magasins de producteurs : 365 magasins dans toute la France *magasin-de-producteurs.fr/*
Marches, épiceries, restauration, circuits courts, vrac sur la carte des Colibris qui recense plus de 10 000 acteurs locaux partout en France,

en matière d'alimentation mais aussi de culture, jardinage, etc. dans la carte « Près de chez nous » *colibris-lemouvement.org/passer-a-laction/agir-quotidien/carte-pres-de-chez-vous*

Ventes et livraison de produits d'alimentation et de ménage sur Internet

Outre les enseignes ci-dessus :
Greenweez *greenweez.com*
Kazidomi *kazidomi.com/fr*
La Fourche *lafourche.fr*
La Tournée *landing.la-tournee.co/*

Acheter des invendus alimentaires à prix bas

Too Good to Go *toogoodtogo.com/fr/*
Phenix (propose également des produits non alimentaires) *wearephenix.com/*
Willy Anti Gaspi (produits bio et 100% français) *willyantigaspi.fr/*

Donner ses vêtements, meubles et objets divers

Emmaüs *emmaus-france.org*
Secours populaire *secourspopulaire.fr*
Croix-Rouge *croix-rouge.fr*
Bornes de collecte /conteneurs Relais (*lerelais.org*), La Fibre du Tri (*lafibredutri.fr*)
Ressourceries

Acheter des scolaires d'occasion

Recyclivre *recyclivre.com*
La Bourse aux livres *shop.labourseauxlivres.fr*
Emmaüs *emmaus-france.org*
Ressourceries *ressourcerie.fr/la-carte-de-nos-adherents/*

Table

Achevé d'imprimer par DupliPrint,
en mars 2025
N° d'imprimeur : 2997411W
Dépôt légal : avril 2025

Imprimé en France